KB145316

파이토치 라이트닝으로
시작하는 딥러닝

파이토치 라이트닝으로
시작하는 딥러닝

파이썬으로 빠르게 고성능 AI 모델 만들기

허정준 옮김 쿠날 사와르카르 · 시밤 R 솔란키 · 아밋 조글카르 지음

i!i
에이콘

에이콘출판의 기틀을 마련하신 故 정완재 선생님 (1935-2004)

혼자서 나를 만드신 초신성 AAI에게 감사드린다.

쿠날 우주먼지

"우리는 언젠가 이야기로 기억되니... 좋은 이야기를 만들어야죠."

| 옮긴이 소개 |

허정준(soss3264@gmail.com)

서울대학교 기계공학과를 졸업하고 롯데면세점 빅데이터 팀 분석가를 거쳐 현재는 프리랜서 마켓 크몽의 데이터 엔지니어로 일하고 있다. 데이터 기반 문제 해결에 큰 즐거움을 느끼며, 최근에는 자연어 처리와 챗GPT를 이용한 기능 개발에 특히 관심이 있다.

| 옮긴이의 말 |

파이토치 라이트닝은 코드를 구조화하고 재사용성을 높이기 위해 파이토치 사용자가 이용하는 프레임워크입니다. 사용 방법이 직관적이고 문서화가 잘 돼 있기는 하지만 사용자층에 비해 사용 방법을 소개한 책은 국내에는 물론 해외에도 거의 없습니다. 이번 기회에 파이토치 라이트닝을 소개하는 책을 번역하게 돼 기쁩니다.

원서 출간 시기와 번역서 출간 시기 사이에 파이토치와 파이토치 라이트닝의 메이저 버전이 모두 업그레이드됐습니다. 그로 인해 원서와 코드나 코드 설명이 달라지는 부분이 있었습니다. 코드를 모두 확인했지만 혹시 문제가 발생한다면 알려주시기 바랍니다.

작년 말, 호기롭게 두 권을 번역하기로 하고 드디어 그중 한 권인『파이토치 라이트닝으로 시작하는 딥러닝』의 역자 서문을 쓰고 있습니다. 원서를 자주 읽어 번역이 어렵지 않겠다고 생각했는데 난관의 연속이었습니다. 다른 사람의 코드를 읽기는 쉽지만 직접 작성하려고 하면 라인마다 멈칫하게 되는 것처럼, 번역도 직접 하려니 몇 단어를 넘기지 못하고 막히곤 했습니다.

난관을 지나 번역을 무사히 마쳤습니다. 번역 경험이 없음에도 좋은 기회를 주신 에이콘 출판사에 감사드리며 특히 번역 과정에서 지속적인 도움을 주신 임지원 님, 편집에 도움을 주신 조서희 님께 감사드립니다. 마지막으로 항상 제 선택을 믿고 지지해 주는 가족에게 고맙다는 말을 전하고 싶습니다.

| 지은이 소개 |

쿠날 사와르카르Kunal Sawarkar

수석 데이터 과학자이자 AI 권위자로, 최근 혁신적인 제품을 개발하는 AI 빌드 랩Build Labs 을 이끌고 있다. 과거 여러 AI 제품 연구소를 출범시켰고 제품을 폭발적으로 성장시킨 경험이 있다. 하버드대학교에서 응용통계학으로 석사 학위를 받았고 산업계와 사회에서 풀리지 않던 문제를 머신러닝(특히 딥러닝)을 활용해 풀고 있다. 머신러닝 분야에서 20개 이상의 특허와 논문을 보유하고 있다. AI를 통한 지속가능성Sustainability에 집중하는 엔젤투자자이면서 자문위원으로도 활동 중이다.

데이터에 몰두하지 않을 때는 암벽 등반을 즐기고 비행을 배우며 천문학과 야생동물에 끊임없는 호기심을 이어가고 있다.

> "데이터 과학이 갖고 있는 '확률과 확실성의 시'라는 매력에 끌렸다. AI를 구축하는 것은 혼돈 속에서 교향곡을 만드는 것과 같다."

시밤 R 솔란키Shivam R Solanki

비즈니스, 데이터, 기술의 경계에 있는 선임 데이터 과학자다. 텍사스A&M대학교에서 응용 통계학 전공으로 석사 학위를 받았다. 통계학, 머신러닝, 딥러닝을 활용해 비즈니스 문제를 해결하는 데 관심이 많다.

> "통계라는 렌즈 없이 현실을 바라보기 때문에 예측할 수 없는 것이다. 항상 내 노력을 지지해 준 가족에게 감사드린다."

아밋 조글카르^{Amit Joglekar}

디자인에 중점을 둔 숙련된 머신러닝 엔지니어다. 열정적으로 새로운 기술을 배우며, 클라우드 기반 기술과 딥러닝 프로그래밍을 매우 즐긴다.

> "컴퓨터 과학 커리어의 길을 응원해 준 가족과 형에게 감사드린다. 새로운 분야를 탐험하는 동안 지지해 준 아내와 아이들에게도 고마움을 전하고 싶다."

"튜링 머신(오늘날의 컴퓨터)을 향한 인류의 노력을 시작하고 인공지능에 대해 처음 논문을 발표해서 이 분야를 개척한 앨런 튜링^{Alan Turing}에게 경의를 표한다.
얀 르쿤^{Yann LeCun}, 제프리 힌튼^{Geoffrey Hinton}에게 경의를 표한다. AI의 가능성을 보여준 이들이 없었다면 딥러닝 분야는 지금에 이르지 못했을 것이다."

− 지은이 일동 −

| 리뷰어 소개 |

아딧야 오케 Aditya Oke

소프트웨어 엔지니어이자 딥러닝 전문가다. 학부에서 컴퓨터 과학을 전공했다. 토치비전과 라이트닝 볼트 라이브러리의 컨트리뷰터다. 컴퓨터 비전과 자율주행 자동차 분야에서 경험을 쌓았다.

> "가족, 특히 항상 응원해 주시는 부모님께 감사드린다. 훌륭한 프레임워크와 커뮤니티를 구축해 준 파이토치 라이트닝 팀과, 딥러닝을 모두에게 가능하게 해준 파이토치 팀에게도 고마운 마음을 전한다."

아쉬니 밧구자 Ashwini Badgujar

Impulselogic Inc.의 머신러닝 엔지니어다. 지난 3년 동안 머신러닝 분야에 몸 담고 있으며 자연어 처리와 컴퓨터 비전 분야에 연구 경험이 있다. 지구과학 분야에서 일하면서 머신러닝을 활용해 수많은 지구과학 프로젝트에서 협업했다. 나사에서 데이터 처리와 혼합 고도 계산 분석을 수행했다. 컴캐스트 Comcast에서는 머신러닝 모델의 최적화를 연구했다.

| 차례 |

2장   첫 번째 딥러닝 모델 시작하기   45

딥러닝은 기계를 사람처럼 만든다. 딥러닝은 기계가 비전 모델을 통해 '볼 수 있게' 하고, 알렉사와 같은 음성 장치를 통해 '듣게 하고', 챗봇을 통해 '말하게' 하고, 준지도 학습 모델을 통해 '쓰게' 하며, 심지어 생성형 모델을 통해 예술가처럼 그림도 '그리게' 한다.

파이토치 라이트닝을 사용하면 연구자들이 복잡성에 대한 걱정 없이 딥러닝 모델을 빠르고 쉽게 만들 수 있다. 딥러닝 프로젝트의 모델 공식에서부터 구현까지 최대한의 유연성을 확보하면서 생산성을 극대화할 수 있도록 돕는 책이다.

파이토치 라이트닝으로 딥러닝 모델을 구현하는 실습과 관련된 기법을 이해하면 즉시 실무를 수행할 수 있다. 클라우드 환경에서 파이토치 라이트닝을 구성하는 방법을 알아보고 아키텍처 구성요소를 이해하면서 다양한 산업 솔루션을 구축하기 위해 파이토치 라이트닝이 어떻게 만들어졌는지 살펴본다. 다음으로 신경망 아키텍처를 만들고 애플리케이션에 배포해보면서 프레임워크가 제공하는 기능을 넘어 자신의 요구사항에 맞춰 확장하는 방법을 알아본다. 또한 CNN$^{Convolutional\ Neural\ Networks}$과 자연어 처리$^{NLP,\ Natural\ Language\ Processing}$, 시계열 데이터, 자기 지도 학습$^{Self-Supervised\ Learning}$, 준지도 학습$^{Semi-Supervised\ Learning}$, 생성적 적대 신경망$^{GAN,\ Generative\ Adversarial\ Networks}$과 같은 모델을 파이토치 라이트닝을 통해 만들고 학습하는 방법을 설명한다.

▍대상 독자

딥러닝이 항상 궁금했지만 어디서 시작해야 할지 몰랐거나 거대한 신경망의 복잡함에 주저했던 경험이 있다면 이 책을 추천한다. 딥러닝이 식은 죽 먹기처럼 쉬워진다!

문제를 해결하기 위해 딥러닝을 배우려는 비전공 데이터 과학자를 위한 책이다. 다른 프레임워크를 사용하다가 파이토치 라이트닝으로 넘어오려고 하는 전문 데이터 과학자에게도 도움이 된다. 파이토치 라이트닝으로 딥러닝 모델을 코딩해 보려는 딥러닝 연구자에게도 실용적인 코드가 많다.

내용을 최대한 이해하려면 파이썬 프로그래밍에 대한 실무 지식과 통계학, 딥러닝 기본기에 대한 중급 수준의 이해도가 필요하다.

▌ 이 책의 구성

1장, 파이토치 라이트닝 탐험 딥러닝에 대한 짧은 역사로 시작해서 파이토치가 가장 사랑받는 프레임워크인 이유를 알아본다. 파이토치 라이트닝이 무엇인지, 어떻게 만들어졌는지, 파이토치와는 무엇이 다른지 살펴본다. 파이토치 라이트닝의 모듈 구조를 다루면서 파이토치 라이트닝이 모델링을 위한 엔지니어링에 드는 에너지를 줄이고 연구에 집중할 수 있게 만드는 방법을 다룬다.

2장, 첫 번째 딥러닝 모델 시작하기 파이토치 라이트닝으로 모델 구축을 시작하는 방법을 다룬다. 실습으로 간단한 MLP^Multilayer Perceptron 모델부터 실제 이미지 인식에 사용하는 CNN 모델까지 만들어본다.

3장, 사전 학습 모델을 사용한 전이 학습 사전 학습 모델을 통해 많은 학습 시간과 비용 없이 훌륭한 성능의 모델을 만들 수 있는지 다양한 데이터 세트로 알아본다. 이미지와 자연어에 대한 사전 학습 모델을 수정하는 작업을 진행한다.

4장, 라이트닝 플래시를 통한 사전 학습 모델 활용 최고 성능^SOTA, State-Of-The-Art 모델 라이브러리인 파이토치 라이트닝 플래시를 다룬다. 사람들이 자주 사용하는 알고리듬과 프레임워크를 바로 사용할 수 있도록 대부분 지원해서 데이터 과학자가 빠르게 벤치마킹과 실험을 수행할 수 있도록 돕는다. 비디오 분류 모델과 음성 인식 모델을 다룬다.

5장, 시계열 모델 시계열 모델을 집중적으로 다룬다. 실제 사용 사례를 살펴보면서 기본부터 RNN^Recurrent Neural Networks와 LSTM^Long Short Term Memory 모델 같은 심화 기술까지 순차적으로 살펴본다.

6장, 심층 생성 모델 단계별로 존재하지 않는 이미지를 생성할 때 사용하는 GAN과 같은 생성형 딥러닝 모델의 작동과 구현을 알아본다.

7장, 준지도 학습 준지도 학습 모델의 작동 방법과 파이토치 라이트닝을 통한 구현 방법을 살펴본다. 또한 CNN과 RNN 모델을 함께 사용해 라벨과 이미지 캡션을 생성하는 준지도 학습 모델을 기초부터 심화까지 실습하면서 자세히 알아본다.

8장, 자기 지도 학습 라벨 없는 데이터로 동작하는 자기 지도 학습이라는 새로운 분야에 집중해서 자기 지도 학습 모델의 작동 방법과 파이토치 라이트닝을 통한 구현 방법을 살펴본다. 대조 학습^contrastive learning 실습을 다루고 SimCLR 모델과 같은 기술도 알아본다.

9장, 모델 배포 및 예측 수행 딥러닝 모델을 그 자체로 배포하는 기술과 ONNX 같은 상호 운영 가능한 형식으로 배포하는 방법을 구체적으로 다룬다. 또 대량의 데이터로 모델 평가를 수행하는 방법을 알아본다.

10장, 훈련 확장 및 관리 대규모로 모델을 학습하고 관리할 때 만나는 여러 문제를 살펴본다. 자주 발생하는 문제와 그 문제를 해결하는 팁을 알아본다. 또한 실험을 세팅하는 방법, 모델 학습을 재개하고 하드웨어를 효율적으로 활용하는 방법 등을 다룬다.

▌ 이 책의 활용 방법

파이토치 라이트닝은 쉽게 시작할 수 있다. 아나콘다 배포판을 통해 로컬에 설치할 수도 있고 구글 코랩^Google Colab, AWS, Azure, IBM 왓슨 스튜디오^Watson Studio 같은 클라우드 환경을 통해 시작할 수도 있다(더 복잡한 모델을 실행할 때는 클라우드 환경에서 GPU를 사용하는 것을 추천한다).

이 책에서 사용한 딥러닝 모델은 컬러 이미지로 학습했다. 결과를 더 명확히 이해하기 위해서는 컬러 이미지가 있는 디지털 버전도 확인하길 바란다.

파이토치 라이트닝은 주피터 노트북 환경에서 pip 명령을 통해 설치할 수 있다.

```
pip install pytorch-lightning
```

다음으로 파이토치 라이트닝을 불러온다(import). 다음 영역의 첫 번째 부분이 파이토치 라이트닝을 불러오는 코드다. 이 책에서 자주 사용하는 다른 라이브러리도 함께 나타냈다.

```
import pytorch_lightning as pl
import torch
from torch import nn
import torch.nn.functional as F
from torchvision import transforms
```

불러오는 패키지와 그 버전은 각 장마다 바뀌기 때문에 기술 요구사항^{Technical Requirements} 섹션에서 정확한 패키지를 불러오는지 확인하자.

torch 패키지는 텐서를 정의하고 텐서 간의 수학적인 연산에 사용된다. torch.nn 패키지는 신경망(nn이 의미하는)을 만들 때 사용한다. torch.nn.functional은 활성 함수와 손실 함수를 갖고 있다. torchvision.transforms는 일반적인 이미지 변환을 수행하는 별개의 라이브러리다.

이 책을 디지털 버전으로 보고 있다면 코드를 직접 타이핑하거나 이 책의 깃허브 저장소에서 코드를 가져오기를 권한다. 파일을 실행하기 전에 기술 요구사항에 언급한 정확한 패키지와 버전을 설치했는지 확인하자. 그래야 코드를 복사 및 붙여넣기를 하면서 발생하는 잠재적인 문제를 피할 수 있다.

▌ 예제 코드 다운로드

실습할 수 있는 예제 코드는 깃허브 저장소인 https://github.com/PacktPublishing/Deep-Learning-with-PyTorch-Lightning에서 받을 수 있다. 코드가 업데이트되면 깃허브 저장소에서도 업데이트된다. 다른 코드와 여러 책, 비디오도 https://github.com/PacktPublishing/에서 이용할 수 있으니 참고하자.

에이콘출판사 깃허브 저장소(http://github.com/AcornPublishing/dl-pytorch-lightning)에서도 같은 코드를 다운로드할 수 있다.

▌ 컬러 이미지 다운로드

이 책의 컬러 이미지나 도표를 정리한 PDF 파일도 제공한다. https://static.packt-cdn.com/downloads/9781800561618_ColorImages.pdf에서 다운로드할 수 있다. 또한 에이콘출판사 도서정보 페이지(http://www.acornpub.co.kr/book/dl-pytorch-lightning)에서도 볼 수 있다.

▌ 사용된 표기법

이 책에서 사용하는 다양한 텍스트 표기법이다.

텍스트 코드: 문장 안에서의 코드 단어, 데이터베이스 테이블명, 폴더명, 파일명, 파일 확장자, 경로, 더미 URL, 사용자 입력값 등은 다음과 같이 표시한다.

예: "gpus 인자를 Trainer에 전달해 GPU 수를 지정할 수 있다."

코드 영역은 다음과 같이 표기한다.

```
import pytorch_lightning as pl

...

# 각 에포크에서 학습 데이터의 10%만 사용

trainer = pl.Trainer(limit_train_batches=0.1)

# 각 에포크에 10개의 배치만 사용

trainer = pl.Trainer(limit_train_batches=10)
```

모든 커맨드 라인 입력과 출력은 다음과 같이 작성한다.

```
pip install pytorch-lightning
```

강조[Bold]: 새로운 용어, 중요한 용어, 화면에서 보는 단어는 강조 표시한다. 예를 들어 메뉴나 대화 박스는 강조 표시한다.

예: "구글 코랩에서는 **런타임 유형 변경**을 통해 **런타임 유형**을 **표준**이 아닌 **고성능 램**으로 설정해서 DataLoader의 인자인 num_workers의 값을 높일 수 있다"

팁과 주요사항은 다음과 같이 표시한다.

중요사항
이와 같이 출력한다.

▌ 연락하기

독자의 의견은 언제나 환영한다.

문의: 이 책이 내용에 관해 궁금한 점이 있으면 메일 제목에 책 제목을 적고 customercare@packtpub.com으로 이메일을 보내면 된다. 한국어판에 관한 질문은 에이콘출판사 편집팀(editor@acornpub.co.kr)이나 옮긴이의 이메일로 문의해 주길 바란다.

정오표: 책 내용의 정확성을 보장하고자 모든 주의를 기울였지만 실수는 있기 마련이다. 책에서 오류를 발견했을 때 우리에게 알려준다면 감사하겠다. www.packtpub.com/support/errata를 방문해 책을 선택하고 제시된 양식을 작성하면 된다. 한국어판의 정오표는 에이콘출판사 도서정보 페이지(http://www.acornpub.co.kr/book/dl-pytorch-lightning)에서 볼 수 있다.

저작권 침해: 인터넷에서 어떤 형식이든 불법 복제물을 발견하면 URL 주소나 웹사이트 주소를 알려주길 바란다. copyright@packt.com에 자료의 링크를 보내주면 된다.

▌ 후기 공유

책을 읽은 후기가 궁금하다. 아마존 후기 페이지에 후기를 남겨주길 바란다. 독자의 후기는 출판사와 기술 커뮤니티에도 중요하고 우리가 훌륭한 품질의 콘텐츠를 제공하고 있는지 확인하는 데 도움이 된다.

파이토치 라이트닝 시작하기

파이토치 라이트닝의 기본을 소개한다. 1부를 통해 당신이 가야 할 방향을 알 수 있다. 설치 및 간단한 모델 구축 방법을 알아본다. 파이토치 라이트닝 볼트의 최신 모델 라이브러리를 즉시 사용할 수 있다.

1부에서는 다음과 같은 내용을 다룬다.

- **1장.** 파이토치 라이트닝 탐험
- **2장.** 첫 번째 딥러닝 모델 시작하기
- **3장.** 사전 학습 모델을 사용한 전이 학습
- **4장.** 라이트닝 플래시를 통한 사전 학습 모델 활용

01

파이토치 라이트닝 탐험

파이토치 라이트닝의 세계에 온 것을 환영한다.

AI, 즉 인공지능이 주도하는 4차 산업혁명이 진행 중이다. 350년 전, 인류를 산업화로 이끈 증기 기관이 생긴 이후로 두 번의 산업혁명이 더 있었다. 100년 전에는 전기가 거대한 변화를 일으켰고 그로부터 50년이 지나 디지털 시대가 우리의 삶을 완전히 바꿨다. 인공지능에는 전기와 맞먹는 혁신의 힘이 있다. 세상의 모든 것이 빠르게 변하고 있다. 아무도 상상하지 못했고 계획하지 않은 속도로 계속 변할 것이다. AI 기반 챗봇의 등장으로 고객 서비스 방식이 바뀌었다. AI가 추천한 영화나 비디오를 보고, 알고리듬으로 공급망이 최적화한 곳에서 쇼핑한다. 자율주행 기술로 운전 방식을 바꾸고, AI를 단백질 접힘^{protein} ^{folding}처럼 복잡한 문제에 적용해 신약을 개발하고, 대량의 데이터에서 숨은 패턴을 찾아 의학 진단을 내리는 방식도 바뀌고 있다. 앞서 언급한 각각의 기술의 바탕에는 AI의 힘이 있다. AI의 영향은 기술 영역을 넘어 사람이 일하고 사는 모든 방식을 바꾸고 있다. 인공 지능은 21세기를 이끄는 새로운 전기다.

AI가 삶과 정신에 미치는 기념비적인 영향은 최근의 **딥러닝**^{DL, Deep Learning} 분야의 발전에서 비롯된 결과다. 뇌를 모방한 무언가를 만드는 것은 과학자들의 오랜 꿈이었다. 뇌는 매혹적인 자연 진화 결과물이다. 인간의 뇌에는 시냅스가 우주의 별보다 더 많다. 시냅스는 인간을 똑똑하게 만든다. 생각하고 분석하며 사물을 인식하고 논리적으로 추론하고 이해한 내용을 설명할 수 있도록 한다. **인공 신경망**^{ANN, Artificial Neural Networks}은 실제 뉴런과 같은 방식으로 작동하지 않지만 뉴런에서 영감을 받았다.

종의 진화에서 최초의 생명체는 40억 년 전에 처음으로 나타난 아메바 같은 단세포 생물이었다. 이후로 약 35억 년 동안 방향 감각도 없이 무작위로 움직이는 작은 다세포 생물들이 나타났다. 모든 종이 앞을 보지 못할 때, 시각을 발달시킨 최초의 종들은 가장 똑똑한 종으로 다른 종보다 상당한 이점을 누렸다. 진화 생물학에서는 약 5억 년 전에 일어난 이 단계를 **캄브리아기 폭발**이라고 한다. 캄브리아기 폭발 사건은 종의 진화에서 놀라운 성장을 일으켰고 오늘날 지구에서 보는 모든 것이 생겨났다. 지구의 나이는 약 45억 년이지만 인간의 뇌를 포함한 모든 복잡한 형태의 생명체는 단 한 번의 진화 사건을 통해 마지막 5억 년 동안 진화했고, 이는 생명체가 사물을 '보는' 능력으로 이어졌다.

인간의 뇌는 1/3이 시각 피질과 연결돼 있다. 다른 어떤 감각보다 훨씬 더 많다. 이 사실은 뇌가 똑똑해지는 데 시각이 얼마나 중요한 역할을 하는지 보여준다.

이미지 인식 딥러닝 모델을 통해 마침내 기계가 '보도록' 만들었다(페이페이 리^{Fei Fei Li}는 이를 머신러닝^{ML, Machine Learning}의 캄브리아기 폭발이라고 설명한다). 이 사건을 보면서 사람들은 언젠가 정말로 인공지능이 인간과 비슷한 수준이 될 수도 있지 않을까 기대했다.

2012년 딥러닝 모델은 이미지 인식에서 인간에 가까운 정확도를 달성했고 이후 데이터 과학자가 복잡한 모델을 쉽게 훈련할 수 있도록 수많은 프레임워크가 만들어졌다. **특성 공학**^{FE, Feature Engineering}, 복잡한 변환, 학습 피드백 루프 및 최적화 단계를 만들려면 상당한 양의 코딩이 필요하다. 프레임워크는 그런 기능을 추상화하고 코딩을 더 쉽고 표준화하는

데 도움을 준다. 파이토치 라이트닝은 적절한 수준의 추상화와 복잡한 연구를 하기 위한 기능 사이에서 완벽한 균형을 이룬, 최고이자 최신프레임워크다. 딥러닝 초보자뿐 아니라 모델을 제품화하려는 전문 데이터 과학자에게도 이상적인 프레임워크다. 1장에서는 파이토치 라이트닝이 최고의 프레임워크인 이유를 확인하고 파이토치 라이트닝을 활용해 빠르고 쉽게 AI 애플리케이션을 구축할 수 있는 방법을 알아본다.

1장에서는 다음 항목을 다룬다.

- 파이토치 라이트닝이 특별한 이유
- `<pip 설치>`—첫 라이트닝 탐험
- 파이토치 라이트닝의 주요 구성요소 이해
- 파이토치 라이트닝을 사용한 AI 애플리케이션 제작

▌파이토치 라이트닝이 특별한 이유

초보 데이터 과학자가 파이토치 라이트닝에 관심이 있다면 궁금할 내용은 다음의 두 가지일 것이다.

- 어떤 딥러닝 프레임워크로 시작해야 할까?
- 파이토치 라이트닝 프레임워크를 배워야 하는 이유가 무엇일까?

전문 데이터 과학자라면 다음의 입장일 것이다.

- 이미 텐서플로, 케라스, 파이토치 같은 프레임워크에 익숙한데 새로운 프레임워크로 바꿔야 할 이유가 있을까?
- 다른 프레임워크에 익숙한데 새로운 것을 배우는 노력을 들일 필요가 있을까?

자연스러운 질문이다. 앞의 질문에 답하면서 파이토치 라이트닝의 맥락을 이해하기 위해 딥러닝 프레임워크의 역사를 간략히 살펴본다.

딥러닝의 시작

최초의 딥러닝 모델은 1993년 **매사추세츠공과대학교**^{MIT}의 딥러닝 대가 얀 르쿤$^{Yann\ LeCun}$의 실험실에서 개발됐다. 이 모델은 리스프^{LISP}로 개발됐고, 믿기 어렵겠지만 현대의 CNN$^{Convolutional\ Neural\ Networks}$ 모델처럼 컨볼루션층이 있다. 데모에 표시된 네트워크는 1989년 **신경 정보 처리 시스템**$^{NIPS,\ Neural\ Information\ Processing\ Systems}$의 '역전파 네트워크를 활용한 손글씨 숫자 인식$^{Handwritten\ digit\ recognition\ with\ a\ backpropagation\ network}$'이라는 논문에 실려있다.

그림 1.1에 데모의 결과물을 보여준다.

그림 1.1 1993년 얀 르쿤의 손으로 쓴 숫자 인식 MIT 데모

얀 르쿤이 블로그 게시물과 비디오를 통해 데모에 관해 자세히 설명했다(https://www.youtube.com/ watch?v=FwFduRA_L6Q).

CNN 모델 전체를 C언어로 작성하기는 매우 어려운데, 얀 르쿤의 팀은 수년 동안 코딩에 공을 들였다. 2012년 이미지넷 대회에서 알렉스넷^{AlexNet}이 우승하면서 딥러닝은 한 단계 도약했다. 제프리 힌튼$^{Geoffrey\ Hinton}$의 알렉스넷 논문은 커뮤니티에서 유례 없이 인용됐는

데 딥러닝에서 가장 영향력 있는 논문으로 여겨진다. 알렉스넷은 정확도 면에서 기록을 세우면서 신경망을 다시 주목 받게 만들었을 뿐 아니라 최적화된 **그래픽 처리 장치**^{GPU}에서 훈련된 대규모 네트워크였기 때문이다. 논문에서는 나중에 살펴 볼 BatchNorm, MaxPool, Dropout, SoftMax, ReLU와 같은 다양한 기능도 소개됐다. 네트워크 아키텍처가 매우 복잡하고 방대해 이를 훈련하기 위한 전용 프레임워크가 필요했다.

다양한 프레임워크

테아노^{Theano}, 카페^{Caffe}, 토치^{Torch}는 데이터 과학자들이 딥러닝 모델을 만드는 데 활용한 1세대 딥러닝 프레임워크다. 루아는 프로그래밍 언어로서 일부 사람들이 선호했지만(토치는 루아토치^{LuaTorch}로 처음 작성됐다), 프레임워크의 대부분 C++ 기반이어서 GPU와 같은 분산 하드웨어에서 모델을 훈련시키고 최적화 프로세스를 관리하는 데 이점이 있었다. 분야 자체가 새롭고 불안정해 주로 학계의 머신러닝 연구자(주로 박사 후 연구원)이 사용했다. 데이터 과학자는 경사 하강 코드로 최적화 함수를 작성하고 메모리를 관리하면서 특정 하드웨어에서 실행하는 방법을 알아야 했다. 그렇기 때문에 현업에서 모델을 쉽게 학습하고 서비스에 활용할 수 없었다.

모델 학습 프레임워크의 몇 가지 예는 다음과 같다.

그림 1.2 모델 학습 프레임워크

구글의 텐서플로Tensorflow는 딥러닝 분야의 게임 체인저로 등극했다. 파이썬 기반의 추상 함수를 기반으로 한 프레임워크로 비연구자가 실험에 활용할 수 있고, 딥러닝 코드를 하드웨어에서 돌릴 때 발생하는 복잡한 문제도 해결했기 때문이다. 케라스Keras는 딥러닝 코드를 더욱 단순하게 만들어 조금만 지식이 있는 사람이라면 누구나 코드 네 줄로 딥러닝 모델을 학습할 수 있게 했다.

하지만 텐서플로는 병렬화가 잘 되지 않았다. 분산 GPU 환경에서 효과적으로 학습하기도 어려워서 커뮤니티는 쉬우면서도 연구에 활용할 수 있을 정도의 기능이 있는 새로운 프레임워크가 필요했다. 그런 상황에서 파이토치가 탄생했다! 파이토치는 등장하자마자 ML 세계를 강타했다.

파이토치 VS 텐서플로

구글 트렌드에서 파이토치와 텐서플로의 경쟁을 살펴보면 파이토치가 지난 몇 년 간 텐서플로를 따라잡다가 최근 거의 능가한 것을 확인할 수 있다.

구글 트렌드에서 발췌한 내용은 그림 1.3과 같다.

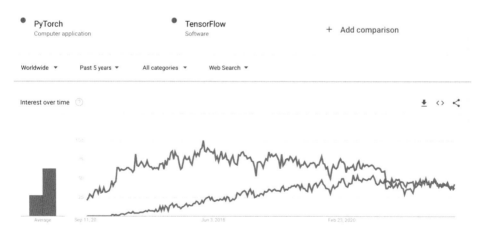

그림 1.3 파이토치와 텐서플로에 대한 검색량 변화

구글 트렌드가 머신러닝 커뮤니티의 흐름을 파악하는 가장 정확한 방법이 아니라고 말하는 사람도 있기는 하다. 그러나 메타, 테슬라, 우버와 같은 대규모 작업을 진행 중인 영향력 있는 AI 기업이 딥러닝 작업을 관리하는 데 컴퓨팅 및 메모리를 크게 절약하는 파이토치를 기본 프레임워크로 사용한다.

머신러닝 연구 커뮤니티에서 텐서플로와 파이토치 사이에서 선택은 매우 명확하다. 우승자는 파이토치다!

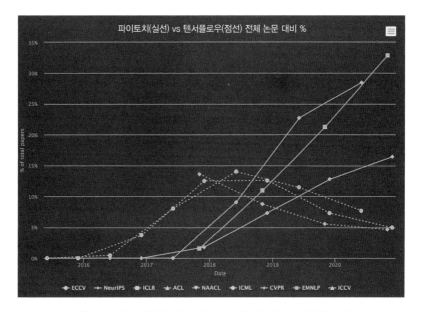

그림 1.4 상위 AI 학회에서 발표한 논문의 텐서플로우 vs 파이토치 흐름

두 프레임워크 모두 팬층이 두텁지만 파이토치는 고유한 아키텍처를 고려할 때 분산 GPU 환경에서 더 효율적이라고 평가받는다.

다음은 파이토치가 텐서플로와 비교해 갖고 있는 장점이다.

- 안정성이 높다.
- 확장extension 및 래퍼wrapper를 구축하기가 쉽다.

- 도메인 라이브러리가 훨씬 포괄적이다.
- 텐서플로의 정적 그래프 표현은 효과적이지 않았다. 네트워크를 쉽게 학습하기 어려웠다.
- 파이토치의 동적 텐서$^{Dynamic\ Tensors}$는 훈련과 확장을 쉽게 만드는 게임 체인저였다.

중용 – 파이토치 라이트닝

파이토치 라이트닝은 매우 흥미로운 프레임워크다! 파이토치 라이트닝은 윌리엄 팔콘$^{William\ Falcon}$의 아이디어에서 시작됐다(윌리엄 팔콘의 지도교수가 바로, 얀 르쿤이다!). 파이토치 라이트닝이 특별한 이유는 다음과 같다.

- 코딩하기 쉬우면서도 복잡한 ML 연구가 가능하다(케라스와 달리).
- 텐서플로와 비교해 GPU 활용도가 높다.
- 16비트 정밀도를 지원한다. TPU$^{Tensor\ Processing\ Units}$를 지원하지 않는 플랫폼에서 유용하다.
- 라이트닝 플래시$^{Lightning\ Flash}$라는 형태로 **최고 성능**$^{SOTA,\ state-of-the-art}$ 모델 저장소를 갖추고 있다.
- **자기 지도 학습**$^{SSL,\ Self-Supervised\ Learning}$을 갖춘 최초의 프레임워크다.

간단히 말해서 파이토치 라이트닝을 통해 딥러닝 모델을 만들고 빠르게 재미있게 실험할 수 있다. 데이터 과학자에게 딥러닝의 핵심적인 부분을 추상화해 과도하게 단순화하지 않으며 원하면 언제든 파이토치를 직접 활용할 수 있다.

파이토치 라이트닝이 '엔지니어링' 부분을 자동화하면서 데이터 과학을 수행할 수 있는 많은 기능을 남겨둬 완벽한 균형을 이뤘다고 생각한다. 그렇다면 텐서플로는 사라지게 될까? 그에 대해서는 지켜봐야 할 것 같다.

▌ 〈pip install〉 - 라이트닝 탐험

파이토치 라이트닝은 시작하기가 매우 쉽다. 아나콘다^{Anaconda} 배포판을 로컬 환경에 설치하거나 **구글 코랩**^{Google Colab}, AWS^{Amazon Web Services}, 애저^{Azure}, IBM 왓슨 스튜디오 같은 클라우드로 시작할 수 있다(복잡한 모델은 클라우드 환경에서 실행하기를 추천한다). 이 책의 코드 대부분 구글 코랩이나 맥 OS용 파이썬 3.10 아나콘다에서 실행된다. 설치를 위해 자신의 환경에 맞게 적절히 변경하자.

파이토치 라이트닝은 다음과 같이 주피터 노트북 환경에서 pip을 사용해 설치할 수 있다.

```
pip install pytorch-lightning
```

다음 코드로 파이토치 라이트닝 외에 필요한 라이브러리를 임포트할 수 있다(첫 번째 줄에서 파이토치 라이트닝을 불러온다).

```
import pytorch_lightning as pl
import torch
from torch import nn
import torch.nn.functional as F
from torchvision import transforms
```

토치 패키지는 텐서를 정의하고 텐서로 수학 연산을 하는 데 사용한다. torch.nn 패키지는 nn이 의미하는 신경망^{Neural Network}을 만드는 데 사용한다. torch.nn.functional은 활성화 및 손실 함수를 포함하고, torchvision.transforms는 일반적인 이미지 변환 기능을 제공하는 별도의 라이브러리다. 파이토치 라이트닝 프레임워크와 모든 패키지를 설치하면 그림 1.5와 같이 완료 로그가 표시된다.

```
1  !pip install pytorch-lightning==2.0.2

Collecting pytorch-lightning==2.0.2
  Downloading pytorch_lightning-2.0.2-py3-none-any.whl (719 kB)
                                        719.0/719.0 kB 2.8 MB/s eta 0:00:00
Requirement already satisfied: numpy>=1.17.2 in /usr/local/lib/python3.10/dist-packages (from pytorch-lightning==2.0.2) (1.22.4)
Requirement already satisfied: torch>=1.11.0 in /usr/local/lib/python3.10/dist-packages (from pytorch-lightning==2.0.2) (2.0.1+cu118)
Requirement already satisfied: tqdm>=4.57.0 in /usr/local/lib/python3.10/dist-packages (from pytorch-lightning==2.0.2) (4.65.0)
Requirement already satisfied: PyYAML>=5.4 in /usr/local/lib/python3.10/dist-packages (from pytorch-lightning==2.0.2) (6.0.1)
Requirement already satisfied: fsspec[http]>2021.06.0 in /usr/local/lib/python3.10/dist-packages (from pytorch-lightning==2.0.2) (2023.6.0)
Collecting torchmetrics>=0.7.0 (from pytorch-lightning==2.0.2)
  Downloading torchmetrics-1.0.1-py3-none-any.whl (729 kB)
                                        729.2/729.2 kB 6.0 MB/s eta 0:00:00
Requirement already satisfied: packaging>=17.1 in /usr/local/lib/python3.10/dist-packages (from pytorch-lightning==2.0.2) (23.1)
Requirement already satisfied: typing-extensions>=4.0.0 in /usr/local/lib/python3.10/dist-packages (from pytorch-lightning==2.0.2) (4.7.1)
Collecting lightning-utilities>=0.7.0 (from pytorch-lightning==2.0.2)
  Downloading lightning_utilities-0.9.0-py3-none-any.whl (23 kB)
Requirement already satisfied: requests in /usr/local/lib/python3.10/dist-packages (from fsspec[http]>2021.06.0->pytorch-lightning==2.0.2) (2.27.1)
Requirement already satisfied: aiohttp!=4.0.0a0,!=4.0.0a1 in /usr/local/lib/python3.10/dist-packages (from fsspec[http]>2021.06.0->pytorch-lightning==2.0.2) (3.8.5)
Requirement already satisfied: filelock in /usr/local/lib/python3.10/dist-packages (from torch>=1.11.0->pytorch-lightning==2.0.2) (3.12.2)
Requirement already satisfied: sympy in /usr/local/lib/python3.10/dist-packages (from torch>=1.11.0->pytorch-lightning==2.0.2) (1.11.1)
Requirement already satisfied: networkx in /usr/local/lib/python3.10/dist-packages (from torch>=1.11.0->pytorch-lightning==2.0.2) (3.1)
Requirement already satisfied: jinja2 in /usr/local/lib/python3.10/dist-packages (from torch>=1.11.0->pytorch-lightning==2.0.2) (3.1.2)
Requirement already satisfied: triton==2.0.0 in /usr/local/lib/python3.10/dist-packages (from torch>=1.11.0->pytorch-lightning==2.0.2) (2.0.0)
Requirement already satisfied: cmake in /usr/local/lib/python3.10/dist-packages (from triton==2.0.0->torch>=1.11.0->pytorch-lightning==2.0.2) (3.25.2)
Requirement already satisfied: lit in /usr/local/lib/python3.10/dist-packages (from triton==2.0.0->torch>=1.11.0->pytorch-lightning==2.0.2) (16.0.6)
Requirement already satisfied: attrs>=17.3.0 in /usr/local/lib/python3.10/dist-packages (from aiohttp!=4.0.0a0,!=4.0.0a1->fsspec[http]>2021.06.0->pytorch-lightning==2.0.2) (23.1.0)
Requirement already satisfied: charset-normalizer<4.0,>=2.0 in /usr/local/lib/python3.10/dist-packages (from aiohttp!=4.0.0a0,!=4.0.0a1->fsspec[http]>2021.06.0->pytorch-lightning==2.0.2) (2.0.12)
Requirement already satisfied: multidict<7.0,>=4.5 in /usr/local/lib/python3.10/dist-packages (from aiohttp!=4.0.0a0,!=4.0.0a1->fsspec[http]>2021.06.0->pytorch-lightning==2.0.2) (6.0.4)
Requirement already satisfied: async-timeout<5.0,>=4.0.0a3 in /usr/local/lib/python3.10/dist-packages (from aiohttp!=4.0.0a0,!=4.0.0a1->fsspec[http]>2021.06.0->pytorch-lightning==2.0.2) (4.0.2)
Requirement already satisfied: yarl<2.0,>=1.0 in /usr/local/lib/python3.10/dist-packages (from aiohttp!=4.0.0a0,!=4.0.0a1->fsspec[http]>2021.06.0->pytorch-lightning==2.0.2) (1.9.2)
Requirement already satisfied: frozenlist>=1.1.1 in /usr/local/lib/python3.10/dist-packages (from aiohttp!=4.0.0a0,!=4.0.0a1->fsspec[http]>2021.06.0->pytorch-lightning==2.0.2) (1.4.0)
Requirement already satisfied: aiosignal>=1.1.2 in /usr/local/lib/python3.10/dist-packages (from aiohttp!=4.0.0a0,!=4.0.0a1->fsspec[http]>2021.06.0->pytorch-lightning==2.0.2) (1.3.1)
Requirement already satisfied: MarkupSafe>=2.0 in /usr/local/lib/python3.10/dist-packages (from jinja2->torch>=1.11.0->pytorch-lightning==2.0.2) (2.1.3)
Requirement already satisfied: urllib3<1.27,>=1.21.1 in /usr/local/lib/python3.10/dist-packages (from requests->fsspec[http]>2021.06.0->pytorch-lightning==2.0.2) (1.26.16)
Requirement already satisfied: certifi>=2017.4.17 in /usr/local/lib/python3.10/dist-packages (from requests->fsspec[http]>2021.06.0->pytorch-lightning==2.0.2) (2023.7.22)
Requirement already satisfied: idna<4,>=2.5 in /usr/local/lib/python3.10/dist-packages (from requests->fsspec[http]>2021.06.0->pytorch-lightning==2.0.2) (3.4)
Requirement already satisfied: mpmath>=0.19 in /usr/local/lib/python3.10/dist-packages (from sympy->torch>=1.11.0->pytorch-lightning==2.0.2) (1.3.0)
Installing collected packages: lightning-utilities, torchmetrics, pytorch-lightning
Successfully installed lightning-utilities-0.9.0 pytorch-lightning-2.0.2 torchmetrics-1.0.1
```

그림 1.5 파이토치 라이트닝 설치 결과

파이토치 라이트닝이 설치되면 파이토치와 파이토치 라이트닝의 버전을 확인할 수 있다.

```
import pytorch_lightning as pl
import torch
print('pytorch lightning version: ', pl.__version__)
print('torch version: ', torch.__version__)

pytorch lightning version:  2.0.2
torch version:  2.0.1+cu118
```

그림 1.6 설치 확인

라이트닝 탐험을 시작할 준비가 끝났다!

▌ 파이토치 라이트닝의 주요 구성요소

딥러닝 모델 구축을 시작하기 전에 일반적인 딥러닝 프로젝트가 따르는 파이프라인을 검토해 본다.

딥러닝 파이프라인

딥러닝 네트워크 아키텍처를 위한 일반적인 머신러닝 파이프라인을 검토해 본다. 다음과 같이 표시된다.

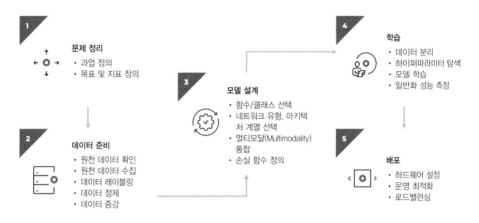

그림 1.7 딥러닝 파이프라인

딥러닝 파이프라인은 일반적으로 다음 단계를 포함한다. 이 책 전체에 걸쳐서 각 단계를 살펴보고, 문제 해결 과정에서 이용해본다.

1. **문제 정의**
   - 기대하는 목표와 필요한 과제를 명확히 설정한다.

2. 데이터 준비

- 문제를 해결하기 위한 올바른 데이터 세트를 찾고 수집하고 정리한다. 이 단계에서 데이터 엔지니어는 이미지, 비디오, 텍스트 데이터 세트를 수집하고 (때로는 웹 스크래핑을 통해) 카탈로그화한다.
- 대부분의 딥러닝 모델은 엄청난 양의 데이터로 학습한다. 그러면서도 모델은 자르기와 같은 사소한 변화에는 탄력적resilient이어야 한다. 이를 위해 엔지니어는 원본이나 **흑백** 버전의 이미지를 자르거나 반전하는 등의 방법으로 데이터 세트를 증강augment한다.

3. 모델링

- 모델링은 특성 공학Feature Engineering과 어떤 아키텍처를 사용할지 정의하는 것을 말한다. 데이터 과학자가 새로운 이미지 인식 모델을 만드는 CNN 아키텍처의 컨볼루션 레이어 수, 스텝 크기, 경사하강 최적화, 손실 함수와 같은 것들을 정하는 일을 예로 들 수 있다.
- ML 연구자들은 모델링 단계에서 더 유용한 방법으로 정확도를 측정하거나 같은 성능을 가지면서도 더 가벼운 모델을 만드는 새로운 손실 함수를 정의하거나 더 빠르게 수렴하고 분포를 유지하는 새로운 최적화 알고리듬을 개발하기도 한다.

4. 학습

- 여기서부터가 재미있다. 딥러닝 아키텍처의 설정값을 정한 이후에는 모델이 수렴할 때까지 학습시킨다. 대규모 데이터 세트로 학습하는 건 끔찍하게 어렵다. 데이터 과학자는 코드를 작성하고 CPU, GPU, TPU에서 메모리와 에포크를 관리하면서도 컴퓨터 성능을 최대한 활용할 수 있도록 코드를 돌리는 머신러닝 엔지니어의 역할까지 수행해야 한다. 16비트 정밀도로 학습하면 빠르기 때문에 데이터 과학자는 이 방법을 시도하기도 한다.
- 분산 훈련을 활용하면 더 빠른 학습이 가능하다. 이런 용어들이 익숙하지 않아도 걱정하지 말자. 대부분 데이터 과학자도 똑같은 어려움을 겪는다. 이 용

어는 통계학보다는 엔지니어링과 관련 있기 때문이다(이때 파이토치 라이트닝이 큰 도움이 된다).

- 분산 학습에서는 모든 하드웨어를 최대한 활용하면서 여러 GPU에서 정확하게 손실을 계산하는 것이 주요 과제다. 데이터 병렬 처리(데이터를 여러 GPU로 나누는 방식)와 모델 병렬 처리(모델을 여러 GPU에 나누는 방식) 두 방식 모두에서 정확한 손실 계산은 간단하지 않다.

5. 배포 엔지니어링

- 모델 학습 이후에 학습한 모델을 서비스화 해야 한다. **MLOps** 엔지니어는 서비스 환경에 배포할 수 있는 형태로 모델을 변경하는 일을 한다.
- 모델 변경 작업에는 최종 애플리케이션과 통합해 사용할 **API**^{Application Programming Interface}를 만드는 일도 포함된다. 모델의 작업 부하가 클 것으로 예상되면 들어오는 트래픽 크기를 모니터링하기 위한 인프라를 구축하는 작업도 포함된다.

파이토치 라이트닝 추상화 계층

파이토치 라이트닝은 다음과 같은 특징을 통해 전체 딥러닝 모델 개발을 쉽게 만들어 데이터 과학자를 돕는다.

- `LightningModule`은 모델 구조, 추론 방법, 옵티마이저와 스케줄러 정보, 학습과 검증 방법 등을 정의하는 클래스다.
- `Trainer`는 하드웨어 상호 작용, 모델 학습 및 평가 등을 추상화한다.
- 파이토치 `DataLoader`를 트레이너에게 직접 전달하거나 쉽게 공유하고 재사용할 수 있도록 `LightningDataModule`을 사용하기도 한다.

▌ 파이토치 라이트닝을 활용한 AI 애플리케이션 제작

파이토치 라이트닝을 활용해 다양한 형태의 AI 모델을 쉽고 효율적으로 구축하는 방법을
알아본다. 산업 전반에 걸쳐 활용 가능한 실용적인 실습을 통해 파이토치 라이트닝뿐 아
니라 다양한 딥러닝 기술을 익힐 수 있다.

이미지 인식 모델

2장에서 첫 딥러닝 모델로 이미지 인식 모델을 만들어 본다. 이미지 인식은 딥러닝에서 본
질적인 정체성이라고 할 수 있는데, 파이토치 라이트닝으로 CNN 이미지 분류 모델을 구
축하는 방법을 알아본다.

전이 학습

딥러닝 모델은 수렴하기까지 많은 주기 동안 학습시켜야 하기 때문에 프로세스에서 엄청
난 양의 GPU 계산이 필요한 것으로 악명이 높다. 3장에서는 **전이 학습**Transfer Learning을 학
습한다. 전이 학습이란 이미지 분류의 ResNet-50나 텍스트 분류의 BERT 같은 사전 학
습한 대형 아키텍처에서 지식을 전달해 많은 학습 없이도 좋은 결과를 내는 기술이다.

자연어 처리 트랜스포머 모델

자연어 처리 모델을 알아보고 딥러닝을 통해 어떻게 방대한 양의 텍스트 데이터로 텍스트
분류를 수행하는지 공부한다. 3장에서 트랜스포머를 포함한 유명한 자연어 처리 모델을
어떻게 사용하고 어려움 없이 자신의 영역에 적용할 수 있는지 알아본다.

라이트닝 플래시

딥러닝 모델을 생성하는 과정에서 상당히 복잡한 피처 엔지니어링과 지루한 학습과 최적

화 단계를 거쳐야 한다. 대부분 데이터 과학자는 캐글 대회에서 우승하거나 영향력 있는 연구 논문에서 발표된 최고 성능^{SOTA, State of the art}의 모델을 활용하는 것으로 작업을 시작한다. 4장에서는 모델을 바로 사용할 수 있도록 제공하는 라이트닝 플래시^{Lightning Flash} 같은 기능이 물체 인식, 텍스트/오디오/비디오 분류처럼 보편적인 과제에 표준 아키텍처를 제공해서 생산성을 높이는지 배운다. 비디오 분류 모델과 오디오 파일에 대한 음성인식 모델을 만들어 볼 것이다.

LSTM을 사용한 시계열 모델

시계열 데이터에서 다음 이벤트를 예측하는 일은 업계의 도전 과제다. 5장에서는 RNN^{Reccurent Neural Networks}과 LSTM^{Long Short Term Memory} 아키텍처를 활용해 시계열 모델을 만드는 방법을 알아본다.

오토인코더를 사용한 적대적 생성 네트워크

적대적 생성 네트워크^{GAN, Generative Adversarial Networks} 모델은 딥러닝 분야에서 가장 놀라운 활용법 중 하나다. GAN을 통해 실제 존재하지 않지만 너무나도 사실 같은 사람, 장소, 물체 이미지를 생성할 수 있다. 6장에서 어떻게 파이토치 라이트닝을 활용해 쉽게 GAN 모델을 만들고 동물, 음식, 사람에 대한 사실적인 가짜 이미지를 생성할 수 있는지 살펴본다.

CNN과 RNN을 결합한 준지도 학습 모델

딥러닝 모델의 활용은 GAN으로 뛰어난 가짜 이미지를 만드는 데 한정되지 않는다. 모델에게 영화의 장면을 설명하도록 하거나 이미지의 내용에 대한 정보성 질문을 던질 수도 있다(이미지에 누가 있고 무엇을 하는지 같은). 이런 모델 아키텍처는 준지도 학습 모델로 알려져 있는데, 7장에서 CNN과 RNN을 결합한 아키텍처를 배우고 그것을 활용해 제공된 이미지에 맞는 시를 작성하는 방법을 배울 것이다. 모델을 처음부터 학습하는 방법, 16비트 정밀도를 사용해 학습 속도를 높이는 방법을 포함한 여러 기술을 배운다.

대조 학습을 활용한 자기 지도 학습 모델

기계가 실제 같은 이미지를 만들고 사람처럼 설명을 작성할 수 있다면, 스스로 배울 수는 없을까? 자기 지도 학습 모델은 복잡한 과제를 수행하는 방법을 적은 레이블이나 레이블 없이 학습할 수 있도록 만드는 것을 목표로 한다. 이를 통해 AI로 할 수 있는 모든 과제를 혁신할 수 있다. 8장에서는 파이토치 라이트닝이 자기 지도 학습 모델을 어떻게 제공하는지 배운다. 레이블 없이 표현 학습만으로 이미지를 구별하는 **대조 학습**contrastive learning을 수행하는 방법을 배운다.

모델 배포 및 평가

모든 딥러닝 모델은 언젠가 제품에서 사용되고 온라인 예측을 수행하기 위해 학습한다. 학습 과정에서 데이터 과학자는 다양한 포맷의 모델 파일에 친숙해져야 한다. 9장에서는 피클Pickle과 ONNXOpen Neural Network Exchange 포맷의 도움으로 언어나 하드웨어에 관계없이 운영환경에 배포하고 예측을 수행하는 방법을 배운다.

모델 규모 확장 및 생산성 팁

파이토치 라이트닝은 정의된 아키텍처로 새로운 모델을 만드는 데 국한되지 않고 새로운 연구를 통해 최고 성능SOTA을 경신하는 것도 가능하다. 10장에서 새로운 연구를 가능하도록 하는 몇 가지 기능을 살펴보고, 문제해결 팁을 제공하면서 생산성을 향상시키는 방법을 알아본다. 또한 모델 학습 규모를 확장하는 다양한 방법도 배운다.

추가 자료

다음은 내용의 이해를 돕는 파이토치 라이트닝 관련 링크를 소개한다.

- 공식 문서: https://lightning.ai/docs/pytorch/stable/
- 깃허브 출처: https://github.com/Lightning-AI/lightning
- 코드에 문제가 발생하면 아래의 깃허브에 이슈를 올려서 도움을 받을 수 있다. **파이토치 라이트닝** 팀은 보통 빠르게 답변을 단다.
  https://github.com/Lightning-AI/lightning/issues
- 파이토치 라이트닝 커뮤니티 채널에서 도움을 얻을 수 있다. 파이토치 라이트닝 커뮤니티는 빠르게 성장하고 있고 매우 활동적이다.

요약

독자는 딥러닝 분야가 자신에게 적절한 커리어인지 확인하기 위해 탐색 중인 초보자이거나, 머신러닝 분야에서 연구를 해서 논문을 발표하려는 대학원생일 수도 있다. 또는 딥러닝 모델 학습 및 제품화 경험이 있는 전문 데이터 과학자일지도 모른다. 파이토치 라이트닝에는 위의 모든 사람들이 딥러닝 분야를 작업할 때 도움이 되는 기능이 있다.

파이토치 라이트닝은 복잡한 부분을 추상화함으로써 파이토치의 효율성과 엄격함에 파이썬의 단순함을 결합시켰다. 바로 사용할 수 있는 신경망 아키텍처를 제공해 바퀴를 재창조하지 않도록 도와주고 기존에 없던 혁신적인 과제를 수행하기 위한 깊이 있는 작업도 지원한다. 파이토치와 완전히 호환되고 코드를 쉽게 리팩토링할 수 있다. 파이토치 라이트닝은 머신러닝 엔지니어, 데이터 엔지니어와 다른 데이터 과학자를 위한 최초의 프레임워크다.

간단한 딥러닝 모델을 만들면서 점차 영역을 넓히고 더 복잡하고 진보된 모델을 공부해 본다. 유명한 모델을 전부를 다루면서 딥러닝 기술을 통해 조직에 깊은 인상을 줄 수 있는 능력을 키워줄 것이다. 이제 2장으로 넘어가서 첫 딥러닝 모델을 만들어 보자!

02

첫 번째 딥러닝 모델 시작하기

최근 **딥러닝** 모델의 인기가 높아지면서 학계와 산업계의 데이터 과학자의 관심을 끌고 있다. 딥러닝은 컴퓨터 과학에서 가장 간단하지만 오래된 문제인 컴퓨터 비전 문제를 해결하면서 큰 성공을 거뒀다. 기계가 인간처럼 보거나 적어도 물체를 인식할 수 있는 알고리듬을 찾는 것은 컴퓨터 과학자들의 오랜 꿈이었다. 딥러닝 모델은 물체 인식뿐 아니라 이미지에 누가 있는지 예측하는 것부터 텍스트의 생성과 이해, 음성 인식과 같은 **자연어 처리** NLP, 심지어 딥페이크와 같은 비디오 생성에도 사용된다. 딥러닝 모델의 중심에는 **신경망** neural network 알고리듬이 있다. 그러나 '신경망' 외에도 중요한 것이 많다. 신경망은 1950년대 이후 계속 사용했지만 딥러닝이 업계에 큰 영향을 미친 것은 지난 몇 년 뿐이다.

신경망은 1955년 세계박람회에서 IBMInternational Business Machines Corporation의 시연으로 유명해졌다. 기계가 무엇이든 학습하고 예측할 수 있는 **인공지능**의 큰 잠재력을 전 세계가 지켜

봤다. 인공지능 시스템은 퍼셉트론 기반 네트워크였다(후에 **다층 퍼셉트론**MLP으로 알려진 것과 유사한 형태로 신경망과 딥러닝 모델의 기초가 됐다). 신경망이 유명해지자 이미지 인식처럼 더 도전적인 문제에 신경망을 사용하는 사람이 많아졌다.

1965년 매사추세츠공과대학교MIT 교수가 최초로 신경망을 컴퓨터 비전에 적용한 것이 딥러닝 모델에 관한 공식적인 기록이다(1950년 후반에서 1960년대 초반에 머신러닝은 큰 인기를 끌었다). 그는 이미지 인식을 위한 알고리듬을 찾는 것을 학생들에게 여름 방학 숙제로 줬다. 학생들은 비상한 머리로 최선의 노력을 다했지만 1965년에는 문제를 해결하지 못했다. 컴퓨터 비전 물체 인식 문제가 몇 년이 아니라 몇 십 년 동안 해결되지 않는 'AI 겨울'이 도래했다. 1990년대 중반에 훨씬 발전한 신경망 형태인 **CNN**Convolutional Neural Networks의 발명으로 커다란 발전을 이뤘다. 2012년에 큰 규모로 학습한 CNN의 더 발전한 버전이 ImageNet 대회에서 우승하고 테스트 세트에서 인간과 비슷한 높은 정확도를 달성하면서 CNN은 컴퓨터 비전 문제 해결을 위한 가장 유망한 선택지가 됐다. 그 후, CNN은 이미지 인식의 기반이 됐고 아예 딥러닝이라는 머신러닝의 새로운 흐름을 만들었다. 지난 몇 년 동안, 진보한 형태의 CNN이 고안됐고, **최고 성능**SOTA, State Of The Art을 높이고 인간의 AI 이해도를 새로운 수준으로 끌어올린 새로운 딥러닝 알고리듬이 매일 나오고 있다. 2장에서는 최신 알고리듬을 최대한 활용하기 위해 꼭 이해해야 하는 딥러닝 모델의 기초를 살펴본다. MLP와 CNN은 대부분의 비즈니스 애플리케이션에 매우 유용하기 때문에 단순한 연습에 그치지 않을 것이다.

2장의 내용은 다음과 같다.

- 신경망 시작하기
- Hello World MLP 모델 구축
- 첫 번째 딥러닝 모델 구축
- 이미지 인식을 위한 CNN 모델 활용

▌기술 요구사항

2장의 코드는 Python 3.10을 사용하는 맥OS 아나콘다나 **구글 코랩**^{Google Colab}에서 개발 및 테스트했다. 다른 환경을 사용하는 중이라면 환경 변수를 적절히 변경해야 한다.

2장에서 다음과 같은 파이썬 모듈을 사용한다.

- Pytorch Lightning(버전: 2.0.2)
- Seaborn(버전: 0.12.2)
- NumPy(버전: 1.22.4)
- Torch(버전: 2.0.1)
- Pandas(버전: 1.5.3)

```
!pip install torch==2.0.1 torchvision==0.15.2 --quiet
!pip install pytorch-lightning==2.0.2 --quiet
```

모듈이 함께 잘 작동하도록 파이토치 라이트닝 2.0.2 버전과 특정 버전의 파이토치, 토치 비전, 토치 텍스트, 토치 오디오를 사용했다. 또한 파이토치 라이트닝과 파이토치의 최신 버전을 사용할 수 있다. 더 자세한 사항은 다음 링크에서 확인할 수 있다.

- https://github.com/PacktPublishing/Deep-Learning-with-Py-Torch-Lightning

앞서 언급한 모든 패키지는 주피터 노트북에서 임포트해야 한다. 패키지를 임포트하는 방법은 1장에서 소개했다.

2장의 예제는 다음 깃허브 링크에서 찾을 수 있다.

- https://github.com/PacktPublishing/Deep-Learning-with-PyTorch-Lightning/tree/main/Chapter02

조직병리학적 암 탐지 소스 데이터 세트에 대한 링크다.

- https://www.kaggle.com/c/histopathologic-cancer-detection

이 데이터 세트는 암 종양의 이미지와 양성 및 음성 레이블이 지정된 이미지로 구성돼 있다. 림프절 스캔에서 추출한 96×96픽셀(px) 크기의 327,680개의 컬러 이미지로 구성된다. 데이터는 Creative Commons^{CC0} 라이선스로 제공된다. 원본 데이터 세트에 대한 링크는 https://github.com/basveeling/pcam이다. 하지만 1장에서는 원본 데이터에서 중복 데이터를 삭제한 캐글의 데이터 세트를 사용한다.

▌ 신경망 시작하기

신경망의 기본을 이해하는 것으로 여정을 시작한다.

왜 신경망일까?

신경망에 깊이 들어가기 전에 간단한 질문에 답해보자. 의사결정 트리와 같은 기존 분류 알고리듬이 충분히 많은데 새로운 분류 알고리듬이 필요한 이유는 무엇일까? 답을 말하자면 의사결정 트리가 결코 해결할 수 없는 분류 문제들이 있기 때문이다. 의사결정 트리는 최대한 한 클래스에 속한 개체들의 순수한 집합을 만들도록 여러 집합을 만든다. 따라서 다른 클래스 간의 구분이 명확하면 잘 작동하지만 클래스가 혼재된 경우에는 성능이 떨어진다. XOR 문제는 의사결정 트리가 해결하지 못하는 매우 기본적인 예시에 해당한다.

XOR 연산자

XOR 게이트/연산자는 배타적 OR이라고도 한다. XOR 게이트는 두 입력이 서로 다를 때 True를 반환하는 디지털 논리 게이트다. 그림 2.1의 다이어그램에서 XOR 게이트에 의해 생성된 **입출력**을 볼 수 있다.

$$X = A \oplus B$$

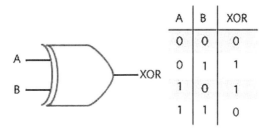

그림 2.1 XOR 게이트 I/O 진리표(Truth table)

XOR 게이트는 2개의 입력을 받아서 하나의 출력을 생성하는 함수다. 그림 2.1의 표에서 XOR 게이트 함수는 다음과 같은 출력을 제공한다.

* A와 B 입력이 다르면 1을 출력한다.
* A와 B가 같으면 0을 출력한다.

의사결정 트리 분류기로 이 문제를 예측하면 항상 50%는 틀린다. 이런 이상한 데이터 세트를 구별할 수 있는 트리 구조나 논리적 경계는 없다. 즉 의사결정 트리 유형의 알고리듬은 그림 2.1과 같은 종류의 분류 문제를 결코 해결할 수 없다. 이런 문제를 처리하기 위해 근본적으로 다른 접근법이 필요하다. 문제를 해결하기 위해서는 입력값만을 학습하는 것이 아니라 입출력 쌍을 개념화하고 관계를 학습하는 근본적으로 다른 종류의 모델이 필요하다. 여기서부터 신경망이 출발한다. 신경망은 단지 다른 유형의 분류기가 아니라 다른 알고리듬이 풀 수 없는 문제를 해결할 수 있는 분류기다.

신경망은 퍼셉트론 모델에서 딥러닝 모델에 이르기까지 다양한 분류기를 포괄하는 용어다. MLP는 기본적이면서도 강력한 알고리듬이다. 앞서 언급한 XOR 문제는 신경망의 기원을 설명하는 가장 오래되고 중요한 문제의 하나다. 2차원에서 하나의 경계선으로 0과 1을 완벽히 분리할 수 없기 때문에 해결하기 위해 잠재 모델latent model을 사용해야 하는, 의사

결정 트리 유형 분류기가 결코 해결할 수 없는 대표적인 유형의 문제다.

XOR 게이트의 동작을 모방하는 간단한 MLP 모델을 구축해 본다.

MLP 아키텍처

파이토치 라이트닝 프레임워크를 사용해 XOR 신경망 아키텍처를 구축해 보자. 그림 2.2의 다이어그램에 표시된 것과 유사한 간단한 MLP 모델을 구축한다.

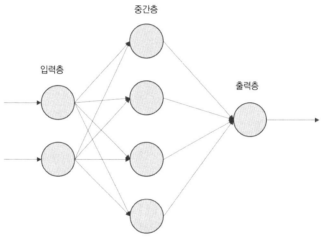

그림 2.2 MLP 아키텍처

그림 2.2의 신경망 아키텍처 다이어그램은 다음의 내용을 담고 있다.

- 입력층, 중간층 및 출력층
- MLP 아키텍처는 2개의 입력을 받는다. 입력층을 통해 XOR 입력을 전달한다.
- 중간층에는 4개의 노드가 있다.
- 출력층에는 단일 노드가 있다. 여기서 XOR 연산의 결과가 나온다.

만들어 볼 신경망은 XOR 게이트를 모방한다. 첫 번째 파이토치 라이트닝 모델 코딩을 시작해보자!

Hello World MLP 모델 구축

파이토치 라이트닝의 세계에 온 걸 환영한다!

마침내 파이토치 라이트닝을 사용해 첫 번째 모델을 구축한다. XOR 연산을 수행하는 간단한 MLP 모델을 구축할 것이다.

이것은 파이토치 라이트닝 뿐만 아니라 신경망 세계에 진입하는 입문용 과제다. 다음 단계를 따라 첫 번째 XOR 연산자를 만든다.

1. 라이브러리 가져오기
2. 데이터 준비하기
3. 모델 설정하기
4. 모델 학습하기
5. 모델 불러오기
6. 예측 수행하기

라이브러리 가져오기

다음과 같이 필요한 라이브러리를 가져오고 패키지 버전을 출력한다.

```
import pytorch_lightning as pl
import torch
from torch import nn, optim
from torch.autograd import Variable
from pytorch_lightning.callbacks import ModelCheckpoint
```

```
from torch.utils.data import DataLoader
print("torch version:",torch.__version__)
print("pytorch ligthening version:",pl.__version__)
```

코드 블록은 다음과 같은 결과를 출력해야 한다.

```
torch version: 2.0.1+cu118
pytorch lightning version: 2.0.2
```

올바른 버전인지 확인했다면 모델 만들어 보자.

데이터 준비하기

그림 2.1에서 보듯이, XOR 게이트는 두 가지의 입력을 받고 4개의 데이터 포인트를 가진다. 데이터 과학 용어로, A와 B열을 특징feature으로, **출력** 열을 목표 변수target variable라고 한다.

XOR에 대한 입력과 목표 데이터를 준비하기 전에 파이토치 라이트닝이 모델을 학습하기 위해 데이터 로더를 받는다는 것을 이해해야 한다. 입력과 목표가 있는 간단한 데이터 로더를 만들고 모델을 학습할 때 사용한다. 다음 순서로 진행한다.

1. XOR 게이트의 연산 결과와 일치하는 진리표를 만든다. 변수Variable를 사용해 데이터 세트를 만든다. 입력 특징을 생성하기 위한 코드는 다음과 같다.

   ```
   xor_inputs = [Variable(torch.Tensor([0, 0])),
     Variable(torch.Tensor([0, 1])),
     Variable(torch.Tensor([1, 0])),
     Variable(torch.Tensor([1, 1]))]
   ```

   파이토치 라이트닝은 파이토치 프레임워크를 기반으로 하므로 모델에 전달하는 모든 데이터는 텐서 형태여야 한다.

앞의 코드에서, 4개의 텐서를 만들었고 각 텐서는 2개의 값(A와 B 2개의 특징)을 갖고 있다. 입력 특징을 갖춰 준비가 끝났다. 총 4개의 행은 XOR 모델로 들어간다.

2. 입력 특징을 준비했으니 다음 코드처럼 목표 변수를 구축한다.

```
xor_targets = [Variable(torch.Tensor([0])),
  Variable(torch.Tensor([1])),
  Variable(torch.Tensor([1])),
  Variable(torch.Tensor([0]))]
```

목표 변수에 대한 앞의 코드는 입력 특징의 코드와 유사하다. 각 목표 변수가 1개의 값이라는 점만 다르다. 마지막 한 단계만 거치고 나면 입출력 데이터 세트 준비가 끝난다. 이제 데이터 로더를 만든다. 데이터 세트를 생성하고 파이토치 라이트닝에 데이터 로더로 전달할 수 있는 여러 방법이 있다. 3장에서 데이터 로더를 사용하는 다양한 방법을 살펴본다.

3. 2장에서는 XOR 모델에 대한 데이터 세트를 만드는 가장 간단한 방법을 사용한다. 다음 코드로 데이터 로더를 만든다.

```
xor_data = list(zip(xor_input, xor_target))
train_loader = DataLoader(xor_data, batch_size=1)
```

파이토치 라이트닝의 데이터 로더는 키와 값, 데이터 과학 용어로는 특징과 목표 값이라는 두 가지 중요 값을 갖는다. 그런 다음 torch.utils.data의 DataLoader 모듈을 사용해 xor_data를 감싸서 XOR 데이터를 반복할 수 있는 Python 객체로 만든다.

```
[(tensor([0., 0.]), tensor([0.])),
 (tensor([0., 1.]), tensor([1.])),
```

```
(tensor([1., 0.]), tensor([1.])),
(tensor([1., 1.]), tensor([0.]))]
```

코드에서 튜플의 리스트인 데이터 세트를 만들었고 각 튜플은 2개의 텐서를 갖고 있다. 첫 번째 값은 2개의 특징/입력이고, 두 번째 값은 주어진 입력에 대한 목표값이다.

모델 설정하기

첫 번째 파이토치 라이트닝 모델을 학습시켜 보자. 파이토치 라이트닝에서 모델은 파이토 치에서와 유사하게 만든다. 파이토치 라이트닝이 대부분의 모델 학습에 필요한 과정이 순 차적으로 실행되도록 수명주기 메소드^{life cycle method}가 있어서 파이토치 라이트닝을 사용하면 반복적인 코드 작업을 줄이고 코드를 더 구조화할 수 있다.

파이토치 라이트닝 프레임워크로 여러 GPU와 TPU에 걸쳐 딥러닝 모델을 쉽게 확장할 수 있다. 이후의 장에서 그 내용도 살펴본다.

파이토치 라이트닝으로 만든 모든 모델은 LightningModule이라는 클래스에서 상속 받는 다. 해당 클래스에는 보일러 플레이트 코드가 있으며, 라이트닝 수명주기 메소드도 여기 에 있다.

간단히 말하면 파이토치 LightningModule은 파이토치에서의 nn.Module과 같은 역할을 하 면서 몇 가지 수명주기 메소드와 연산이 추가된 것이다. 소스코드를 살펴보면 Lightning Module은 파이토치의 nn.Module을 상속하고 있다. 따라서 파이토치 nn.Module의 기능 대 부분을 LightningModule에서도 사용할 수 있다.

모든 파이토치 라이트닝 모델에는 최소 두 가지 수명주기 메소드가 필요하다. 첫째는 학 습을 위한 학습 스텝(training_step)이고 둘째는 옵티마이저^{optimizer}를 설정하는 메소드다 (configure_optimizers). 두 가지 메소드 외에도 forward 메소드를 사용한다. forward 메소 드는 입력 데이터를 받아 모델에 전달한다.

XOR MLP 모델은 이 과정을 따라 구축하며 다음과 같이 각 단계를 자세히 살펴볼 것이다.

1. 모델 초기화하기
2. 모델에 입력 전달하기
3. 옵티마이저 설정하기
4. 학습 매개변수parameters 설정하기

모델 초기화하기

모델을 초기화하기 위해 다음 단계를 수행한다.

1. 먼저 다음 코드에 나와 있는 것처럼 LightningModule을 상속한 XORModel 클래 스를 생성한다.

```
class XORModel(pl.LightningModule)
```

2. 모델을 이루는 층을 만든다. 다음 코드처럼 __init__ 메소드로 시작한다.

```
def __init__(self):
  super(XORModel,self).__init__()
  self.input_layer = nn.Linear(2, 4)
  self.output_layer = nn.Linear(4,1)
  self.sigmoid = nn.Sigmoid()
  self.loss = nn.MSELoss()
```

앞의 코드에서 다음 작업을 수행했다.

I. 잠재층을 만들었다. 첫 번째 층은 2개의 입력을 받아 4개의 출력을 반환하 는데 그 출력이 중간층이 된다. 중간층은 하나의 노드로 줄어드는데, 이 노 드는 출력 노드가 된다.

II. 활성화 함수를 초기화한다. 이때 XOR 게이트를 만들기 위해 시그모이드 함수를 사용한다.

III. 손실 함수를 초기화한다. 평균 제곱 오차$^{MSE, Mean Square Error}$를 손실 함수로
사용한다.

모델에 입력 전달하기

입력을 받아 모델의 출력을 만드는 forward 메소드를 사용하는 간단한 단계다. 다음 코드
가 그 프로세스를 나타낸다.

```
def forward(self, input):
  #print("INPUT:", input.shape)
  x = self.input_layer(input)
  #print("FIRST:", x.shape)
  x = self.sigmoid(x)
  #print("SECOND:", x.shape)
  output = self.output_layer(x)
  #print("THIRD:", output.shape)
  return output
```

forward 메소드는 입력 데이터가 여러 층과 활성화 함수를 거치는 매체 역할을 한다. 앞
의 forward 메소드에서 다음 작업을 수행한다.

1. XOR 게이트의 입력을 받아서 첫 번째 입력층으로 전달한다.
2. 첫 번째 입력층에서 생성한 출력은 시그모이드 활성화 함수로 들어간다.
3. 시그모이드 활성화 함수의 출력은 최종 레이어로 들어가고 forward 메소드의 결
과로 반환된다.
4. 디버깅과 데이터 확인 목적으로 작성된 출력문은 주석 처리돼 있다. 주석 처리
를 해제하면 텐서가 모델에 어떻게 전달되고 학습이 어떻게 진행되는지 보다 깊
이 이해할 수 있다.

옵티마이저 설정하기

파이토치 라이트닝의 모든 옵티마이저는 configure_optimizers라는 수명주기 메소드에서 설정한다. 수명주기 메소드에서 하나 또는 여러 개의 옵티마이저를 설정할 수 있다. 예에서 하나의 옵티마이저를 사용하지만 이후 장에서는 여러 옵티마이저를 쓰는 모델도 다룬다.

XOR 모델에서는 Adam 옵티마이저를 사용한다. 다음 코드는 configure_optimizers 수명주기 메소드의 사용법을 보여준다.

```
def configure_optimizers(self):
  params = self.parameters()
  optimizer = optim.Adam(params=params, lr = 0.01)
  return optimizer
```

모델의 모든 파라미터는 self 객체의 self.parameters() 메소드를 사용해 접근할 수 있다. 여기서 학습률(lr)이 0.01이고 모델 파라미터를 입력으로 받은 Adam 옵티마이저를 만들고 반환한다.

> **중요사항**
>
> 옵티마이저가 익숙하지 않다면 확률적 경사하강법(SGD, Stochastic Gradient Descent)과 모델이 전역 최솟값을 찾는 방법을 알아보는 게 도움이 된다. Adam이 어떻게 작동하는지 궁금하다면 다음 링크를 따라가 자료를 참고하자(https://arxiv.org/abs/1412.6980).

학습 파라미터 설정하기

여기서 모델 학습이 전부 이뤄진다. 메소드를 자세히 이해해 보자. 다음은 training_step의 코드다.

```
def training_step(self, batch, batch_idx):
    xor_input, xor_target = batch
    #print("XOR INPUT:", xor_input.shape)
    #print("XOR TARGET:", xor_target.shape)
    outputs = self(xor_input)
    #print("XOR OUTPUT:", outputs.shape)
    loss = self.loss(outputs, xor_target)
    return loss
```

training_step 메소드는 다음 두 가지 입력을 받는다.

- batch: 데이터 로더 배치 단위로 전달하는 데이터다. batch는 입력/특징과 목표 값 2개의 항목으로 구성된다.
- batch_idx: 데이터 배치의 인덱스 번호다.

앞의 메소드에서 batch에서 입력과 목표 데이터를 접근해 self 메소드의 입력으로 전달했다. 입력이 self 메소드로 들어가면 간적접으로 forward 메소드를 호출해서 XOR 모델의 출력을 반환한다. 평균 제곱 오차^{MSE} 손실 함수를 사용해 손실을 계산하고 메소드의 결과로 반환한다.

> **중요사항**
>
> 입력이 self 메소드로 들어가면 forward 메소드를 간접적으로 호출하는데, forward 메소드에서 레이어 사이의 연산과 활성화 함수 연산을 수행해서 결과를 생성한다.

training_step의 출력은 하나의 손실 값이지만, 이후 장에서는 신경망을 만들고 분석하는 데 유용한 다양한 방법과 트릭을 다룬다.

파이토치 라이트닝에는 다른 수명주기 메소드가 많다. 사례와 시나리오에 따라 이후 장에서 수명주기 메소드를 다룬다.

첫 번째 XOR MLP 모델을 만드는 데 필요한 모든 단계가 끝났다. XOR 모델의 전체 코드는 다음과 같다.

```python
class XORModel(pl.LightningModule):
  def __init__(self):
    super(XORModel,self).__init__()
    self.input_layer = nn.Linear(2, 4)
    self.output_layer = nn.Linear(4,1)
    self.sigmoid = nn.Sigmoid()
    self.loss = nn.MSELoss()

  def forward(self, input):
    #print("INPUT:", input.shape)
    x = self.input_layer(input)
    #print("FIRST:", x.shape)
    x = self.sigmoid(x)
    #print("SECOND:", x.shape)
    output = self.output_layer(x)
    #print("THIRD:", output.shape)
    return output

  def configure_optimizers(self):
    params = self.parameters()
    optimizer = optim.Adam(params=params, lr = 0.01)
    return optimizer

def training_step(self, batch, batch_idx):
  xor_input, xor_target = batch
  #print("XOR INPUT:", xor_input.shape)
```

```
#print("XOR TARGET:", xor_target.shape)

outputs = self(xor_input)

#print("XOR OUTPUT:", outputs.shape)

loss = self.loss(outputs, xor_target)

return loss
```

요약하면 앞의 코드는 다음 내용을 수행한다.

1. XOR 모델은 크기가 2인 XOR 입력을 받는다.
2. 데이터를 4개의 노드가 있고 1개의 출력을 반환하는 중간층으로 전달한다.
3. 여기서 시그모이드를 활성화 함수로, 평균 제곱 오차를 손실 함수로, Adam을 옵티마이저로 사용한다.

파이토치 라이트닝 프레임워크가 자체적으로 처리하는 역전파, 그레디언트 삭제, 옵티마이저 업데이트 등은 파이토치 라이트닝 프레임워크가 자체적으로 처리하기 때문에 구현하지 않았다.

모델 학습하기

파이토치 라이트닝으로 구현한 모든 모델은 Trainer 클래스로 학습할 수 있다. Trainer 클래스를 더 알아보자.

Trainer 클래스는 데이터 세트 순회, 역전파, 그레이디언트 삭제, 옵티마이저 스텝과 같은 몇 가지 핵심 단계를 추상화했다. 파이토치의 모든 보일러 플레이트 코드는 파이토치 라이트닝의 Trainer 클래스에도 사용된다. 또한 Trainer 클래스는 모델을 구축하는 데 도움되는 여러 기능을 지원한다. 다양한 콜백 함수, 모델 저장, 조기 중지, 유닛 테스트를 위한 개발 실행, GPU 및 TPU 지원, 로거, 로그, 에포크 등이다. Trainer 클래스가 지원하는 중요 기능 대부분을 다룰 것이다.

XOR 모델을 학습하기 위한 코드는 다음과 같다.

```
from pytorch_lightning.utilities.types import TRAIN_DATALOADERS
checkpoint_callback = ModelCheckpoint()
model = XORModel()

trainer = pl.Trainer(max_epochs=100, callbacks=[checkpoint_callback])
```

앞의 코드에서는 trainer 객체를 만든다. 모델 학습은 최대 100 에포크이고 모델 체크포인트 저장을 콜백 함수로 입력한다. 마지막 단계에서 모델 트레이너가 준비되면 다음 코드에서 확인할 수 있듯이 모델과 입력 데이터를 넣어주면서 fit 메소드를 호출한다.

```
trainer.fit(model, train_dataloaders=train_loader)
```

앞의 코드에서 100 에포크 동안 모델을 학습하고 train_dataloaders 인수를 사용해 데이터를 전달했다.

100 에포크 실행이 끝나면 그림 2.3과 같은 출력을 확인할 수 있다.

그림 2.3 100 에포크 후 모델 출력

모델 학습의 진행 상황을 자세히 보면 마지막 부분에 손실값^{loss value}이 표시된다. 파이토치 라이트닝에서는 진행 표시줄에 어떤 값을 표시할지 유연하고 쉽게 설정할 수 있다. 이 기능도 앞으로 살펴본다.

지금까지 XOR 모델 객체를 생성하고 Trainer 클래스를 사용해 모델을 100 에포크 동안 학습했다.

파이토치 라이트닝은 모델을 여러 번 학습하면 서로 다른 버전을 lightning_logs라는 기본 폴더에 저장한다. 그렇기 때문에 학습이 끝난 여러 버전의 모델을 각각 불러와 결과를 비교할 수 있다. XOR 모델을 두 번 학습하면, lightning_logs 폴더에서는 2개 버전의 XOR 모델을 볼 수 있다.

```
ls lightning_logs/
```

그림 2.4와 같이 출력을 표시한다.

```
version_0/  version_1/
```

그림 2.4 lightning_logs 폴더에 있는 파일 목록

각 버전 하위 폴더에는 구축 및 학습한 모델에 대한 모든 정보가 있어 쉽게 불러와 예측을 수행할 수 있다. 폴더에는 hparams.yaml에 저장되는 하이퍼파라미터와 같은 유용한 정보가 많고 체크포인트(checkpoints)라는 하위 폴더도 있다. 여기가 XOR 모델이 직렬화된 형태로 저장되는 곳이다.

그림 2.5에 버전 폴더에 있는 모든 파일을 보여준다.

```
ls lightning_logs/*/

lightning_logs/version_0/:
checkpoints/  events.out.tfevents.1615663387.6a881f5bc643.58.0  hparams.yaml

lightning_logs/version_1/:
checkpoints/  events.out.tfevents.1615663398.6a881f5bc643.58.1  hparams.yaml
```

그림 2.5 lightning_logs 폴더 내부의 하위 폴더 및 파일 목록

그림 2.5에서 최신 버전의 모델은 version_1 폴더에 저장돼 있다. 수동으로 최신 버전의

모델에 대한 경로를 찾거나 모델 체크포인트 콜백을 사용할 수 있다.

> **중요사항**
> 코랩에서 쉘 명령어를 실행할 때는 앞에 ! 를 추가해야 한다.

모델 불러오기

모델을 구축한 다음 모델을 불러오는 방법을 알아본다. 앞에서 설명한 것처럼, 모델의 최신 버전은 이전 단계에서 만든 checkpoint_callback으로 찾을 수 있다. 여기서는 다음 코드에 표시된 것처럼 모델의 최신 버전 경로를 얻기 위해 두 가지 버전의 모델을 실행했다.

```
print(checkpoint_callback.best_model_path)
```

앞의 코드는 그림 2.6처럼 최신 파일 경로를 표시한다. 이 기능은 나중에 체크포인트에서 모델을 불러와 예측을 수행하는 데 사용한다.

```
/content/lightning_logs/version_1/checkpoints/epoch=99-
step=399.ckpt
```

그림 2.6 최신 모델 버전 파일의 파일 경로 출력

체크포인트에서 모델을 불러올 때는 모델 객체의 load_from_checkpoint 메소드에 모델 체크포인트 경로를 입력하면 된다.

```
train_model = model.load_from_checkpoint(checkpoint_callback.best_model_path)
```

앞의 코드는 체크포인트에서 모델을 불러온다. 두 가지 버전의 모델을 구축하고 학습하고 최신 체크포인트에서 불러오는 방법을 알아봤다.

예측 수행하기

모델이 준비됐으니 예측을 수행해 본다. 이 과정은 다음 코드로 진행한다.

```
test = torch.utils.data.DataLoader(xor_input, batch_size=1)
for val in xor_input:
  _ = train_model(val)
  print([int(val[0]),int(val[1])], int(_.round()))
```

앞의 코드는 예측을 수행하기 위한 간단한 방법이다. XOR 데이터 세트를 순회하면서 입력 값을 모델에 넣고 예측을 한다. 그림 2.7과 같은 출력이 나타난다.

```
/content/lightning_logs/version_1/checkpoints/epoch=499-step=499.ckpt
[0, 0] 0
[0, 1] 1
[1, 0] 1
[1, 1] 0
```

그림 2.7 – XOR 모델 출력

결과에서 모델이 올바른 결과를 예측했음을 알 수 있다. 모델을 구축하는 다양한 방법과 기술이 있는데 이후 장에서 알아본다.

단순한 결과로 보일 수 있지만 1960년대에 처음으로 성공한 당시만 해도 머신러닝이 이룬 쾌거였다. 논리 분기에 따른 결과만 처리할 수 있는 의사 결정 트리와 달리 이제 복잡한 동작도 기계가 학습하고 I/O 값을 단순히 관찰함으로써 지식을 캡슐화할 수 있다. I/O 값을 관찰하고 학습하는 이 핵심 아이디어는 CNN을 사용하는 이미지 인식 모델이 작동하는 방식으로, 이미지 표현을 레이블과 맞춰보면서 객체 분류를 학습한다.

▌ 첫 번째 딥러닝 모델 구축

기본 신경망을 만들어 봤으니, MLP를 만들었던 지식을 활용해 딥러닝 모델을 구축해 보

자. 핵심 부분은 크게 다르지 않다는 걸 확인할 수 있을 것이다.

모델이 깊다는 게 뭘까?

누가 딥러닝을 처음 사용했는지에 관해서는 의견이 분분하다. 딥러닝이 수백 또는 수천 개의 레이어가 있는 정말 큰 신경망 모델이라는 것이 일반적으로 갖고 있는 오해다. 대부분 딥러닝 모델이 큰 것은 맞지만, 모델의 크기보다 **역전파**라는 개념을 이해하는 점이 훨씬 더 중요하다.

MLP와 같은 신경망은 오래 전부터 존재했고, 그 상태 자체로도 XOR 문제처럼 이전에 해결하지 못한 분류 문제를 풀거나 기존 분류기보다 더 나은 예측을 했다. 하지만 이미지와 같은 비정형unstructured 데이터를 다룰 때는 여전히 정확하지 않았다. 고차원 공간에서 학습할 때 모델에 피드백을 주는 역전파라는 간단한 방법이 사용된다. 이 피드백은 모델이 예측을 잘하는지 못하는지를 학습하게 하며, 잘못된 예측이면 패널티를 준다. 최적화 방법을 반복하는 과정을 통해서 모델은 점점 실수를 줄이고 수렴한다. 피드백 루프에서 손실 함수를 사용해 손실을 줄여가면서 원하던 최적화 상태에 도달한다(수렴한다). 대표적인 로그 손실(log loss) 및 코사인 손실(cosine loss) 함수와 더불어 다양한 손실 함수가 있다.

방대한 양의 데이터와 클라우드를 통한 컴퓨팅 파워가 만나면서, 역전파는 놀라운 일을 할 수 있었고 지금의 머신러닝 르네상스를 이끌었다.

2012년 CNN 아키텍처가 이미지넷 대회에서 우승하고 후속 모델이 인간에 가까운 정확도를 달성한 이후, 딥러닝은 비약적으로 성장했다. 이제 CNN 아키텍처의 개념부터 시작해 CNN 모델을 구축하는 방법을 알아보자.

CNN 아키텍처

컴퓨터는 비트의 언어만 이해하기 때문에 숫자 형태의 입력만 받아들인다. 그러면 어떻게 이미지를 숫자로 변환할 수 있을까? CNN 아키텍처는 컨볼루션을 대표하는 다양한 레이어로 구성된다. CNN은 이미지와 같은 고차원 객체를 매트릭스 형태(텐서라고도 함)의 저차원 형태로 변환한다.

물론 CNN은 이미지를 텐서로 변환하는 것 이상의 일을 한다. 역전파 및 최적화 방법을 사용해 이미지에서 객체를 인식하는 방법을 학습한다. 한 번 여러 이미지로 학습을 하면 처음 보는 이미지도 정확하게 인식한다. CNN은 단순하게 더 많은 하드웨어를 사용하고 규모를 키울수록 정확도가 높아진다는 유연성과 확장성 덕분에 성공했다.

조직병리학적 암 탐지 데이터 세트를 위한 CNN 모델을 만든다. 이 데이터는 큰 디지털 병리학 스캔에서 작은 조각을 잘라 전이암이 있는지 식별하기 위해 만든 데이터 세트다. 모델의 구조는 그림 2.8과 같다.

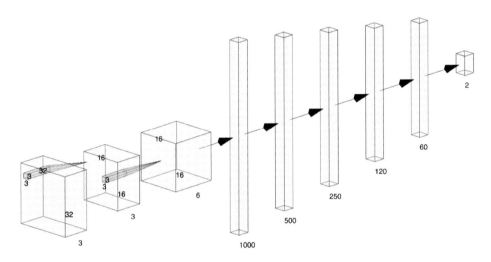

그림 2.8 조직병리학적 암 탐지를 위한 CNN 아키텍처

예제를 위해 간단한 3층 CNN 아키텍처를 사용한다.

소스 이미지 데이터 세트는 세 가지 색상 채널이 있는 96×96 이미지로 시작한다. 암의 존재 여부는 중앙 32×32px 영역에서 종양 조직이 한 픽셀 이상 포함됐는지를 기준으로 판단한다. 중앙 영역 이외의 영역에 있는 종양 조직은 레이블에 영향을 주지 않는다. 따라서 원본 이미지를 32×32 크기로 자른다. 그런 다음 아래 작업을 수행한다.

1. 커널 크기가 3이고 스트라이드가 1인 첫 번째 컨볼루션층을 통과시킨다.
2. 첫 번째 컨볼루션층 다음에는 이미지를 16×16의 저차원 객체로 만드는 MaxPool 층이 있다.
3. 이어서 6개의 채널을 갖는 다른 컨볼루션층이 있다. 이 뒤에는 5개의 완전연결층 fully connected layer이 텐서 크기를 1,000, 500, 250, 120, 60으로 줄이고 마지막에는 소프트맥스SoftMax 층이 최종 예측을 내놓는다.

여기서 ReLU를 활성화 함수로, Adam을 옵티마이저로, 교차 엔트로피Cross-Entropy를 손실 함수로 사용한다.

▌ 이미지 인식을 위한 CNN 모델 구축

파이토치 라이트닝은 복잡한 프로그램 작성보다 모델 구축에 집중할 수 있게 해 딥러닝 모델을 쉽게 훈련하고 확장하도록 도와주는 다목적 프레임워크다. 파이토치 라이트닝은 딥러닝 모델을 만드는 데 필요한 많은 유용한 기능을 제공한다. 한 장에서 모든 주제를 다룰 수 없기 때문에, 여러 장에서 파이토치 라이트닝의 다른 특징을 계속해서 살펴볼 것이다.

CNN을 사용해 이미지 분류기를 만드는 단계를 정리했다.

1. 패키지 가져오기
2. 데이터 수집하기
3. 데이터 준비하기
4. 모델 구축하기
5. 모델 학습하기
6. 모델 정확도 평가하기

패키지 가져오기

다음 단계로 시작한다.

1. 필요한 패키지를 설치한다.

```
!pip install torch==2.0.1 torchvision==0.15.2 --quiet
!pip install pytorch-lightning==2.0.2 --quiet
!pip install opendatasets --upgrade --quiet
```

2. 시작하기 전에 아래 패키지를 임포트한다.

```
import os
import shutil
import opendatasets as od
import pandas as pd
import numpy as np
from PIL import Image


from sklearn.metrics import confusion_matrix
from sklearn.model_selection import train_test_split
import matplotlib.pyplot as plt


import torch
from torch import nn, optim
from torch.utils.data import DataLoader, Dataset
from torch.utils.data.sampler import SubsetRandomSampler
from torchvision.datasets import ImageFolder
import torchvision.transforms as T
from torchvision.utils import make_grid
from torchmetrics.functional import accuracy
import pytorch_lightning as pl
```

3. 패키지를 설치하고 불러왔다면 다음 명령으로 시작한다.

```
print("pandas version:",pd.__version__)
print("numpy version:",np.__version__)
print("torch version:",torch.__version__)
print("pytorch ligthening version:",pl.__version__)
```

4. 다음 코드를 실행해서 정확한 버전을 사용하는지 확인한다.

```
pandas version: 1.5.3
numpy version: 1.22.4
torch version: 2.0.1+cu118
pytorch ligthening version: 2.0.2
```

데이터를 수집하면서 모델 구축을 시작해 보자.

데이터 수집하기

앞으로 구글 드라이브를 사용해 데이터 세트와 체크포인트를 저장할 것이다. 이 단계를 완료하고 데이터 세트를 다운로드한 경로를 입력하기 전에 깃허브 노트북에 표시된 대로 드라이브를 마운트해야 한다. 구글 코랩에서 클라우드 저장소 사용 방법에 대한 자세한 내용은 10장의 '학습 관리 및 확장'을 참조하자.

다음과 같이 캐글Kaggle에서 데이터 세트를 다운로드한다.

```
dataset_url = 'https://www.kaggle.com/c/histopathologic-cancer-detection'
od.download(dataset_url)
```

자격 증명을 사용해 캐글에서 PCam 데이터 세트를 다운로드한다. 아이디와 키를 입력하라는 메시지가 표시되는데, 캐글 웹사이트에서 얻을 수 있다.

```
Please provide your Kaggle credentials to download this dataset. Learn more: http://bit.ly/kaggle-creds
Your Kaggle username: rajsolanki23
Your Kaggle Key: ·········
Downloading histopathologic-cancer-detection.zip to ./histopathologic-cancer-detection
100%|███████████| 6.31G/6.31G [01:43<00:00, 65.7MB/s]

Extracting archive ./histopathologic-cancer-detection/histopathologic-cancer-detection.zip to ./histopathologic-cancer-detection
```

그림 2.9 캐글에서 데이터 세트 다운로드하기

중요사항

캐글의 API(application programming interface) 키 확인을 위해 Kaggle.com/에서 계정 설정 페이지로 간다. 다음으로 API 섹션으로 스크롤하고 〈Create New API Token〉 버튼을 누른다. Kaggle.json 파일이 컴퓨터에 저장되는데, 여기서 사용자 이름과 키를 확인할 수 있다. 혹은 이 파일을 구글 코랩 폴더에 직접 업로드해서 사용할 수 있다.

`train_labels.csv`라는 파일에는 이미지 **식별자**[ID]와 해당 레이블/참값 데이터가 있다. 그림 2.10과 같이 이 파일을 판다스 데이터 프레임으로 읽어 들인다.

```
cancer_labels = pd.read_csv('histopathologic-cancer-detection/train_labels.csv')
cancer_labels.head()
```

	id	label	
0	f38a6374c348f90b587e046aac6079959adf3835	0	
1	c18f2d887b7ae4f6742ee445113fa1aef383ed77	1	
2	755db6279dae599ebb4d39a9123cce439965282d	0	
3	bc3f0c64fb968ff4a8bd33af6971ecae77c75e08	0	
4	068aba587a4950175d04c680d38943fd488d6a9d	0	

그림 2.10 레이블 파일 읽기

그림 2.11에 나타난 출력에서 0과 1 2개의 레이블이 있는 이진 분류 문제임을 알 수 있다.

70

데이터 준비하기

데이터 준비 과정은 다음과 같은 여러 단계로 구성된다.

- 데이터 세트 다운샘플링하기^{Downsampling}
- 데이터 세트 불러오기
- 데이터 세트 증강하기^{Augmentation}

조직병리학적 암 탐지를 위한 PatchCamelyon^{PCAM} 데이터 세트는 림프절의 조직병리학적 스캔에서 추출한 327,680개의 컬러 이미지로 구성된다. 각 이미지에는 전이 조직이 있는지를 나타내는 이진 레이블이 달려있다. 데이터 세트에는 아래와 같은 하위 폴더가 있다.

```
histopathologic-cancer-detection/train
```
```
histopathologic-cancer-detection/test
```

첫 번째 경로에는 약 220,000개의 조직병리학적 스캔 이미지가 있고, 두 번째 경로에는 약 57,000개의 조직병리학적 스캔 이미지가 있다.

다음 코드에 표시된 train_labels.csv 파일에는 train 폴더의 이미지에 대한 참값 데이터가 있다.

```
histopathologic-cancer-detection/train_labels.csv
```

그림 2.11은 조직병리학적 스캔의 몇 가지 예시 이미지다.

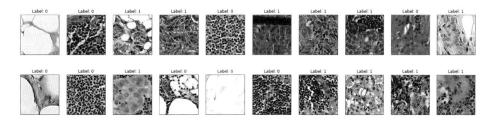

그림 2.11 조직병리학적 스캔의 샘플 이미지

데이터 세트 다운샘플링하기

양성 레이블은 패치의 중앙 32×32 픽셀 영역에 종양 조직이 한 픽셀 이상 있다는 의미다. 정상 케이스(0) 130,908개, 이상(또는 암) 케이스(1) 89,117개가 있다. 전체 데이터 세트를 학습하는 데 많은 시간과 계산 리소스가 필요한 큰 데이터 세트이므로 첫 번째 이미지 분류 모델에서는 다음 코드를 통해 train 폴더의 220,000개 이미지 중 10,000개 이미지만 뽑아 훈련 및 테스트 데이터 세트로 분할한다.

```
np.random.seed(0)
train_imgs_orig = os.listdir("histopathologic-cancer-detection/train")
selected_image_list = []
for img in np.random.choice(train_imgs_orig, 10000):
  selected_image_list.append(img)
len(selected_image_list)
```

코드에서 먼저 결과를 재현할 수 있도록 시드를 설정한다(random.seed( ) 메소드에서 아무 숫자나 자유롭게 설정). 그런 다음 train 폴더에서 10,000개의 이미지 이름(또는 ID)을 무작위로 선택해 selected_image_list에 저장한다.

10,000개의 이미지를 선택하면 다음과 같이 데이터를 학습 및 테스트 데이터로 나눈다.

```
np.random.seed(0)
np.random.shuffle(selected_image_list)
cancer_train_idx = selected_image_list[:8000]
cancer_test_idx = selected_image_list[8000:]
print("Number of images in the downsampled training dataset: ", len(cancer_
train_idx))
print("Number of images in the downsampled testing dataset: ", len(cancer_test_
idx))
```

코드에서, 결과를 재현할 수 있도록 시드를 다시 설정했다. 그런 다음 이미지 목록을 섞어 cancer_train_idx에 8,000개의 이미지 이름(또는 ID)을, cancer_test_idx에 나머지 2,000개의 이미지 이름을 저장한다. 출력 모습은 그림 2.12과 같다.

```
Number of images in the downsampled training dataset:  8000
Number of images in the downsampled testing dataset:  2000
```

그림 2.12 학습 및 테스트 이미지 개수

학습 및 테스트 이미지 이름이 cancer_train_idx와 cancer_test_idx에 각각 저장되면, 모델 학습이나 디버깅 과정에 이 작업을 다시 수행할 필요가 없도록 구글 드라이브에 저장한다.

다음 코드를 사용해 구글 드라이브를 마운트한다.

```
from google.colab import drive
drive.mount('/content/gdrive')
```

그러면 그림 2.13과 같은 화면이 나타난다.

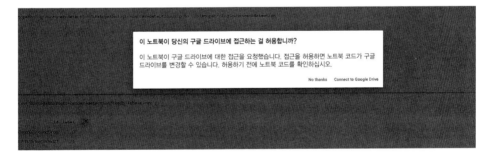

그림 2.13 구글 드라이브 접근 허용

드라이브에 대한 액세스를 허용하라는 메시지가 표시된다. 허용하면 드라이브에 데이터를 영구 저장할 수 있다. 세션이 끝나도 데이터를 다시 처리하지 않고도 언제든 활용할 수 있다. 구글 드라이브에 이미지를 저장하는 코드는 다음과 같다.

```
os.mkdir('/content/gdrive/My Drive/Colab Notebooks/histopathologic-cancer-
detection/train_dataset/')

for fname in cancer_train_idx:

  src = os.path.join('histopathologic-cancer-detection/train', fname)

  dst = os.path.join('/content/gdrive/My Drive/Colab Notebooks/
histopathologic-cancer-detection/train_dataset/', fname)

  shutil.copyfile(src, dst)
```

앞의 코드에서 다음 경로에 train_dataset이라는 폴더를 생성한다.

```
content/gdrive/My Drive/Colab Notebooks/histopathologic-cancer-detection/
```

그런 다음 cancer_train_idx를 순회하면서 학습 데이터 이미지 이름을 가져오고 shutils 파이썬 모듈을 사용해 노트북의 로컬 저장소에서 모든 파일을 구글 드라이브로 복사한다. 테스트 데이터 세트에서 같은 작업을 반복한다. 작업 코드는 다음과 같다.

```
os.mkdir('/content/histopathologic-cancer-detection/test_dataset/')

for fname in test_idx:

  src = os.path.join('histopathologic-cancer-detection/train', fname)

  dst = os.path.join('/content/histopathologic-cancer-detection/test_dataset/',
fname)

  shutil.copyfile(src, dst)

print('No. of images in downsampled testing dataset: ', len(os.listdir("/
content/histopathologic-cancer-detection/test_dataset/")))
```

코드에서 확인할 수 있듯이 이미지 분류 모델을 학습하고 앞으로 계속 활용할 수 있도록 학습 및 테스트 데이터 세트를 구글 드라이브에 저장한다.

다운샘플링된 데이터에서 이미지에 대한 레이블은 다음 코드로 뽑을 수 있다. 레이블 리스트는 학습과 성능 검증 과정에서 사용한다.

```
selected_image_labels = pd.DataFrame()
id_list = []
label_list = []

for img in selected_image_list:
  label_tuple = df_labels.loc[df_labels['id'] == img.split('.') [0]]
    id_list.append(label_tuple['id'].values[0])
    label_list.append(label_tuple['label'].values[0])
```

데이터 세트 불러오기

파이토치 라이트닝은 데이터가 클래스(레이블)가 폴더 이름인 폴더에 있기를 기대한다. 모든 학습/테스트 이미지가 하위 폴더 없이 하나의 폴더에 있을 때는 DataLoader 모듈을 바로 사용할 수 없다. 따라서 데이터를 불러오기 위해 다음과 같은 사용자 지정 클래스를 만든다.

```
class LoadCancerDataset(Dataset):
  def __init__(self, data_folder,
    transform = T.Compose([T.CenterCrop(32),T.
    ToTensor()]), dict_labels={}):
    self.data_folder = data_folder
    self.list_image_files = [s for s in os.listdir(data_folder)]
    self.transform = transform
    self.dict_labels = dict_labels
    self.labels = [dict_labels[i.split('.')[0]] for i in self.list_image_files]
  def __len__(self):
    return len(self.list_image_files)
  def __getitem__(self, idx):
    img_name = os.path.join(self.data_folder, self.list_image_files[idx])
```

```
    image = Image.open(img_name)

    image = self.transform(image)

    img_name_short = self.list_image_files[idx].split('.')[0]

    label = self.dict_labels[img_name_short]

    return image, label
```

앞의 코드에서 직접 데이터 로더를 정의했다. 이 클래스는 torch.utils.data.Dataset
을 상속한다. LoadCancerDataset 클래스는 __init__ 메소드로 초기화되고 3개의 인수
(데이터 폴더 경로, 이미지 변환기transformer, 데이터 세트의 레이블과 ID가 있는 딕셔너리)를 받는다.

LoadCancerDataset 클래스는 폴더의 모든 이미지를 읽고 파일 이름에서 이미지 이름을
추출한다. 그런 다음 이 이미지 이름을 딕셔너리의 레이블 및 ID와 일치시킨다.

LoadCancerDataset 클래스는 이미지와 레이블을 반환한다. 이 반환값을 torch.utils.
data 라이브러리의 DataLoader 모듈이 활용한다.

LoadCancerDataset 클래스에서 사용할 레이블 ID 딕셔너리를 만든다.

```
img_class_dict = {k:v for k, v in zip(selected_image_labels.id, selected_image_
labels.label)}
```

앞의 코드는 selected_image_labels 데이터 프레임에서 ID와 레이블을 추출해 img_
class_dict 사전에 저장한다.

데이터 세트 증강하기

데이터를 불러왔으므로 다음과 같이 이미지를 증강하면서 데이터 전처리를 시작한다.

```
data_T_train = T.Compose([
  T.CenterCrop(32),
  T.RandomHorizontalFlip(),
```

```
    T.RandomVerticalFlip(),
    T.ToTensor(),
])
data_T_test = T.Compose([
    T.CenterCrop(32),
    T.ToTensor(),
])
```

코드에서 Torchvision의 내장 라이브러리를 사용해 이미지를 32×32로 자르는 변환을 사용했다. 그런 다음 데이터를 좌우/상하로 뒤집어서 원본 이미지에서 2개의 복사본을 추가로 생성한다.

LoadCancerDataset 클래스에 데이터 폴더 경로, 변환기 및 이미지 레이블 사전을 입력해 torch.utils.data.DataLoader가 받을 수 있는 형태로 바꾼다. 이를 위해 다음 코드를 사용한다.

```
train_set = LoadCancerDataset(data_folder='/content/gdrive/My Drive/Colab
Notebooks/histopathologic-cancer-detection/train_dataset/',
     # datatype='train',
     transform=data_T_train, dict_labels=img_label_dict)
```

테스트 데이터에도 위 작업을 반복한다. 마지막으로 torch.utils.data 라이브러리의 DataLoader 모듈을 활용해 LoadCancerDataset 클래스의 결과로 train_dataloader 및 test_dataloader 데이터 로더를 생성한다. 다음 코드를 활용한다.

```
batch_size = 256
train_dataloader = DataLoader(dataset, batch_size, num_workers=2, pin_
memory=True, shuffle=True)
test_dataloader = DataLoader(test_set, batch_size, num_workers=2, pin_
memory=True)
```

코드에서 다음 작업을 수행한다.

1. 파이토치 라이트닝 모듈이 기대하는 형태와 달리 하위 폴더가 없는 원본 데이터에서 시작했다. 데이터는 다운샘플링해 구글 드라이브에 저장했다.
2. LoadCancerDataset 클래스를 사용해 이미지와 레이블을 읽어 train_set과 test_set 2개의 데이터 세트를 만들었다.
3. 데이터 세트를 만드는 과정에서 Torchvision의 transform 모듈을 사용해 이미지 중앙 부분으로 자르고 32×32 픽셀로 변환한다.
4. 마지막 단계에서 train_set 및 test_set 데이터 세트를 사용해 train_dataloader와 test_dataloader를 생성한다.

약 8,000개의 이미지를 가진 train_dataloader와 약 2,000개의 이미지를 가진 test_dataloader를 준비했다. 모든 이미지는 크기가 32×32인 텐서로 변환돼 256개씩 배치batch로 제공한다. 학습 데이터 로더를 사용해 모델을 학습하고 테스트 데이터 로더를 사용해 모델의 정확도를 측정한다.

모델 구축하기

CNN 이미지 분류기를 만들기 위해 다음과 같은 단계를 밟는다.

1. 모델 초기화하기
2. 옵티마이저 설정하기
3. 학습 및 테스트 구성하기

모델 초기화하기

XOR 모델과 유사하게 LightningModule를 상속한 CNNimageClassifier 클래스를 만드는 것으로 시작한다.

```
class CNNImageClassifier(pl.LightningModule)
```

> **중요사항**
>
> 파이토치 라이트닝으로 만든 모델은 반드시 LightningModule를 상속해야 한다.

1. CNNImageClassifier 클래스를 설정한다. 다음 코드에서처럼 __init__ 메소드
   로 초기화한다. 보다 쉽게 이해할 수 있도록 __init__ 메소드를 쪼개 볼 것이다.

   ```
   def __init__(self, learning_rate = 0.001):
     super().__init__()
     self.learning_rate = learning_rate
   ```

   코드에서 CNNImageClassifier 클래스는 학습률 인자(기본값 0.001)를 받는다.

> **중요사항**
>
> 학습률은 머신러닝 알고리듬이 '얼마나 잘 학습하는지', '얼마나 빨리 학습하는지'를 결정
> 한다. 학습 경로를 최적화하는 작업은 옵티마이저(여기서는 Adam)가 수행한다. 정확성과
> 속도 사이에는 종종 트레이드 오프(trade-off)가 있다. 학습률이 낮으면 잘 배울 수 있지
> 만 오래 걸리고 국소 최솟값에 갇힐 수 있다. 학습률이 높으면 빠르게 손실을 줄일 수 있
> 지만 수렴하지 않을 수 있다. 학습률은 각 모델마다 조절해야 하는 하이퍼파라미터다.

2. 2개의 컨볼루션층을 만든다. 다음은 최대 풀링 및 활성화 함수와 함께 2개의 컨
   볼루션층을 만드는 코드다.

   ```
   #입력 크기 (256, 3, 32, 32)
   self.conv_layer1 = nn.Conv2d(in_channels=3, out_channels=3, kernel_
   size=3, stride=1, padding=1)
   #출력 크기 (256, 3, 32, 32)
   self.relu1=nn.ReLU()
   ```

```
#출력 크기 (256, 3, 32, 32)

self.pool=nn.MaxPool2d(kernel_size=2)

#출력 크기 (256, 3, 16, 16)

self.conv_layer2 = nn.Conv2d(in_channels=3, out_channels=6, kernel_
size=3, stride=1, padding=1)

#출력 크기 (256, 3, 16, 16)

self.relu2=nn.ReLU()

#출력 크기 (256, 6, 16, 16)
```

코드에서 2개의 컨볼루션층인 conv_layer1과 conv_layer2를 만들었다. 데이터 로더의 이미지는 32×32 크기에 256개 묶음이고 컬러여서 3개의 입력 채널(RGB, 빨강-초록-파랑)을 가진다.

첫 번째 컨볼루션층(conv_layer1)은 크기(256, 3, 32, 32)의 입력을 받는다. 256은 이미지 개수, 3은 채널 수, 32는 이미지의 너비와 높이다. conv_layer1을 살펴보면 3개의 입력 채널을 가져와서 3개의 채널을 출력하는 2차원 CNN이며, 커널 크기는 3이고 스트라이드와 패딩은 1px이다. 커널 크기가 2인 최대 풀링 층도 초기화했다.

두 번째 컨볼루션층(conv_layer2)은 3개의 입력 채널을 받아 6개 채널을 출력하고 커널 크기가 3이고 스트라이드와 패딩이 1이다. relu1과 relu2 변수로 초기화한 2개의 ReLU 활성 함수를 사용한다. 다음 절에서는 이 레이어를 통해 데이터를 전달하는 방법을 알아본다.

3. 6개의 완전연결층과 손실 함수를 만든다. 손실 함수와 6개의 완전연결층을 만드는 코드는 다음과 같다.

```
self.fully_connected_1 =nn.Linear(in_features=16 * 16 * 6,out_
features=1000)

self.fully_connected_2 =nn.Linear(in_features=1000,out_features=500)

self.fully_connected_3 =nn.Linear(in_features=500,out_features=250)
```

```
self.fully_connected_4 =nn.Linear(in_features=250,out_features=120)
self.fully_connected_5 =nn.Linear(in_features=120,out_ features=60)
self.fully_connected_6 =nn.Linear(in_features=60,out_ features=2)
self.loss = nn.CrossEntropyLoss()
```

코드에서 다음의 완전연결층 6개를 만들었다.

- 첫 번째 선형 레이어(self.full_connected_1)는 conv_layer2의 출력을 입력으로 받아 1,000개의 노드를 출력한다.

- 두 번째 선형 레이어(self.full_connected_2)는 첫 번째 선형 층의 출력을 입력으로 받아 500개의 노드를 출력한다.

- 세 번째 선형 레이어(self.full_connected_3)는 두 번째 층의 출력을 입력으로 받아 250개의 노드를 출력한다.

- 네 번째 선형 레이어(self.full_connected_4)는 세 번째 층의 출력을 입력으로 받아 120개의 노드를 출력한다.

- 다섯 번째 선형 레이어(self.full_connected_5)는 네 번째 층의 출력을 입력으로 받아 60개의 노드를 출력한다.

- 마지막 층(self.full_connected_6)은 다섯 번째 층의 출력을 입력으로 받아 2개의 노드를 출력한다.

이진 분류 문제이므로, 이 신경망의 출력은 두 클래스에 대한 확률이다. 마지막으로 교차 엔트로피 손실 함수를 초기화한다.

> **중요사항 – 손실 함수**
>
> 손실 함수는 모델이 얼마나 잘 수렴하고 있는지 측정하는 방법이다. 모델이 여러 에포크 동안 훈련하면서 손실은 0에 가까이 떨어진다(완전히 0으로 떨어지지는 않는다). 교차 엔트로피 손실 함수는 딥러닝 모델에서 사용하는 여러 손실 함수 중 하나로 이번 이미지 인식 모델에 적합한 함수다. 다음 링크(https://en.wikipedia.org/wiki/Cross_entropy)에서 교차 엔트로피 손실 함수에 대한 이론적 배경을 확인할 수 있다.

4. CNN과 완전연결층의 조합으로 만든 신경망 사이에서 데이터가 전달되도록 만든다. 이 작업은 forward 메소드를 사용한다.

```python
def forward(self, input):
    output=self.conv_layer1(input)
    output=self.relu1(output)
    output=self.pool(output)
    output=self.conv_layer2(output)
    output=self.relu2(output)
    output=output.view(-1, 6*16*16)
    output = self.fully_connected_1(output)
    output = self.fully_connected_2(output)
    output = self.fully_connected_3(output)
    output = self.fully_connected_4(output)
    output = self.fully_connected_5(output)
    output = self.fully_connected_6(output)
    return output
```

코드에서 forward 메소드를 사용했다. 요약하면 forward 메소드에서 입력 이미지 데이터는 먼저 2개의 컨볼루션 레이어를 통과하고 완전연결층 6개를 통과한다. 마지막으로 출력이 반환된다. 이를 단계별로 이해해보자.

I. 데이터는 첫 번째 컨볼루션 레이어(conv_layer1)로 전달된다. conv_layer1의 출력은 ReLU 활성 함수로 전달되고, ReLU의 출력은 최대 풀링 층으로 전달된다.

II. 입력 데이터가 첫 번째 컨볼루션 레이어에 의해 처리되면 활성 함수는 최대 풀링 레이어를 거친다.

III. 출력은 두 번째 컨볼루션 레이어(conv_layer2)로 전달되고, 출력은 두 번째 ReLU 활성 함수로 전달된다.

IV. 데이터는 컨볼루션 레이어를 통과하고 출력은 다차원^{multidimensional}이다. 다차원 출력을 선형 레이어로 전달하기 위해 텐서 `view` 메소드를 사용해 1차원 형태로 변환한다.

V. 데이터가 1차원 형태로 준비되면 6개의 완전연결층을 통과하고 최종 출력을 반환한다.

> **중요사항**
>
> 하이퍼파라미터는 save_hyperparameters 메소드를 사용해 저장할 수 있다. 이 기법은 이후 장에서 다룬다.

옵티마이저 설정하기

모델에서 손실을 줄이고 모델이 수렴하도록 Adam 옵티마이저를 사용한다. 그러기 위해 파이토치 라이트닝의 수명주기 메소드 중 하나에서 옵티마이저를 설정해야 한다.

다음은 configure_optimizers 메소드 코드다. CNNImageClassifier 클래스 내부에 작성한다.

```
def configure_optimizers(self):
  params = self.parameters()
  optimizer = optim.Adam(params=params, lr = self.learning_rate)
  return optimizer
```

코드에서 __init__() 메소드에서 초기화한 학습률을 가진 Adam 옵티마이저를 만들고 옵티마이저를 반환한다.

configure_optimizers 메소드는 최대 6개의 출력을 반환할 수 있다. 앞의 예시에서처럼 1개의 튜플 객체를 반환할 수도 있다. 여러 옵티마이저를 사용하는 경우 2개의 리스트(하나는 옵티마이저, 다른 하나는 학습률 스케줄러)를 반환하도록 한다.

학습 및 테스트 구성

앞서 다룬 XOR 모델에서 학습 데이터 세트로 모델을 훈련시키는 데 training_step 메소드를 이용했다. 마찬가지로 테스트 데이터 세트에서 모델을 테스트하려면 test_step 메소드를 활용한다.

CNNImageClassifier 모델은 학습 및 테스트를 위해 수명주기 메소드를 사용한다.

파이토치 라이트닝의 training_step 메소드 코드는 다음과 같다.

```
def training_step(self, batch, batch_idx):
  inputs, targets = batch
  outputs = self(inputs)
  train_accuracy = accuracy(outputs.argmax(dim=-1), targets, task='binary')
  loss = self.loss(outputs, targets)
  self.log('train_accuracy', train_accuracy, prog_bar=True)
  self.log('train_loss', loss)
  return {"loss":loss, "train_accuracy": train_accuracy }
```

코드에서 다음 단계를 차례로 수행한다.

1. training_step 메소드에서 데이터 배치가 입력 매개변수로 전달되고 모델의 입력으로 들어간다.
2. self.loss 함수를 사용해 손실을 계산한다.

84

3. 정확도를 계산한다. 이를 위해 torchmetrics.functional 모듈에서 accuracy라는 유틸리티 함수를 사용한다. accuracy 함수는 정답값과 모델의 예측값을 입력으로 받아 정확도를 계산한다. accuracy 메소드에 대한 전체 코드는 책의 깃허브 링크에서 확인할 수 있다.

여기서는 XOR 모델에서 하지 않았던 몇 가지를 추가한다. self.log 함수를 사용해 지표를 추가로 기록한다. 다음 코드는 train_accuracy 및 train_loss를 기록한다.

```
self.log('train_accuracy', train_accuracy, prog_bar=True)
self.log('train_loss', loss)
```

코드에서 self.log 메소드는 지표의 키/이름을 첫 번째 인자로, 지표값을 두 번째 인자로, 세 번째 인자는 prog_bar이고 기본적으로 False로 설정돼 있다.

학습 데이터 세트의 정확도와 손실을 기록한다. 이 값을 나중에 차트를 그리거나 모델을 분석할 때 사용하면 모델 훈련에 큰 도움이 된다. prog_bar 인자를 True로 설정하면 모델을 학습하는 동안 각 에포크에 대한 train_accuracy 지표가 진행 표시줄에 표시된다.

다음의 수명주기 메소드는 손실과 테스트 정확도를 사전으로 반환한다.

test_step 메소드 코드는 다음과 같다.

```
def test_step(self, batch, batch_idx):
    inputs, targets = batch
    outputs = self.forward(inputs)
    test_accuracy = accuracy(outputs.argmax(dim=-1), targets, task='binary')
    loss = self.loss(outputs, targets)
    self.log('test_accuracy', test_accuracy)
    return {"test_loss":loss, "test_accuracy": test_accuracy }
```

test_step 메소드의 코드는 training_step 메소드와 유사하다. 유일한 차이점은 사용하는 데이터가 테스트 데이터라는 점이다. test_step 메소드가 어떻게 호출되는지는 다음 절에서 알아본다.

이 모델에서는 몇 가지 추가 지표를 기록하고 학습하는 동안 진행 표시줄에 표시하는 데 집중한다.

모델 학습하기

파이토치 라이트닝 프레임워크는 모델 학습을 간단히 할 수 있다는 특징이 있다. trainer 클래스를 사용하면 하드웨어 선택(cpu/gpu/tpu), 학습 에포크 수 설정 등 여러 옵션을 쉽게 설정할 수 있다.

파이토치 라이트닝에서 모델 학습을 위해 먼저 trainer 클래스를 초기화하고 fit 메소드를 호출해 학습을 진행한다. CNNImageClassifier 모델을 학습하기 위한 코드는 다음과 같다.

```
model = CNNImageClassifier()
trainer = pl.Trainer(max_epochs=500, progress_bar_refresh_rate=50, devices=-1,
accelerator='gpu')
trainer.fit(model, train_dataloader=train_dataloader)
```

코드에서 기본 학습률 0.001로 CNNImageClassifier 모델을 초기화하면서 시작했다.

그런 다음 trainer 클래스를 500 에포크 동안 모든 GPU를 사용하고 진행 표시줄 변경률은 50으로 설정해 초기화했다.

모델 학습을 위해 GPU를 사용하면 500 에포크 학습을 수행하는 시간이 20분 정도로 줄일 수 있다. 100/500 에포크 실행 결과를 캡처했다.

파이토치 라이트닝 모델을 훈련할 때 각 에포크에 대한 학습 진행 상황이 진행 표시줄에 나타난다. 이 인자는 진행 표시줄을 업데이트하는 속도를 조절한다. fit 메소드에 앞 절에서 만든 모델과 학습 데이터 로더를 전달한다. 학습 데이터 로더의 데이터는 `training_step` 메소드로 들어가고 여기서 학습과 손실 계산을 수행한다. 이 과정은 그림 2.14에 나타냈다.

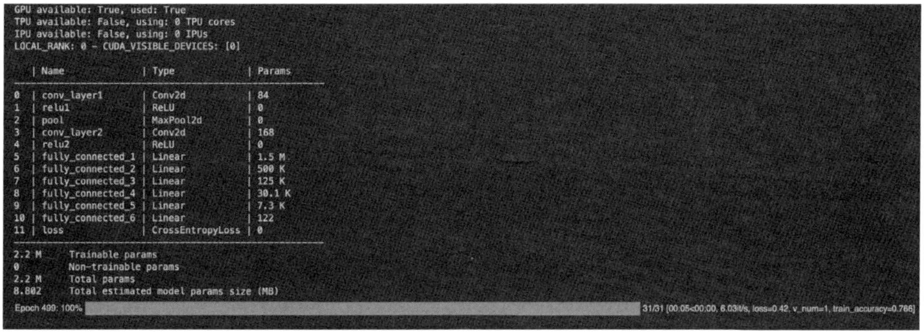

그림 2.14 이미지 분류기 500 에포크 학습

그림 2.14에 학습에 사용한 지표가 나타난다. 결과 화면에 2개의 컨볼루션 레이어와 6개의 완전연결층 매개변수가 나타나고 교차 엔트로피 손실이 계산된 것을 볼 수 있다.

`training_step`에서 `train_accuracy` 지표를 기록하고 `prog_bar` 값을 True로 설정했다. 그래서 결과 화면처럼 모든 에포크에 `train_accuracy` 지표가 진행 표시줄에 표시된다.

500 에포크 동안 학습 데이터 세트로 모델을 훈련했고, 진행 표시줄에 표시된 `train_accuracy` 지표에 따르면 훈련 정확도는 76%이다.

학습 데이터 세트에서는 비교적 예측을 잘 하지만 모델이 테스트 데이터 세트에서 얼마나 잘 예측하는지 확인하는 것이 중요하다. 테스트 데이터 세트 성능은 모델이 아직 보지 못한 새로운 암 조직 이미지 예측에서 얼마나 신뢰할 만한지를 나타낸다.

모델 정확도 평가하기

모델의 정확도를 계산하려면 테스트 데이터를 테스트 데이터 로더에 전달해서 정확도를 확인해야 한다. 다음 코드로 이 작업을 수행한다.

```
trainer.test(dataloaders=test_dataloader)
```

코드에서 trainer 객체의 test 메소드에 테스트 데이터 로더를 전달하며 호출했다. 이렇게 하면 파이토치 라이트닝은 내부적으로 test_step 메소드를 호출하고 데이터를 배치 형태로 전달한다.

코드는 그림 2.15와 같이 테스트 정확도를 출력한다.

그림 2.15 test 메소드의 출력

그림 2.15의 출력에서 CNNImageClassifier 모델은 테스트 데이터 세트에서 78%의 정확도를 보였다. 이는 모델이 테스트 데이터 세트에서도 잘 예측한다는 것을 의미한다. 암 조직의 10건 중 8건을 정확하게 진단할 수 있다.

모델을 실제로 어떻게 배포하고 새로운 조직 이미지 입력해 사용자가 예측 결과를 받을 수 있는지 궁금할 것이다. 이 프로세스를 '모델 평가하기scoring a model'라고 하며 머신러닝 모델을 배포해야 한다. 9장에서 이 부분을 다룬다.

> **중요사항 - 과적합**
>
> 잘 훈련된 모델은 학습 데이터 세트 뿐만 아니라 테스트 데이터 세트에서도 좋은 성능을 보인다. 잘 훈련한 모델의 특징이 바로 이것이다. 훈련 점수와 테스트 점수가 크게 차이 나는 경우를 보통 '과적합'이라고 말한다. 과적합 현상은 보통 모델이 학습 데이터에 대한 정답을 외워 처음 보는 데이터에서는 예측을 잘못할 때 생긴다. 테스트 데이터 세트에서 모델이 잘 예측하도록 하는 여러 기법이 있는데, 정규화(regularization)라고 한다. 배치 정규화(Batch normalization), 드롭아웃(Dropout) 등이 모델 정규화에 사용된다. 정규화를 사용하면 테스트 정확도가 높아지는데 이후 장에서 살펴볼 것이다.

모델 개선 연습

첫 번째 딥러닝 모델을 만들었다. 원본 데이터 세트의 일부만 사용했음에도 성능이 매우 뛰어나다. 파이토치 라이트닝이 CNN 코딩을 쉽게 만들어서 모델 구축도 비교적 순조로 웠다. 다음 작업을 시도해 보면서 모델을 더 발전시킬 수 있다.

- 모델을 더 오래 학습해 정확도가 얼마나 향상되는지 확인해 보자. 실습에서는 큰 데이터 세트에서 10,000개의 이미지를 다운샘플링했다. 딥러닝 모델은 일반적으로 데이터 세트가 커지면 성능이 높아진다. 더 큰 데이터 세트로 학습해보고 정확도 차이를 확인해 보자(더 많은 GPU 성능이 필요할 수 있다).

- 배치 크기를 조절하면서 결과를 확인해 보자. 배치 크기가 작으면 경우에 따라 흥미로운 결과가 나타날 수 있다.

- 옵티마이저의 학습률을 변경하거나 AdaGrad 같은 다른 옵티마이저를 사용해 성능에 변화가 있는지 확인할 수도 있다. 일반적으로 학습률이 낮으면 학습이 오래 걸리지만 잘못 수렴하는 걸 피할 수 있다.

- 이 모델에서 두 가지 데이터 증강 방법을 사용했다. T.RandomRotate(), 색상 왜곡, 흐리게 하기 등의 다양한 증강 방법을 시도할 수 있다. 데이터 증강 방법은 이미지를 수정해 원본 이미지에서 새로운 이미지를 생성한다. 원본 이미지의 추가적인 변형으로 모델은 더 잘 학습하고 새로운 데이터 대한 정확도가 높아진다. T.HorizontalFlip()와 T.VerticalFlip()을 추가하면 테스트 정확도를 80% 까지 올릴 수 있다. 데이터 증강을 통해 과적합을 피해 새로운 데이터에도 강해진다.

- 컨볼루션 레이어나 완전연결층을 추가해 보고 모델 정확도를 확인해 보자. 참고할 수 있는 코드는 다음과 같다.

```
self.conv_layer1 = nn.Conv2d(3, 16, 3, padding=1)
self.conv_layer2 = nn.Conv2d(16, 32, 3, padding=1)
self.conv_layers3 = nn.Conv2d(32, 64, 3, padding=1)
self.pool = nn.MaxPool2d(2, 2)
```

```python
        self.relu = nn.ReLU()
        self.fully_connected_1 = nn.Linear(64 * 4 * 4, 512)
        self.fully_connected_2 = nn.Linear(512, 256)
        self.fully_connected_3 = nn.Linear(256, 2)
        self.dropout = nn.Dropout(0.2)
        self.sig = nn.Sigmoid()

    def forward(self, output):
        output = self.pool(self.relu(self.conv_layer1(output)))
        output = self.pool(self.relu(self.conv_layer2(output)))
        output = self.pool(self.relu(self.conv_layer3(output)))
        output = output.view(-1, 64 * 4 * 4)
        output = self.relu(self.fully_connected_1(output))
        output = self.dropout(output)
        output = self.relu(self.fully_connected_2(output))
        output = self.sig(self.fully_connected_3(output))
        return output
```

이 아키텍처를 데이터 증강과 함께 사용하면 최대 81%의 테스트 정확도를 달성할 수 있다. 또한 여러 가지의 시도로 모델을 개선할 수 있다. 더 많은 컴퓨팅이 필요해서 GPU 개수를 늘려야 할 필요도 생길지도 모른다.

▌ 요약

딥러닝의 기본 구성요소인 MLP와 CNN을 살펴봤다. 파이토치 라이트닝을 사용하면 모델을 쉽게 만들 수 있다는 것을 배웠다. MLP와 CNN이 기본 모델처럼 보일 수 있지만 비즈니스 애플리케이션 측면에서는 꽤 발전된 모델이고 많은 기업이 산업적 목적으로 활용하고 있다.

신경망은 마케팅 캠페인 최적화나 사용자의 선호도 또는 응답률 예측 등을 위해 구조화된 데이터에서도 많이 사용된다. CNN은 이미지의 객체 수 파악, 보험 청구를 위한 자동차 파손 인식, 범죄자 식별을 위한 얼굴 인식 등과 같은 많은 산업 응용 분야에서 널리 사용된다.

1장에서는 MLP 모델을 사용해 가장 간단하지만 가장 중요한 XOR 연산자를 만들어봤다. 또 MLP의 개념을 확장해 이미지를 인식하는 첫 번째 CNN 모델을 구축했다. 파이토치 라이트닝을 사용해 보면서 내장 함수를 활용해 최소한의 코딩으로 딥러닝 모델을 구축하는 방법을 배웠다.

딥러닝 모델은 매우 강력하지만 컴퓨팅 성능이 많이 필요하다. 연구 논문에서 볼 수 있는 정확도를 달성하려면 방대한 양의 데이터로 모델을 수천 에포크 동안 학습해야 하고 이를 위해서는 하드웨어에 대한 큰 투자를 하거나 막대한 클라우드 컴퓨팅 사용료를 지불해야 한다. 문제를 해결하는 한 가지 방법은 딥러닝 모델을 처음부터 학습하지 않고 대량의 데이터로 오랜 시간 학습한 대형 모델의 정보를 활용하는 것이다. 이를 **전이 학습**Transfer Learning이라 하는데 시간과 비용을 절약할 수 있기 때문에 많이 활용하는 방법이다.

2장에서 전이 학습을 사용해 처음부터 훈련할 때의 어려움 없이 짧은 학습으로 좋은 결과를 얻는 방법을 알아본다.

03

사전 학습 모델을 사용한
전이 학습

딥러닝 모델은 학습 데이터가 많을수록 더 정확해진다. 이미지넷ImageNet과 같은 가장 화려한 딥러닝 모델은 수백 만 개의 이미지로 학습하며 엄청난 컴퓨팅 성능이 필요하다. 구체적으로 예시를 들면 OpenAI의 GPT3 모델 학습에 사용한 전력은 하나의 도시 전체에 전력을 공급할 수 있을 정도였다. 그런 딥러닝 모델을 처음부터 학습하는 데는 대부분 회사에서는 엄두도 못 낼 비용이 든다.

질문 하나가 떠오를 것이다. 매번 처음부터 딥러닝 모델을 학습해야 할까? 딥러닝 모델을 처음부터 학습시키지 않고 유사한 문제를 풀기 위해 이미 학습한 모델에서 표현representation을 빌려오는 방법이 있다. 얼굴 인식을 위해 이미지 모델을 학습하고 싶다고 하자. 그러면 CNN 모델의 모든 레이어를 학습할 수도 있지만 '얼굴에 나타나는 특징은 비슷하니까 수백 만 장의 얼굴 이미지로 학습한 다른 모델의 표현을 사용할 수 있지 않을까?' 라는 가정을 해볼 수도 있다. 이 가정에서 시작된 간단한 아이디어를 **전이 학습**^{Transfer Learning}이라고 한다.

전이 학습은 지금 풀고자 하는 문제와 유사한 문제를 해결하기 위해 구축한 모델의 파라미터를 이용하는 기법이다. 가령 산악 자전거 타는 법을 배우고 싶을 때, 일반 자전거 타는 법을 배울 때 얻은 지식을 활용할 수 있다. 전이 학습은 이미지 모델 뿐만 아니라 언어 모델^{language model}에서도 효과가 있다.

머신러닝 커뮤니티에서는 많은 작성자가 학습한 모델의 파라미터를 공개한다. 모델 가중치^{weights}를 재사용하면 학습 시간과 컴퓨팅 비용을 줄일 수 있다. 3장에서는 사전 학습 모델을 활용해 이미지 분류기와 텍스트 분류기를 만들어 본다. 유명한 CNN 아키텍처(ResNet-50)를 사용해 이미지 분류기를, BERT로 알려진 트랜스포머 아키텍처를 사용해 텍스트 분류기를 만들어 본다. 앞으로 파이토치 라이트닝 수명주기 메소드를 활용하는 방법과 전이 학습 기법을 사용해 모델을 구축하는 방법을 살펴본다.

3장에서는 다음 항목을 다룬다.

- 전이 학습 시작하기
- 사전 학습한 ResNet-50 아키텍처를 사용한 이미지 분류기
- BERT를 활용한 텍스트 분류

▮ 기술 요구사항

3장에 실린 코드는 맥OS 아나콘다(Python 3.10)와 구글 코랩에서 개발하고 테스트했다. 실행 환경이 다르다면 적절하게 환경 변수를 변경해야 한다.

3장에서는 다음의 파이썬 모듈을 사용한다.

- PyTorch Lightning(버전: 2.0.2)

- Seaborn(버전: 0.12.2)
- NumPy(버전: 1.22.4)
- Torch(버전: 2.0.1)
- pandas(버전: 1.5.3)

주피터 환경에서 모듈을 모두 임포트해야 한다. 모듈 간 의존성 문제가 없도록 torch 모듈은 파이토치 라이트닝 2.0.2에 맞춰 특정 버전을 사용했다. 또한 최신 버전의 파이토치 라이트닝과 그에 맞는 torch를 사용해도 무방하다. 다음 링크에서 더 많은 정보를 확인할 수 있다.

- https://github.com/PacktPublishing/Deep−Learning−with−PyTorch−Lightning

```
!pip install torch==2.0.1 torchvision==0.15.2 --quiet
!pip install pytorch-lightning==2.0.2 --quiet
```

패키지 가져오는 부분이 어렵다면 1장 파이토치 라이트닝 모험에서 관련 정보를 찾을 수 있다.

3장의 소스코드는 다음 링크에서 확인할 수 있다.

- https://github.com/PacktPublishing/Deep−Learning−with−PyTorch−Lightning/tree/main/Chapter03

다음은 데이터 세트의 링크다.

1. 이미지 분류에서는 2장에서 사용한 데이터 세트를 사용한다. 캐글 사이트나 PCam 웹사이트에서 다운로드할 수 있다.
   https://www.kaggle.com/c/histopathologic−cancer−detection
2. 텍스트 분류에서는 MIT 라이선스로 사용할 수 있는 건강 정보 문장health claim 데

이터 세트를 사용한다. 이 데이터 세트는 다양한 뉴스 리뷰, 웹사이트에서 모은 12,288개의 포스팅 데이터다.

https://huggingface.co/datasets/health_fact

█ 전이 학습 시작하기

전이 학습을 이용한 흥미로운 기술이 많다. 가장 흥미로운 기술은 이미지를 반 고흐나 피카소와 같은 유명 화가의 스타일로 바꾸는 기능이다.

그림 3.1 이미지 출처: A neural algorithm of artistic style (https://arxiv.org/pdf/1508.06576v2.pdf)

그림 3.1의 기술을 **스타일 전이**Style Transfer라고도 한다. 이 작업을 수행하는 여러 전문 알고리듬이 있는데, 대표적으로 VGG-16, ResNet 및 AlexNet이 있다.

3장에서는 ResNet-50 아키텍처를 사용한 간단한 이미지 분류 모델을 만들고 PCam 데이터 세트로 학습해 본다. 3장 후반부에서는 BERT^{Bi-directional Encoder Representations from Transformers}를 사용해 텍스트 분류 모델을 만든다.

두 예제에서 사전 학습한 모델과 가중치를 가져와 각각의 데이터 세트에 미세 조정^{fine-tune}을 할 것이다. 사전 학습 모델은 이미 방대한 데이터로 학습됐기 때문에 적은 에포크의 학습으로도 좋은 성능을 얻을 수 있다. 전이 학습을 사용하는 모델은 일반적으로 다음 단계를 따른다.

1. 사전 학습 모델에 접근하기
2. 사전 학습 모델 구성하기
3. 모델 생성하기
4. 모델 학습하기
5. 모델 성능 평가하기

이전에 파이토치를 사용해 봤거나 전이 학습을 사용해 모델을 만들어 봤다면 파이토치 라이트닝 작업하는 것도 비슷하다는 점을 확인할 수 있다. 파이토치 라이트닝의 수명주기 메소드를 활용해 더 간단하고 쉽다는 차이점이 있다.

▌ 사전 학습한 ResNet-50 아키텍처를 사용한 이미지 분류기

ResNet은 Residual Network의 약어로 2015년 카이밍 허^{Kaiming He}, 샹유 장^{Xiangyu Zhang}, 사오칭 런^{Shaoqing Ren}, 지안 선^{Jian Sun}이 쓴 〈Deep Residual Learning for Image Recognition〉이라는 논문에서 처음 발표된 CNN 아키텍처다.

ResNet은 현재 이미지 관련 작업에서 가장 인기 있는 아키텍처다. 이미지 분류 문제에서 성능이 좋고 자기 지도 학습^{Self Supervised Learning}처럼 이미지 표현을 학습하는 더 복잡한 작업에서도 좋은 성능을 보인다. ResNet 아키텍처에는 ResNet-18, ResNet-34,

ResNet-50 및 ResNet-152처럼 레이어 수가 다른 여러 가지 변형이 있다.

ResNet-50 아키텍처는 50층 모델로 1,400만 개의 이미지를 동물, 자동차, 키보드, 마우스, 펜 및 연필을 포함한 1,000개의 클래스로 구분한 이미지넷^{ImageNet} 데이터 세트로 학습했다. 그림 3.2는 ResNet-50의 아키텍처다.

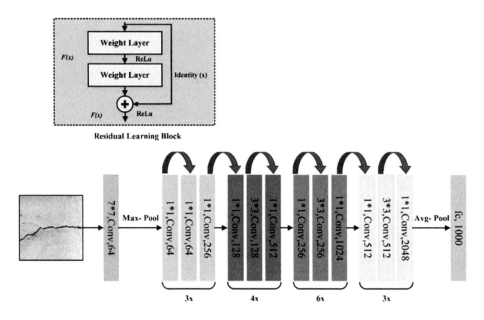

그림 3.2 ResNet-50 아키텍처(이미지 출처: ResNet 논문)

ResNet-50 모델 아키텍처에는 48개의 컨볼루션층, 1개의 AvgPool 층, 1개의 MaxPool 층이 있다.

ResNet-50을 이미지넷 데이터에 학습하는 과정은 몇 주가 걸렸다. 하지만 서론에서 언급한 것처럼 전이 학습을 활용하면 모델을 처음부터 학습할 필요가 없다.

ResNet-50 사전 학습 모델을 사용한다. 사전 학습 모델이 PCam 데이터 세트를 처리하고 학습할 수 있도록 구성한다. 사전 학습한 ResNet-50 모델을 사용해 이미지 분류 모델을 만들 때는 기본적으로는 앞에서 언급한 과정과 같은 단계를 밟는다.

1. 데이터 준비
2. 모델 생성
3. 모델 학습
4. 모델 정확도 평가

다음 절에서 네 단계를 수행한다. 코드를 실행 전에 올바른 버전의 파이토치 라이트닝과 opendatasets를 설치해야 한다(설치 가이드는 2장의 데이터 세트 수집 절에서 확인할 수 있다).

데이터 준비하기

파이토치 라이트닝에는 데이터 세트를 처리하는 다양한 방법이 있다. 먼저, 파이토치 라이트닝 DataModule을 사용하는 방법이 있다. DataModule을 사용하면 데이터를 처리하고 구조화할 수 있다. 파이토치 라이트닝에서 DataModule 클래스를 상속해 데이터 모듈을 만든다. 이 모듈은 몇 가지 수명주기 메소드로 편리한 기능을 제공한다. 이를 통해 데이터 불러오기, 처리, 학습, 검증 및 테스트 DataLoader 인스턴스 생성 등 여러 데이터 준비 단계를 수행할 수 있다.

파이토치 라이트닝의 DataLoader는 이미지가 각각의 하위 폴더에 있어야 작동하므로 데이터를 DataLoader 인스턴스에 넣기 전에 데이터를 미리 처리해야 한다. 데이터 세트를 전처리하기 위해 LoadCancerDataset 클래스를 만들 것이다.

데이터 세트 추출

2장에서 사용한 조직병리학적 암 탐지를 위한 PCam 데이터 세트를 다시 사용한다. 조직병리학적 암 탐지를 위한 PatchCamelyon[PCAM] 데이터 세트는 림프절의 조직병리학적 스캔에서 추출한 327,680개의 컬러 이미지(96×96px)로 구성된다. 각 이미지에는 암 조직인지 나타내는 이진 레이블이 붙어있다. 자세한 정보는 다음 링크에서 찾을 수 있다.

- https://www.kaggle.com/c/histopathologic-cancer-detection

그림 3.3은 PCam 데이터 세트의 샘플 이미지다.

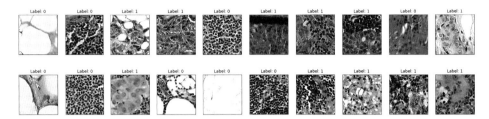

그림 3.3 PCam 데이터 세트의 20개 샘플 이미지와 레이블

2장에서 데이터 세트를 처리할 때 사용했던 코드를 다시 사용한다. 데이터 수집 방법은 2장의 데이터 수집 절을 참조하자.

데이터 세트를 다운로드했다면 데이터 세트를 불러오는 과정을 시작한다.

다음과 같이 다운샘플링된 데이터에서 레이블을 추출한다.

```
selected_image_labels = pd.DataFrame()
id_list = []
label_list = []


for img in selected_image_list:
  label_tuple = cancer_labels.loc[cancer_labels['id'] == img.split('.')[0]]
  id_list.append(label_tuple['id'].values[0])
  label_list.append(label_tuple['label'].values[0])
```

코드에서 selected_image_labels라는 빈 데이터 프레임과 id_list와 image_list라는 2개의 빈 리스트를 생성해 이미지 ID와 레이블을 저장한다. 그런 다음 selected_image_list를 순회하면서 이미지 ID를 id_list에 추가하고 레이블을 label_list에 추가한다. 마지막으로 그림 3.4와 같이 id_list와 label_list 2개의 리스트를 selected_image_labels 데이터 프레임에 열로 추가한다.

```
selected_image_labels['id'] = id_list
selected_image_labels['label'] = label_list
selected_image_labels.head()
```

	id	label	
0	a31e99f1b06d1ed5f9f0306a1d453385659ab32b	0	
1	c8d9799680419ede996570d7610da43136da6e7d	1	
2	568b66ad4616f94d204b6df2ab15289b4af76976	1	
3	f3509bad70373d29ec2c4d7221d4e7ef4f0f97a5	0	
4	ee33ffaf0ec4d1a3c71d92a7d926266cc56c5180	1	

그림 3.4 이미지 ID와 레이블 확인

데이터 세트를 데이터 로더에 넣을 준비가 끝났다.

데이터 세트 전처리

LoadCancerDataset 클래스에서 사용할 레이블과 이미지 ID 사전을 만든다.

```
img_class_dict = {k:v for k, v in zip(selected_image_labels.id, selected_image_labels.label)}
```

코드에서는 selected_image_labels 데이터 프레임에서 ID와 레이블을 뽑아 img_class_dict 사전에 저장한다.

다음과 같이 변환기를 정의한다.

```
data_T_train = T.Compose([
  T.Resize(224),
  T.RandomHorizontalFlip(),
  T.ToTensor()
```

```
    ])
data_T_test = T.Compose([
  T.Resize(224),
  T.ToTensor()
  ])
```

코드에서 torchvision의 transform 모듈을 사용해 학습 데이터, 테스트 데이터에 대한 변환기를 만들었다. ResNet-50 모델이 224픽셀 크기의 이미지를 받기 때문에 data_T_train 변환기는 학습 이미지를 96픽셀에서 224픽셀로 변경한다. 또 데이터 증강을 위해 RandomHorizontalFlip 함수를 사용해서 원본 데이터를 수평으로 뒤집은 추가 이미지를 생성한다. 마지막으로, 변환기는 이미지를 텐서로 변환한다. data_T_test 변환기는 유사한 작업을 테스트 데이터 세트에 수행한다.

데이터 세트를 데이터 로더에 넣을 준비가 끝났다.

데이터 세트 불러오기

모든 데이터 전처리가 끝나고 데이터 세트를 준비해서 데이터 로더에 넣기 위한 LoadCancer Dataset 클래스를 생성한다.

```
class LoadCancerDataset(Dataset):
  def __init__(self, datafolder,
      transform = T.Compose([T.CenterCrop(32),T.
      ToTensor()]), labels_dict={}):
    self.datafolder = datafolder
    self.image_files_list = [s for s in os.listdir(datafolder)]
    self.transform = transform
    self.labels_dict = labels_dict
    self.labels = [labels_dict[i.split('.')[0]] for i in self.image_files_list]
  def __len__(self):
```

```
    return len(self.image_files_list)


def __getitem__(self, idx):
    img_name = os.path.join(self.datafolder, self.image_ files_list[idx])
    image = Image.open(img_name)
    image = self.transform(image)
    img_name_short = self.image_files_list[idx].split('.')[0]
    label = self.labels_dict[img_name_short]
    return image, label
```

코드에서 다음 작업을 수행한다.

- 여기서 만든 클래스는 torch.utils.data.Dataset 모듈을 상속한다. LoadCancer
  Dataset 클래스는 __init__ 메소드로 초기화하고 3개의 인수(데이터 폴더 경로, 이
  미지 변환기, 이미지 ID와 레이블 사전)를 받는다.

- LoadCancerDataset은 폴더의 모든 이미지를 읽고 파일 이름에서 이미지 이름을
  추출한다.

- 이미지 이름은 사전의 레이블 및 ID와 맞춰진다. LoadCancerDataset은 이미지
  와 해당 레이블을 반환하기 때문에 이제 torch.utils.data의 DataLoader 모듈
  을 사용할 수 있다.

  LoadCancerDataset의 인스턴스를 호출해 학습 및 테스트 데이터 세트를 로드
  한다.

```
cancer_train_set = LoadCancerDataset(datafolder='/content/gdrive/My
Drive/Colab Notebooks/histopathologic-cancer-detection/train_dataset/',
    transform=data_T_train, labels_dict=img_class_dict)
cancer_test_set = LoadCancerDataset(datafolder='/content/gdrive/My
Drive/Colab Notebooks/histopathologic-cancer-detection/test_dataset/',
    transform=data_T_test, labels_dict=img_class_dict)
```

cancer_train_set 및 cancer_test_set을 생성하기 위해 LoadCancerDataset 클래스에 세 가지 필수 인자를 전달한다. 첫 번째 인자는 학습 및 테스트 이미지를 저장한 구글 드라이브 경로다. 두 번째 인자는 앞서 생성한 변환기이고 마지막 인자는 이미지의 레이블과 ID가 있는 사전이다.

전처리가 끝났으니 DataLoader 모듈의 인스턴스를 호출한다.

```
batch_size = 128
cancer_train_dataloader = DataLoader(cancer_train_set, batch_size, num_
workers=2, pin_memory=True, shuffle=True)
cancer_test_dataloader = DataLoader(cancer_test_set, batch_size, num_
workers=2, pin_memory=True)
```

코드에서 배치 사이즈를 128로 하고 DataLoader 모듈을 사용해 cancer_train_dataloader와 cancer_test_dataloader를 만들었다. DataLoader 모듈의 설정은 배치 사이즈 128, 워커 수 2, 자동 메모리 피닝automatic memory pinning을 사용하도록 했다. 자동 메모리 피닝을 사용하면 CUDA Compute Unified Device Architecture를 사용할 수 있는 GPU에 데이터를 더 빠르게 전달할 수 있다.

약 8,000개의 이미지가 있는 cancer_train_dataloader와 약 2,000개의 이미지가 있는 cancer_test_dataloader를 준비했다. 모든 이미지는 크기가 224×224픽셀이고 텐서 형태로 변환돼 128개씩 묶여있다. cancer_train_dataloader는 모델 학습에, cancer_test_dataloader는 모델 정확도 측정에 사용한다.

지금까지 작업을 요약하면, 데이터를 다운로드해서 다운샘플링하고 저장하는 데이터 엔지니어링 작업을 수행했다. 그런 다음 데이터를 전처리해 DataLoader 모듈에 넣어 학습용 데이터 로더와 테스트용 데이터 로더를 만들었다.

모델 생성하기

3장에서 살펴본 것처럼 파이토치 라이트닝에서 구축하는 모든 모델은 LightningModule 클래스를 상속해야 한다. CancerImageClassifier 클래스를 만들어 보자.

```
class CancerImageClassifier(pl.LightningModule):
```

ResNet-50 모델은 다른 데이터 세트로 훈련됐다. 모델이 PCam 데이터 세트에서 잘 작동하도록 하려면 ResNet-50 모델의 몇 가지를 변경해야 한다. 이때 초기화 메소드를 활용한다.

앞서 언급한 것처럼 ResNet-50에는 48개의 컨볼루션 레이어, 1개의 MaxPool 레이어, 1개의 AvgPool 레이어가 있다. 2개 또는 3개의 컨볼루션 레이어만 사용했던 2장의 모델에 비해 이 모델은 훨씬 깊다.

ResNet-50에 대한 전체 구현은 ResNet50.txt라는 이름의 깃허브 페이지에서 확인할 수 있다.

ResNet-50 모델은 1,000개의 클래스를 분류하기 위해 만들어졌기 때문에 마지막 분류기 층에서 1,000개의 노드를 출력하지만, PCam 데이터 세트는 0 또는 1, 2개의 출력만 필요하다.

PCam 데이터 세트를 처리할 수 있도록 초기화 메소드(__init__)를 변경한다.

__init__ 메소드는 학습률을 입력으로 받고(기본값은 0.001) 교차 엔트로피 손실을 손실 함수로 사용한다.

```
def __init__(self, learning_rate = 0.001):
  super().__init__()
  self.learning_rate = learning_rate
  self.loss = nn.CrossEntropyLoss()
  self.test_step_outputs = []
```

전이 학습을 하는 동안, 사전 학습 모델을 활용할 것이기 때문에 역전파로 기존 레이어의 가중치가 변하지 않도록 기존 레이어에 대한 가중치를 고정해야 한다. ResNet−50 모델은 이미 수백만 개의 이미지로 학습했기 때문에 다음과 같이 가중치를 고정한다.

```python
self.pretrain_model = resnet50(weights=ResNet50_Weights.DEFAULT)
self.pretrain_model.eval()
for param in self.pretrain_model.parameters():
  param.requires_grad = False
```

이전 코드에서 먼저 ResNet−50 모델을 torchvision.models 라이브러리를 활용해 불러온다. 그런 다음 eval 메소드로 드롭아웃 및 배치 정규화 층을 평가 모드로 설정한다. 각 모델의 파라미터를 순회하면서 ResNet−50 모델의 현재 가중치가 변하지 않도록 required_grad 값을 False로 설정한다.

ResNet−50 모델의 마지막 층을 변경해 PCam 데이터 세트를 2개 클래스로 분류하도록 만든다.

```python
self.pretrain_model.fc = nn.Linear(2048, 2)
```

마지막 선형 층의 출력을 변경했는데 이는 2,048개의 입력을 받아 2개 클래스의 확률을 반환한다.

> **중요사항**
>
> ResNet−50 모델은 모든 컨볼루션 레이어 이후에 2,048개의 특징을 출력한다. PCam 데이터 세트가 2개의 클래스만 가지므로 마지막 선형 레이어의 출력을 2개로 설정한다.

모델이 PCam 데이터 세트를 입력으로 받을 수 있으므로 forward 메소드를 통해 데이터를 전달한다.

```
def forward(self, input):
    output=self.pretrain_model(input)
    return output
```

forward 메소드는 입력 데이터를 받아 사전 학습 모델(여기서는 ResNet-50)에 넣고 결과를 반환한다.

다음과 같이 configure_optimizer를 사용해 CancerImageClassifier의 옵티마이저를 설정한다.

```
def configure_optimizers(self):
    params = self.parameters()
    optimizer = optim.Adam(params=params, lr = self.learning_rate)
    return optimizer
```

configure_optimizer 메소드에서 __init__ 메소드에 정의한 학습률을 사용해 Adam 옵티마이저를 생성했다. 옵티마이저는 configure_optimizers 메소드의 결과로 반환된다.

다음으로 training_step 메소드를 오버라이딩^{overriding}한다.

```
def training_step(self, batch, batch_idx):
    inputs, targets = batch
    outputs = self(inputs)
    preds = torch.argmax(outputs, dim=1)
    train_accuracy = accuracy(preds, targets, task='binary')
    loss = self.loss(outputs, targets)
    self.log('train_accuracy', train_accuracy, prog_bar=True)
    self.log('train_loss', loss)
    return {"loss":loss, "train_accuracy": train_accuracy}
```

training_step 메소드는 배치와 배치 인덱스를 입력으로 받는다. 그런 다음 torch.argmax 메소드를 통해 가장 큰 예측값의 인덱스를 뽑고 저장한다. 학습 정확도는 예측값과 정답 값을 torchmetrics.functional의 accuracy 메소드에 넣어 계산한다. 손실도 예측값과 정답값을 손실 함수에 넣어 계산한다. 손실값과 정확도는 로그로 기록한다. 마지막으로 training_step 메소드는 학습이 잘 진행 중인지 확인할 수 있도록 학습 손실과 학습 정확도를 반환한다.

이 작업은 테스트 데이터 세트에서도 똑같이 적용한다.

```python
def test_step(self, batch, batch_idx):
    inputs, targets = batch
    outputs = self.forward(inputs)
    preds = torch.argmax(outputs, dim=1)
    test_accuracy = accuracy(preds, targets, task='binary')
    self.test_step_outputs.append(test_accuracy)
    loss = self.loss(outputs, targets)
    return {"test_loss":loss, "test_accuracy":test_accuracy}
```

앞서 수행한 모든 프로세스를 테스트 데이터 세트에 대해 반복하는 코드다. 파이토치 라이트닝은 DataModule에 정의한 데이터 로더 인스턴스에서 올바른 데이터가 전달되도록 관리한다. 즉 train_dataloader에서 전달한 배치 데이터를 training_step 메소드로 전달하고, test_dataloader에서 전달한 배치 데이터를 test_step 메소드로 전달한다. training_step 메소드에서 입력 데이터를 모델에 전달해 손실 값을 계산하고 반환한다. 파이토치 라이트닝은 역전파 과정을 관리한다. 테스트 단계에서 torchmetrics. functional 모듈의 accuracy 메소드를 사용해 손실과 정확도를 계산한다.

학습과 테스트 메소드의 입력 데이터는 모두 128개 묶음 형태로 전달한다. 모델은 training _step에서 128개 묶음씩 훈련하고 정확도와 손실도 training_step과 test_step에서 128 개씩 묶여 계산한다.

전체 데이터 세트의 정확도를 계산하기 위해 test_epoch_end 메소드를 활용할 것이다. test_epoch_end 메소드는 한 에포크의 테스트가 끝났을 때 모든 testing_step 결과와 함께 호출된다.

```
def on_test_epoch_end(self):
    accuracy_average = torch.stack(self.test_step_outputs).mean()
    self.log("test_accuracy_average", accuracy_average, on_step=False, on_epoch=True)
    self.test_step_outputs.clear()
    return accuracy_average
```

on_test_epoch_end 메소드에서 모든 배치의 출력을 순회하면서 test_step_outputs라는 리스트에 저장한다. 그런 다음 torch.stack() 함수를 사용해 개별 배치에 대한 정확도 텐서를 모두 합치고 mean 메소드를 통해 평균값을 구해 전체 정확도로 사용한다. 이는 전체 테스트 데이터 세트의 정확도를 계산하는 권장되는 방법이다. 필요한 경우 이 방식을 사용해 전체 학습 및 검증 데이터 세트의 정확도를 계산할 수도 있다.

모델 학습하기

모델을 학습하는 과정은 2장과 같다. 다음은 trainer 클래스를 이용해 모델을 학습하는 코드다.

다음 코드는 GPU를 이용한다. GPU를 사용할 수 있도록 설정했는지 확인하자. 필요하다면 CPU에서 실행하도록 변경할 수도 있다.

```
model = CancerImageClassifier()
trainer = pl.Trainer(max_epochs=10, devices=-1, accelerator='gpu')
trainer.fit(model, train_dataloaders=cancer_train_dataloader)
```

코드에서 CancerImageClassifier의 인스턴스를 호출해 model 변수에 저장한다.

다음으로 trainer 클래스를 최대 에포크 10, devices 설정을 −1로 초기화한다. accerator='gpu'로 하고 devices를 −1로 두면 사용 가능한 모든 GPU를 사용한다. 마지막으로 PCam 데이터 세트에 대한 학습 데이터 로더와 모델을 fit 메소드에 전달한다. 파이토치 라이트닝은 DataModule 클래스에서 정의한 수명주기 메소드를 사용해 학습 및 테스트 데이터에 대한 데이터 로더를 만들고 접근한다.

```
  | Name           | Type             | Params
---------------------------------------------------
0 | loss           | CrossEntropyLoss | 0
1 | pretrain_model | ResNet           | 23.5 M
---------------------------------------------------
4.1 K     Trainable params
23.5 M    Non-trainable params
23.5 M    Total params
94.049    Total estimated model params size (MB)
Epoch 9: 100% 62/62 [00:26<00:00, 2.38it/s, loss=0.311, v_num=0, train_accuracy=0.897]
```

그림 3.5 10 에포크 동안 이미지 분류기 학습

여기서 모델을 PCam 데이터 세트에 대해 총 10 에포크 동안 훈련한다.

학습 단계에서는 오직 training_step 메소드만 호출된다.

모델 정확도 평가하기

모델의 정확도를 평가하려면 모델이 이미지를 2개의 클래스로 얼마나 잘 분류하는지 측정해야 한다. 정확도는 테스트 데이터 세트에서 측정하며 다음 코드를 통해 확인할 수 있다.

```
trainer.test(dataloaders=cancer_test_dataloader)
```

다음과 같은 출력이 나타난다.

```
Testing: 100%                                                          16/16 [00:06<00:00, 2.52it/s]
--------------------------------------------------------------------------------
DATALOADER:0 TEST RESULTS
{'total_test_accuracy': 0.8609955310821533}
--------------------------------------------------------------------------------
[{'total_test_accuracy': 0.8609955310821533}]
```

그림 3.6 테스트 데이터 세트에서의 모델 정확도

10 에포크 동안 학습한 모델로 약 2,000개 테스트 이미지에 대해 85%의 정확도를 달성했다.

요약하자면, 먼저 2장에서와 같은 방식으로 `DataModule` 인스턴스를 만들었다. 데이터 로더를 만들고 제공하는 메소드를 활용했다. 다음으로 PCam 데이터 세트에서 훈련하기 위해 ResNet-50 사전 학습 모델을 생성했다.

학습 데이터 세트로 10 에포크 동안 학습했고 테스트 데이터 세트로 모델의 성능을 측정해 85%의 정확도를 달성했다. 2장에서 500 에포크 동안 학습하고도 훨씬 낮은 정확도를 얻었었다. 훨씬 적은 시간과 비용으로 더 좋은 모델을 만든 것이다. 이것이 바로 전이 학습의 장점이다.

이미지넷에서 학습한 이미지 표현을 사용했기 때문에 고작 10 에포크만으로 뛰어난 결과를 달성할 수 있었다. 이미 학습한 표현이 없다면 현재의 성능 달성을 위해 훨씬 많은 에포크, 여러 번의 하이퍼파라미터 튜닝이 필요했을 것이다.

BERT를 사용한 텍스트 분류

BERT를 이용한 텍스트 분류는 구글이 **자연어 처리**[NLP]를 위해 개발한 트랜스포머 기반 머신러닝 기법이다. BERT는 제이콥 데블린[Jacob Devlin]이 2018년에 개발하고 발표했다. BERT 이전에는 자연어 처리 작업에 **RNN**[Recurrent Neural Network] 같은 시퀀스 모델이나 준지도 학습 모델을 일반적으로 사용했다. BERT는 언어 모델에서 최초로 비지도 학습 방식을 사용했고 자연어 처리 작업에서 최고 성능을 달성했다. 대형 BERT 모델은 24개의 인코더와 16개의 양방향 어텐션 헤드로 구성된다. 이 모델은 약 30억 단어로 구성된 영어 위키피디아와 책 데이터 세트로 학습됐다. 데이터 세트는 나중에 100개 이상의 언어로 확장됐다. BERT 사전 학습 모델을 사용하면 분류, 정보 추출, 질문응답, 요약, 번역, 생성 등 여러 가지 자연어 처리 작업을 수행할 수 있다.

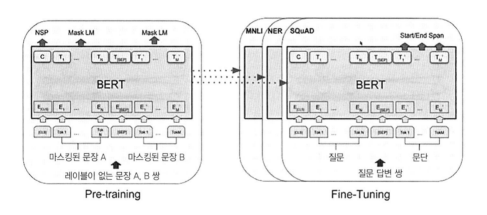

그림 3.7 BERT 아키텍처 다이어그램(이미지 출처: User Generated Data: Achilles' heel of BERT 논문)

사전 학습 BERT 모델을 사용해 텍스트 분류 모델을 구축해 본다. 파이토치 라이트닝에는 모델을 구축하는 여러 방법이 있는데 이 책에서는 모델을 작성하는 다양한 방법과 스타일을 다룬다. 우리는 오직 파이토치 라이트닝 메소드로 모델을 구축한다.

모델을 생성하기 전에 텍스트 분류 모델에 사용할 데이터를 이야기해 보자. 실습에서 공공 보건 주장[public health claim] 데이터 세트를 사용한다. 공공 보건 주장 데이터 세트는 뉴스 리뷰, 뉴스 사이트 등에서 수집한 12,288개의 공공 보건 주장 모음이다. 그림 3.8는 데이터 세트를 수집한 출처 목록다.

URL	Type
http://snopes.com/	fact-checking
http://politifact.com/	fact-checking
http://truthorfiction.com/	fact-checking
https://www.factcheck.org/	fact-checking
https://fullfact.org/	fact-checking
https://apnews.com/	news
https://uk.reuters.com/	news
https://www.healthnewsreview.org/	health news review

그림 3.8 공공 보건 주장 데이터 세트의 출처 목록

그림 3.9는 코로나 바이러스 항체 검사에 대한 주장과 그 레이블(2는 사실) 예시 데이터다.

main_text (string)	sources (string)	label (class label)	subjects (string)
Antibody tests show whether whether people have been infected with the novel coronavirus and…		2 (true)	Health News
The story did not provide cost estimates for either approach; the story did mention that the…		2 (true)	
As part of President Barack Obama's healthcare reform law, the efforts center around more than…		2 (true)	Health News
The lawsuit brought by Terry Leavitt in Alameda Superior Court in Oakland is the first of over a…	uk.reuters.com/companies/IMTP.PA,uk.reuters.com/companies/JNJ.N	2 (true)	Health News
"The story does not note the cost of a typical statin regimen, Zetia or the combination…		0 (false)	
On 18 March 2016, an image of an opossum was uploaded to Imgur with overlaid text reading as…	http://www.caryinstitute.org/newsroom/opossums-killers-ticks,…	2 (true)	Critter Country, lyme disease, opossum

그림 3.9 공공 보건 주장 데이터 세트의 샘플 데이터

목표는 BERT 사전 학습 모델과 전이 학습을 이용해 텍스트를 4개의 클래스(사실, 거짓, 확

인되지 않음, 혼합)로 분류하는 것이다. 다음은 텍스트 분류 모델의 구축 단계다.

1. 데이터 수집하기
2. 모델 생성하기
3. 모델 학습하기
4. 모델 평가하기

시작 전에 환경을 준비한다.

다음 패키지를 설치한다.

```
!pip install pytorch-lightning==2.0.2 --quiet
!pip install transformers==4.29.2 --quiet
```

패키지를 불러온다.

```
import torch
from torch import nn, optim
from torch.utils.data import DataLoader
from torch.utils.data import TensorDataset, DataLoader, RandomSampler, SequentialSampler
import matplotlib.pyplot as plt
%matplotlib inline

import pytorch_lightning as pl
from torchmetrics.functional import accuracy
import transformers
from transformers import BertModel, BertConfig
from transformers import AutoModel, BertTokenizerFast import pandas as pd
import pandas as pd
```

준비가 끝났다.

데이터 수집하기

공개된 구글 드라이브에서 데이터 세트를 다운로드한다.

```
!gdown --id 1eTtRs5cUlBP5dXsx-FTAlmXuB6JQi2qj
!unzip PUBHEALTH.zip
```

그림 3.10과 같은 출력이 나타난다.

```
Downloading...
From: https://drive.google.com/uc?id=1eTtRs5cUlBP5dXsx-FTAlmXuB6JQi2qj
To: /content/PUBHEALTH.zip
100% 24.9M/24.9M [00:00<00:00, 60.0MB/s]
Archive:  PUBHEALTH.zip
   creating: PUBHEALTH/
  inflating: PUBHEALTH/train.tsv
  inflating: PUBHEALTH/dev.tsv
  inflating: PUBHEALTH/test.tsv
```

그림 3.10 데이터 세트 다운로드

앞의 코드에서 데이터 세트를 다운로드한 다음 구글 코랩 폴더에서 압축을 푼다. 데이터 세트를 판다스 데이터 프레임으로 읽는다.

```
pub_health_train = pd.read_csv("PUBHEALTH/train.tsv", sep='\t')
pub_health_test = pd.read_csv("PUBHEALTH/test.tsv", sep='\t')
```

train.tsv 및 test.tsv 파일을 pub_health_train 및 pub_health_test라는 이름의 판다스 데이터 프레임에 할당한다.

데이터 세트 준비

다음 단계에서 레이블 데이터를 검증하고 결측값을 확인한다.

```
pub_health_train = pub_health_train[pub_health_train['label'] != 'snopes']
pub_health_train = pub_health_train[['main_text','label']]
pub_health_train = pub_health_train.dropna(subset=['main_text', 'label'])
```

코드에서 다음의 데이터 처리를 수행한다.

- 학습 데이터 중 'snopes'로 분류된 사례는 27건 밖에 없고 테스트 데이터에는 전혀 없어 학습 데이터 세트에서 삭제한다.
- 그런 다음 필요한 2개의 열만 남긴다. 'main_text' 컬럼은 공공 보건 주장 텍스트가 들어있고, 'label' 컬럼은 4개의 클래스 중 어디에 속하는지 나타나 있다.
- 두 열 중 하나라도 결측값인 모든 행을 삭제한다. 테스트 데이터 세트도 같은 처리를 한다(전체 코드는 깃허브에서 확인할 수 있다).

	main_text	label	🪄
0	"Hillary Clinton is in the political crosshair...	false	
1	While the financial costs of screening mammogr...	mixture	
2	The news release quotes lead researcher Robert...	mixture	
3	The story does discuss costs, but the framing ...	true	
4	"Although the story didn't cite the cost of ap...	true	

그림 3.11 결측값 삭제 후 데이터 세트 형태

공공 보건 주장의 레이블은 거짓^{false}, 혼합^{mixture}, 진실^{true} 및 확인불가^{unproven}다.

레이블 리스트를 텐서로 만들기 위해 레이블을 숫자로 변환한다.

116

```
pub_health_train['label'] = pub_health_train['label'].map({"true":0,
"false":1, "unproven":2, "mixture":3})

pub_health_test['label'] = pub_health_test['label'].map({"true":0,
"false":1, "unproven":2, "mixture":3})
```

파이토치 라이트닝의 prepare_data 메소드를 활용하기 위해 레이블을 0~3의 값
으로 매핑하고 있다.

데이터를 준비하는 과정은 데이터 불러오기, 데이터 분할, 변환, 피처 엔지니어링 및 기
타 더 좋은 결과를 내고 모델에 입력할 수 있는 형태로 변환하기 위한 많은 작업으로 이
뤄진다. 지금까지 원시 데이터 세트에서 관련 데이터를 추출하기 위해 데이터 처리 단계
를 수행했다.

특징을 추출하고 데이터를 로드하기 위해 파이토치 라이트닝 라이브러리의 prepare_data
메소드를 사용한다.

데이터 변환과 피처 엔지니어링 등은 TextClassifier 클래스 외부에서 진행할 수도 있
지만 파이토치 라이트닝은 전체 단계를 하나의 클래스에서 진행할 수도 있다. prepare_
data 메소드는 학습을 시작하기 전에 호출된다. 예제에서 prepare_data 메소드는 train_
dataloader, test_dataloader, training_step, testing_step과 같은 다른 메소드 이전
에 호출된다.

prepare_data 메소드는 BertTokenizerFast를 초기화하는 것으로 시작한다. 다음은 이
를 위한 코드다.

```
tokenizer = BertTokenizerFast.from_pretrained('bert-base-uncased')


# 학습 데이터 세트 문장 토크나이징 및 인코딩
tokens_train = tokenizer.batch_encode_plus(
  pub_health_train["main_text"].tolist(),
```

```
  max_length = self.max_seq_len,

  pad_to_max_length=True,

  truncation=True,

  return_token_type_ids=False

)

# 테스트 데이터 세트 문장 토크나이징 및 인코딩

tokens_test = tokenizer.batch_encode_plus(

  pub_health_test["main_text"].tolist(),

  max_length = self.max_seq_len,

  pad_to_max_length=True,

  truncation=True,

  return_token_type_ids=False

)
```

코드에서 BertTokenizerFast 모듈을 사용해 토크나이저를 초기화하고 tokenizer 변수에 저장했다. 그런 다음 pub_health_train과 pub_health_test 데이터 세트의 main_text 컬럼을 tokenizer로 토큰화했다. 토크나이저의 batch_encode_plus 메소드는 input_ids와 attention_mask를 갖는 객체를 반환한다. input_ids와 attention_mask는 텍스트 분류 모델의 입력으로 사용할 것이다. max_seq_len은 최대 길이 이상의 텍스트를 자르기 위한 값이다. pad_to_max_length를 참으로 설정하는데, 최대 시퀀스 길이까지 패딩을 추가한다. 학습 및 테스트 데이터의 토큰은 tokens_train, tokens_test라는 변수에 각각 저장한다. 이제 피처를 만들고 데이터 세트에서 목표값target value을 추출해 본다.

다음 코드를 통해 수행할 수 있다.

```
self.train_seq = torch.tensor(tokens_train['input_ids'])

self.train_mask = torch.tensor(tokens_train['attention_mask'])

self.train_y = torch.tensor(train_data["label"].tolist())

self.test_seq = torch.tensor(tokens_test['input_ids'])
```

```
self.test_mask = torch.tensor(tokens_test['attention_mask'])
self.test_y = torch.tensor(test_data["label"].tolist())
```

코드에서 input_ids와 attention_mask를 뽑아서 학습용은 train_seq와 train_mask에, 테스트용은 test_seq와 test_mask에 저장한다. 또한 train_y와 test_y라는 이름으로 목표값을 만들었다. 모델 학습을 위한 모든 피처와 목표값을 준비했다. 이 데이터는 다른 수명주기 메소드에서 사용하는데, 관련 내용을 간단히 살펴본다.

prepare_data 메소드에서 먼저 공공 보건 주장 데이터 세트를 불러와 토크나이징을 수행하고 피처와 목표값 변수를 만든다.

데이터 로더 인스턴스 생성하기

데이터를 불러와 피처를 준비하고 타깃값을 생성하는 과정을 prepare_data 메소드에서 수행함으로써 데이터 전처리 단계를 완료했다. 이제 DataLoader 수명주기 메소드를 활용해 학습과 테스트를 위한 데이터 로더 인스턴스를 생성할 수 있다. 다음 코드를 통해 학습과 테스트를 위한 데이터 로더 인스턴스를 생성한다.

```
def train_dataloader(self):
    train_dataset = TensorDataset(self.train_seq, self.train_mask, self.train_y)
    self.train_dataloader_obj = DataLoader(train_dataset, batch_size=self.batch_
size)
    return self.train_dataloader_obj


def test_dataloader(self):
    test_dataset = TensorDataset(self.test_seq, self.test_mask, self.test_y)
    self.test_dataloader_obj = DataLoader(test_dataset, batch_size=self.batch_
size)
    return self.test_dataloader_obj
```

코드에서 train_dataloader와 test_dataloader 2개의 수명주기 메소드를 정의했다. 둘 다 피처와 타깃에 TensorDataset 메소드를 사용해 train_dataset과 test_dataset을 만들었다. 그런 다음 train_dataset과 test_dataset을 DataLoader 모듈에 전달해 train_dataloader_obj와 test_dataloader_obj를 만들고 객체를 반환한다.

모델 생성하기

지금까지 파이토치 라이트닝으로 모델을 구축할 때는 항상 Lightning 모듈을 상속하고 확장하는 클래스를 생성해서 파이토치 라이트닝의 수명주기 메소드를 활용했다.

같은 방식으로 다음과 같이 HealthClaimClassifier 클래스를 만드는 것으로 시작한다.

```
class HealthClaimClassifier(pl.LightningModule):
```

다음 코드에서는 클래스를 초기화하는 부분을 정의한다.

```
def __init__(self, max_seq_len=512, batch_size=128, learning_rate = 0.001):
```

코드에서 HealthClaimClassifier는 3개의 입력 매개변수를 받는다.

- max_seq_len: BERT 모델이 처리할 수 있는 시퀀스의 최대 길이를 의미하는 매개변수다. 여기서는 기본값을 512로 설정한다.
- batch_size: 배치 크기는 학습 에포크를 진행할 때 학습 샘플을 묶는 하위 단위다. 기본값은 128이다.
- learning_rate: 학습률은 손실 기울기와 관련해 얼마나 네트워크의 가중치를 조절할지 결정한다. 기본값은 0.001이다.

다음과 같이 필요한 변수와 객체를 __init__ 메소드 안에서 초기화한다.

```
super().__init__()
self.learning_rate = learning_rate
self.max_seq_len = max_seq_len
self.batch_size = batch_size
self.loss = nn.CrossEntropyLoss()
self.test_step_outputs = []
```

__init__ 메소드 안에서 HealthClaimClassifier가 받은 입력(learning_rate, max_seq_len, batch_size)를 세팅한다.

torch.nn 모듈의 CrossEntropyLoss 함수를 사용해 손실 객체를 생성한다. 3장의 후반부에서 CrossEntropyLoss 손실 함수를 어떻게 활용하는지 살펴볼 것이다.

다음 코드를 활용해 BERT 모델을 준비한다.

```
self.pretrain_model = AutoModel.from_pretrained('bert-base-uncased')
self.pretrain_model.eval()
for param in self.pretrain_model.parameters():
  param.requires_grad = False
```

transformers의 AutoModel 모듈을 사용해 대소문자를 구분하지 않는 BERT 기본 모델을 pretrain_model 변수에 저장한다. 그리고 이전 이미지 분류 절에서 살펴본 것과 똑같이 단계를 수행한다. 모델을 평가 모드로 변경하고 기존 레이어가 다시 학습되는 것을 방지하기 위해 모델 파라미터의 requires_grad 속성을 False로 설정한다.

입력 레이어 변경

CancerImageClassifier 모듈에서 했던 것처럼 사전 학습 모델이 지금의 데이터 입력을 받을 수 있도록 변경해야 한다. 다음 코드에서처럼 __init__ 메소드를 통해 수행할 수 있다.

```
self.new_layers = nn.Sequential(
  nn.Linear(768, 512),
  nn.ReLU(),
  nn.Dropout(0.2),
  nn.Linear(512,4),
  nn.LogSoftmax(dim=1)
)
```

사전 학습 BERT 모델은 768 사이즈의 결과를 반환하는데 사이즈를 변경해야 한다. 사이즈를 바꾸기 위해 앞의 코드에서는 2개의 선형 레이어와 ReLU, LogSoftmax 활성화 함수, dropout 레이어를 가진 연속적인 레이어를 만들었다.

첫 선형 레이어는 사전 학습 BERT 모델의 출력 크기인 768 크기의 입력을 받아 512 크기의 출력을 반환한다. 그리고 두 번째 선형 레이어는 크기 512인 입력을 받아 크기 4인 출력을 반환하는데, 이때 4는 공공 보건 주장 데이터 세트의 클래스 수다.

텍스트 분류기의 init 메소드가 끝났다. 정리하면 요점은 세 가지다.

- 파라미터와 손실 객체를 설정하면서 시작했다.
- 사전 학습 BERT 모델을 초기화해서 평가 모드로 전환하고 기존의 가중치를 동결했다[froze].
- BERT 모델이 데이터 세트의 클래스 수인 4에 맞춰 크기 4인 결과를 반환하도록 변경하기 위해 레이어 배열을 만들었다.

사전 학습 BERT 모델이 크기 4인 결과를 반환하도록 레이어 배열과 연결해야 한다. 입력 데이터는 먼저 사전 학습 BERT 모델을 통과하고 생성한 레이어 배열로 전달돼야 한다. 2개의 모델을 연결하기 위해 forward 수명주기 메소드를 사용할 수 있다. forward 메소드는 2장에서도 살펴봤는데, 레이어를 연결하기 위한 가장 좋은 방법이기 때문에 책 전체에서 forward 메소드를 사용한다.

다음은 forward 메소드의 코드다.

```
def forward(self, encode_id, mask):
    output= self.pretrain_model(encode_id, attention_mask=mask)
    output = self.new_layers(output.pooler_output)
    return output
```

코드의 forward 메소드에서는 prepare_data 수명주기 메소드의 토크나이징 단계에서 추출한 encode_id와 mask를 입력으로 사용한다. 두 변수는 먼저 사전 학습 BERT 모델을 통과하고 생성한 레이어 배열로 전달된다. forward 메소드는 마지막 레이어 배열의 출력을 반환한다.

모델 학습 및 테스트 설정하기

지금쯤이면 익숙하겠지만, 다음 코드에 나와있듯이 다시 한번 training_step 수명주기 메소드를 사용해 모델을 학습한다.

```
def training_step(self, batch, batch_idx):
    encode_id, mask, targets = batch
    outputs = self(encode_id, mask)
    preds = torch.argmax(outputs, dim=1)
    train_accuracy = accuracy(preds, targets, task='multiclass')
    loss = self.loss(outputs, targets)
    self.log('train_accuracy', train_accuracy, prog_bar=True, on_step=False, on_epoch=True)
```

```
self.log('train_loss', loss, on_step=False, on_epoch=True)
return {"loss":loss, 'train_accuracy': train_accuracy}
```

training_step 메소드는 batch와 batch_idx를 입력으로 받는다. 피처(encode_id와 mask)
와 타깃값은 모델에 전달되고 outputs 변수에 결과를 저장한다. 그런 다음 outputs에
torch.argmax 함수를 적용해 예측값을 받고 preds 변수에 저장한다. 또한 학습 정확도는
각각의 배치에서 계산하는데, 이때 torchmetrics.functional 모듈의 accuracy 함수를
사용한다. 정확도와 별개로 손실은 **교차 엔트로피** 손실 함수를 사용해 계산한다.

> **중요사항**
> training_step 메소드에서 정확도를 각각의 배치에 대해 계산하기 때문에 이 정확도는
> 전체 데이터 세트에 대한 정확도가 아니다.

모델 테스트 설정

마찬가지로 test_step 메소드를 사용해 모델을 평가한다. test_step 메소드는 테스트 데
이터 로더의 데이터를 사용한다. 정확도와 손실은 개별 배치의 값인데 test_step 메소드
가 데이터 로더 인스턴스의 배치를 입력으로 받기 때문이다. 따라서 전체 데이터 세트에
대한 정확도와 손실은 이 단계에서 계산하지 않는다. 앞에서 본 것처럼, on_test_epoch_
end 메소드로 전체 테스트 데이터 세트에 대한 정확도를 계산한다. on_test_epoch_end 메
소드는 테스트 에포크가 끝날 때 전체 테스트 단계의 출력과 함께 호출된다.

```
def test_step(self, batch, batch_idx):
    encode_id, mask, targets = batch
    outputs = self.forward(encode_id, mask)
    preds = torch.argmax(outputs, dim=1)
    test_accuracy = accuracy(preds, targets, task='multiclass')
    self.test_step_outputs.append(test_accuracy)
```

124

```
loss = self.loss(outputs, targets)
return {"test_loss": loss, "test_accuracy": test_accuracy}
```

코드에서 다음 사항을 적용한다.

- 배치의 데이터를 모델에 전달하면서 torchmetrics.functional의 accuracy 함수를 사용해 정확도를 계산하고 교차 엔트로피 손실 함수를 사용해 손실을 계산한다. 마지막으로 손실과 정확도를 반환한다.

- 테스트 데이터를 배치 단위로 받기 때문에 손실과 정확도는 각 배치에 대해서 계산한 값이다. 테스트 데이터 전체에 대한 정확도를 계산하려면 전체 테스트 데이터가 처리될 때까지 기다려야 한다. on_test_epoch_end 수명주기 메소드를 사용해 전체에 대한 정확도를 계산할 수 있다.

- on_test_epoch_end 메소드는 test_step 메소드를 통해 모든 데이터가 처리된 이후에 호출된다. 다음은 on_test_epoch_end 메소드의 코드다.

```
def on_test_epoch_end(self, outputs):
    accuracy_average = torch.stack(self.test_step_outputs).mean()
    self.log("test_accuracy_average", accuracy_average, on_step=False,
on_epoch=True)
    self.test_step_outputs.clear()
    return accuracy_average
```

2장의 이미지 분류에서 설명한 것처럼 on_test_epoch_end 메소드로 전체 정확도를 계산한다.

모델 학습하기

2장에서와 같은 과정으로 모델을 학습한다. 다음은 모델 학습을 위한 코드다.

```python
model = HealthClaimClassifier()
trainer = pl.Trainer(max_epochs=10, devices=-1, accelerator='gpu')
trainer.fit(model)
```

HealthClaimClassifier 인스턴스를 model 변수에 저장하고 파이토치 라이트닝의 Trainer 모듈을 초기화한다. 최대 에포크 수는 10으로 하고 사용할 수 있는 모든 gpu를 사용하도록 -1로 설정한다. 마지막으로 모델을 fit 메소드에 전달해 학습한다. 파이토치 라이트닝은 내부적으로 이전에 만들었던 DataModule 인스턴스를 포함해 여러 수명주기 메소드를 활용한다. fit 메소드에서 사용하는 수명주기 메소드는 prepare_data, train_dataloader, training_step이며 그림 3.12를 보자.

```
LOCAL_RANK: 0 - CUDA_VISIBLE_DEVICES: [0]

  | Name           | Type             | Params
-----------------------------------------------------
0 | loss           | CrossEntropyLoss | 0
1 | pretrain_model | BertModel        | 109 M
2 | new_layers     | Sequential       | 395 K
-----------------------------------------------------
395 K     Trainable params
109 M     Non-trainable params
109 M     Total params
439.512   Total estimated model params size (MB)
Epoch 9: 100%  77/77 [06:19<00:00, 4.92s/it, loss=0.854, v_num=0, train_accuracy=0.636]
```

그림 3.12 10 에포크 동안 텍스트 분류기 학습

사전 학습 BERT 모델로 구축한 HealthClaimClassifier를 10 에포크 동안 학습했다. 다음 단계로 테스트 데이터 세트로 모델을 평가해 보자.

모델 평가하기

테스트 데이터 세트에 대한 모델의 정확도를 측정하기 위해 다음 코드를 활용해 test_step 메소드를 호출한다.

```python
trainer.test()
```

trainer 클래스의 test 메소드를 호출했을 때 수명주기 메소드인 prepare_date, test_dataloader, test_step, on_test_epoch_end가 호출된다. 마지막 단계에서 on_test_ epoch_end 메소드는 그림 3.13과 같이 테스트 데이터 세트 전체에 대한 정확도를 계산한다.

그림 3.13 전체 테스트 데이터 세트에 대한 텍스트 분류기 정확도

별도의 하이퍼파라미터 튜닝 없이 오직 10 에포크 학습만으로도 61%의 정확도를 달성할 수 있었다. HealthClaimClassifier에 대한 개선 작업을 통해 더 높은 정확도를 달성할 수도 있을 것이다.

BERT 트랜스포머 모델과 전이 학습을 이용해 텍스트 분류 모델을 만들었다. 또 파이토치 라이트닝 수명주기 메소드를 활용해 데이터를 불러오고, 처리하고 데이터 로더를 만들고 학습 및 테스트 단계를 설정했다. HealthClaimClassifier 클래스의 모든 것들은 파이토치 라이트닝의 메소드를 사용해 만들었고 HealthClaimClassifier 클래스 이외에 별도로 많은 데이터 처리가 필요 없었다.

▎ 요약

전이 학습은 컴퓨팅 비용과 시간을 줄이고 높은 성능을 달성하기 위해 가장 많이 사용하는 방법이다. 3장에서는 파이토치 라이트닝을 사용해 사전 학습한 ResNet-50과 BERT 아키텍처를 활용한 모델을 구축하는 방법을 알아봤다.

이미지 분류기와 텍스트 분류기를 만들면서 파이토치 라이트닝의 유용한 수명주기 메소드를 살펴봤다. 노력을 적게 들이면서 학습으로 사전 학습 모델을 자신의 데이터 세트에 적용하는지의 방법도 배웠다. 모델을 거의 변경하지 않고도 준수한 정확도를 달성할 수 있었다.

전이 학습은 잘 작동하지만 그 한계도 알고 있어야 한다. 전이 학습은 언어 모델에서 놀라울 정도로 잘 작동하는데, 그 이유는 주어진 데이터 세트의 텍스트가 일반적으로 핵심 학

습 데이터 세트의 영어 단어와 겹치기 때문이다. 핵심 학습 데이터가 주어진 데이터 세트와 많이 다르다면, 성능은 떨어진다. 꿀벌을 인식하는 이미지 분류기를 만들고 싶은데, 이미지넷 데이터 세트에 꿀벌 이미지가 없다면, 전이 학습을 사용한 모델의 정확도는 낮아지는 것처럼 말이다. 차라리 전체 학습을 시키는 선택지를 골라야 할 수도 있다.

4장에서 **파이토치 라이트닝 플래시**Flash라는 멋진 프레임워크의 기능을 살펴보면서 파이토치 라이트닝 여정을 계속하려 한다. 플래시는 특정 과제에 즉시 사용할 수 있는 모델 아키텍처를 제공한다. 많이 활용되는 텍스트나 이미지 분류 같은 과제는 이미 코딩돼 있어 따로 코딩하지 않아도 활용할 수 있다. 이렇게 즉시 사용할 수 있는 모델은 데이터 과학자가 딥러닝 알고리듬을 재사용하고 불필요하게 복잡한 코딩을 반복하지 않도록 해주기 때문에 중요한 도구다.

04

라이트닝 플래시를 통한
사전 학습 모델 활용

딥러닝 모델을 만들다 보면 기존 아키텍처나 그 분야의 최고 수준의 논문을 다시 구현할 때가 많다. AlexNet이 2012년 ImageNet 컴퓨터 비전 대회에서 우승하고 많은 데이터 과학자가 자신의 문제를 풀기 위해 같은 아키텍처를 구현하거나 그 아키텍처를 기반으로 새로운 알고리듬을 실험한 것처럼 말이다. 보통 자신만의 실험을 수행하기 전에 기존의 아키텍처를 자신의 데이터에 적용해 본다. 그럴 때는 보통 원본 논문을 읽고 직접 코딩하거나 저자의 코드를 이해하기 위해 깃허브를 방문하곤 하는데, 두 방법 모두 시간이 많이 필요하다. 딥러닝 분야에서 유명한 아키텍처나 실험을 쉽게 수행하는 부분이 프레임워크에 포함돼 있다면 어떨까? 파이토치 라이트닝 플래시를 만나보자!

플래시는 이미지 분류, 음성 인식 및 정형 데이터 예측과 같은 분야에서 널리 사용되는 딥러닝 아키텍처를 바로 생성해 베이스라인 모델로 신속하게 실험, 프로토타이핑할 수 있는 기능을 제공한다. 활용할 수 있는 기본 작업 종류가 매우 다양하고 여러 도메인에 걸쳐 있다. 이미지 문제에서는 분할, 객체 인식, 스타일 전송 및 비디오 분류와 같은 여러 이미지 작업에 대한 기본 코드를 제공한다. 자연어 처리에서는 요약, 분류, 질문 답변 및 번역을 위해 즉시 사용 가능한 모델을 제공한다. 데이터 과학자들은 또한 모델 학습을 위해 표준 데이터 세트(MNIST 및 ImageNet 등)을 쉽게 사용할 수 있고 GPU, CPU, TPU 옵션을 통해 손쉽게 기존 아키텍처를 추가로 학습시킬 수 있다. 플래시는 한 모델의 출력을 다른 모델의 입력으로 넣을 수 있어서 새로운 연구를 쉽게 수행할 수 있도록 도와준다. 플래시는 꼭 딥러닝 모델에 한정되지 않고 시계열 예측 또는 다중 클래스 분류 처럼 정형 데이터를 다루는 전통적인 **머신러닝** 작업도 가능하다.

4장에서는 플래시로 딥러닝 모델을 얼마나 빠르고 쉽게 구축할 수 있는지 알아본다. 플래시는 일반적인 딥러닝 작업을 위한 베이스라인 모델 생성에 대해 매우 높은 추상화를 제공해서 최소한의 코딩만으로도 구현이 가능하다. 딥러닝 분야의 초보자 뿐만 아니라 유명한 아키텍처로 빠르게 실험하고 싶은 전문가들에게도 플래시는 매우 유용하다.

음성 인식 및 비디오 분류와 같은 가장 일반적으로 사용되는 작업 중 일부와 wav2vec과 같은 최신 딥러닝 아키텍처를 간략히 소개한다. 자신의 실험 데이터 세트 뿐만 아니라 유명한 실험 데이터 세트로 결과를 얻는 방법도 살펴본다. 4장은 플래시에 익숙해지도록 돕고 어려운 알고리듬을 이해하느라 고생하지 않고 복잡한 딥러닝 아키텍처를 사용하는 방법을 다룬다. 4장을 통해 앞으로 살펴볼 더 발전된 문제(GAN이나 준지도 학습 등)를 푸는 데 기초를 마련할 것이다.

4장에서는 다음과 같은 사례를 다룬다.

- 볼트를 이용한 비디오 분류
- 볼트를 사용한 음성 인식

▌ 기술 요구사항

4장의 코드는 파이썬 3.10을 사용하는 맥OS의 아나콘다와 구글 코랩에서 개발되고 테스트됐다. 다른 환경을 사용한다면 환경 변수를 적절하게 변경해야 한다.

4장에서 주로 다음의 파이썬 모듈을 사용한다.

- PyTorch Lightning(버전: 1.8.0)
- Flash(버전: 0.7.1)
- Seaborn(버전: 0.12.2)
- NumPy(버전: 1.22.4)
- torch(버전: 1.13.0)
- pandas(버전: 1.5.3)

실습 예제 코드는 다음의 깃허브 링크에서 확인할 수 있다.

- https://github.com/PacktPublishing/Deep-Learning-with-PyTorch-Lightning/tree/main/Chapter04

키네틱스 400 Kinetics 400 원본 데이터 세트는 다음 링크에서 찾을 수 있다.

- https://deepmind.com/research/open-source/kinetics

키네스틱 데이터 세트는 딥마인드가 유튜브 영상을 스크랩해서 비디오 분류 학습용으로 만들었다. 키네틱스 데이터는 구글이 제공하며 벤치마크용으로 보편적으로 사용하고 있다.

▌ 라이트닝 플래시 시작하기

인도 음식을 먹고 싶은 상황이라고 상상해 보자. 요리 방법은 다양하다.

첫 번째 방법은 모든 채소, 반죽을 만들 밀가루, 향신료를 직접 구해서 적당량 썰거나 으깬 후 정해진 방법으로 조리할 수 있다. 하지만 그렇게 하려면 카레에 어떤 향신료가 들어가고 재료는 얼마나 어떤 순서로 들어가야 하는지 많은 지식이 있어야 한다.

스스로 그 정도 전문가라고 생각하지 않는다면, 두 번째 방법으로 시판 향신료를 사서 넣을 수도 있다. 첫 번째 방법보다 훨씬 간단한데 약간의 조리는 필요하지만 큰 걱정 없이 좋은 음식을 먹을 수 있는 방법이다.

하지만 두 번째 방식도 약간의 시간이 필요한데 만약 더 빠르게 먹고 싶다면, 세 번째 방법으로 밀키트를 사서 준비된 재료를 섞고 향신료를 넣어 데우기만 할 수 있다. 당연히 가장 빠른 방법은 세 번째다. 라이트닝 플래시는 세 번째 방법과 비슷하다.

라이트닝 플래시는 이름에서 알 수 있듯이 딥러닝 모델을 준비하는 가장 빠른 방법이다. 파이토치를 코딩하는 가장 높은 수준의 추상화라고 할 수 있다. 앞의 비유로 한다면 파이토치를 직접 코딩하는 것이 첫 번째 방식이고 파이토치 라이트닝을 활용하는 것이 두 번째 방식에 해당한다. 라이트닝 플래시는 파이토치 라이트닝보다 더 높은 추상화 수준이다. 다 차려진 메뉴를 고르기만 하면 빠르게 먹을 수 있다.

라이트닝 플래시는 자주 사용되는 딥러닝 사용 사례를 대부분 지원한다. 거의 모든 유명한 데이터 세트와 검증된 모델 아키텍처와 함께 간단하게 데이터를 불러올 수 있는 기능을 제공한다. 학계에서 인정 받는 아키텍처에서부터 개발을 시작하고 싶은 업계 실무자들에게 매우 매력적인 선택지다. 플래시를 활용하면 빠른 프로토타이핑을 위한 베이스라인 모델을 만들 수 있다.

라이트닝 플래시는 커뮤니티를 중심으로 지원하는 태스크가 점점 늘어나고 있다. 현재는 다음의 작업을 지원한다.

- 이미지와 비디오 작업: 분할, 분류, 객체 인식, 키포인트 감지, 인스턴스 분할, 스타일 전송 등
- 음성 작업: 음성 인식 및 분류

- 정형 데이터 작업: 분류 및 시계열 예측
- 자연어 처리 작업: 분류, 질문 답변, 요약 및 번역
- 그래프 학습: 분류

4장에서는 일부 작업에 플래시를 사용하는 방법을 알아본다.

플래시는 매우 간단하다

CNN 형태의 최초의 딥러닝 모델을 만들면서 이 책을 시작했다. 그리고 전이 학습을 통해 유명 데이터 세트에서 표현 학습을 한 모델을 활용해 빠르게 더 높은 성능을 달성할 수 있다는 사실을 확인했다. 라이트닝 플래시는 사전 학습 모델과 일부 유명 데이터 세트에 접근하는 표준적인 프레임워크를 제공해 이를 훨씬 쉽게 만든다.

플래시를 사용하면 최소한의 코딩으로 딥러닝 모델을 학습할 수 있다. 실제로 단순한 모델은 코드 다섯 줄로도 실행할 수 있다.

라이브러리를 가져오면 다음 세 가지 기본 단계만 수행하면 된다.

1. **데이터 제공**: 데이터 모듈을 생성해 프레임워크에 데이터를 제공한다.

```
datamodule = yourData.from_json(
  "yourFile",
  "text",
```

2. **작업과 아키텍처 정의**: 데이터로 무엇을 하고 싶은지 정의한다. 앞에서 살펴봤던 다양한 작업 중 하나를 선택한다(분류, 분할 등). 각 작업에서 사용할 수 있는 여러 기본 아키텍처backbone architecture가 있다. 해당 아키텍처를 활용하면 바로 컨볼루션 레이어를 불러올 수 있다.

```
model = SomeRecogntion(backbone="somemodelarchitecture/ResNET50")
```

3. **모델 미세 조정**: 이제 trainer 클래스를 사용해 모델을 학습하고 데이터 세트를 미세 조정한다. 3장에서 살펴봤던 여러 기능(에포크 수, GPU 옵션 등)으로 학습 과정을 관리할 수 있다.

```
trainer = flash.Trainer(max_epochs=1, gpus=torch.cuda.device_count())
trainer.finetune(model, datamodule=datamodule, strategy="no_freeze")
```

벌써 끝났다! 다음으로 예측을 수행한다.

플래시에서 어떤 부분을 코딩해야 하는지 알아보는 대신에 어떤 부분을 코딩할 필요가 없는지 반드시 확인해야 한다. 컨볼루션 레이어, 완전연결층, 소프트맥스 레이어, 옵티마이저, 학습률 등을 정의하는 복잡한 부분이 필요 없다. 백본 네트워크를 선택할 때 모든 것들이 추상화돼 제거된다. 따라서 플래시를 이용하면 딥러닝 모델을 쉽고 빠르게 만들 수 있는 것이다.

데이터 세트를 변경하고 데이터를 데이터 모듈에 넣을 수 있다. 또한 광범위한 아키텍처 목록에서 아키텍처를 선택할 수도 있다. 하나씩 살펴본다.

먼저 비디오 분류 모델을 다른 아키텍처로 변경해 훈련한다. 이후에는 데이터 세트를 교환해 오디오 음성 인식 모델을 훈련한다.

시작하기 전에, 공짜 점심은 없다는 점을 이해해야 한다. 플래시는 최고 수준의 추상화로 작업을 쉽게 만들지만 이는 동시에 유연성을 제한한다. 플래시는 널리 활용되는 사용 사례에 맞춰져 있으므로 생소한 작업을 수행해야 하거나 새로운 아키텍처를 만들거나 모델을 처음부터 학습하고자 한다면 적절한 선택지가 아니다.

앞에서의 요리 비유로 돌아가면, 밀키트에서는 다양한 맛을 기대할 수 없다. 하지만 플래시는 파이토치 라이트닝으로 만들어져 있기 때문에 파이토치 라이트닝 뿐만 아니라 파이토치와도 완전한 호환이 가능하다. 편의성과 제어능력 측면에서 파이토치 라이트닝이 새로운 모델을 개발하는 데에 최적의 조합이고 발전적인 사용 사례에서 추천하는 방법이지만 딥러닝을 마스터하기 위해서는 파이토치를 직접 다루는 것은 필요하다. 그럼에도 불구하고 플래시는 훌륭한 출발점이 된다. 첫 번째 모델을 만들어 보자!

▌ 플래시를 이용한 비디오 분류

비디오 분류는 딥러닝에서 가장 흥미롭지만 어려운 문제 중 하나다. 간단히 말하면 비디오 클립에서 동작을 분류하고 인식한다(예: 걷기, 볼링 또는 골프).

그림 4.1 딥마인드가 발표한 키네틱스 데이터 세트는 주석이 달린 10초 이하의 유튜브 비디오 클립으로 구성된다.

표나 이미지 데이터에 비해 비디오 파일은 크기가 커서 모델을 훈련하는 데 컴퓨팅 파워가 많이 필요해서 비디오 분류 모델을 학습하기는 어렵다. 따라서 비디오 분류에서 사전학습 모델과 아키텍처를 사용하는 방법은 좋은 선택이다.

라이트닝 플래시는 내부적으로 `PyTorchVideo` 라이브러리를 사용한다. `PyTorchVideo`는 비디오 작업 분야에 큰 도움이 된다. 라이트닝 플래시는 미리 정의되고 변경 가능한 훅^{hook}을 생성해 작업을 쉽게 수행한다. 비디오 분류를 위한 여러 훅이 있는데 이 기능을 활용하면 네트워크 레이어, 옵티마이저, 손실 함수 등을 정의하는 어려움을 피할 수 있다. 추가로, 페이스북 AI가 출시한 많은 SOTA 아키텍처를 사용할 수 있다. 모델 동물원^{Model Zoo}에는 다양한 SOTA 모델 아키텍처에 대한 벤치마크도 표시돼 있다.

여기서는 키네틱스 400 데이터 세트를 사용하고 미세 조정을 위해 별도의 다른 비디오 분류 모델을 사용한다.

> **중요사항 - 모델 동물원(Model Zoo)**
>
> 파이토치 비디오에 대한 모든 모델과 벤치마크는 다음의 링크에서 확인할 수 있다.
>
> - https://github.com/facebookresearch/pytorchvideo/blob/main/docs/source/model_zoo.md.
>
> 모델 동물원은 페이스북 AI 연구 팀이 만들고 라이트닝 플래시에서 제공하는 훅을 변경하기 위해 사용할 수 있는 사전 학습 모델 링크도 제공한다.

Slow와 SlowFast 아키텍처

SlowFast는 비디오 분류에 널리 사용되는 모델 아키텍처다. SlowFast 아키텍처는 비디오 분류를 위해 느린 경로와 빠른 경로로 구성된다. 페이스북 AI 연구팀의 크리스토프 페이히텐호퍼Christoph Feichtenhofer가 발표한 '비디오 분류를 위한 SlowFast 네트워크SlowFast Networks for Video Recognition' 논문에서 최초로 제안했다.

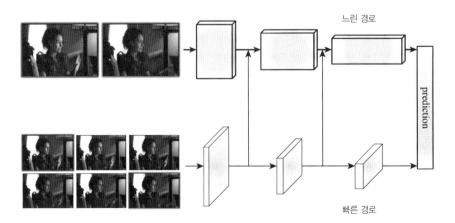

그림 4.2 SlowFast 네트워크의 개략적인 그림(출처 - SlowFast 논문)

SlowFast 모델 아키텍처는 사람 눈이 느리고 빠른 주파수를 활용해 움직이는 물체를 인식하는 것에 영감을 받았다. 정적인 데이터를 분석하는 고화질의 느린 경로와 움직이는 물체를 분석하는 저화질의 빠른 경로가 있다. 두 경로 모두 내부적으로는 ResNet 아키텍처를 사용하는데 시간적인 스트라이드가 다르다. 빠른 경로는 더 작은 시간 스트라이드와 높은 주파수(초당 15 프레임)를 사용하고, 느린 경로는 큰 시간적 스트라이드와 낮은 주파수(초당 2프레임)을 사용한다. 이런 이유로 느린 경로는 빠른 경로 보다 계산량이 더 많다.

SlowFast 아키텍처는 인상적이고 최고 수준(약 94%)의 결과를 보여준다. Slow와 Fast 각각을 활용한 결과도 발표됐는데 Slow만 활용해도 91%로 성능이 좋다. 두 모델 모두(이외의 더 많은 모델도) 플래시를 활용하면 바로 사용할 수 있다. 이번 실습에서는 Slow 아키텍처를 사용해 비디오 분류 모델을 미세 조정한다.

플래시를 사용한 비디오 분류 모델은 다음의 5단계로 구성된다.

1. 라이브러리 가져오기
2. 데이터 세트 불러오기
3. 백본 네트워크 설정하기
4. 모델 학습 및 미세 조정하기
5. 예측 수행하기

모델을 만들어 본다.

라이브러리 가져오기

다음 단계로 시작한다.

먼저 필요한 라이브러리를 가져온다.

```
!pip install torch==1.13.0 torchvision==0.14.0 --quiet
!pip install pytorch-lightning==1.8.0 --quiet
```

```
!pip install lightning-flash==0.7.1 --quiet
!pip install 'lightning-flash[audio, video]' --quiet
!pip install Pillow==9.0.0
```

설치되면 다음 라이브러리를 불러올 수 있다.

```
import pytorch_lightning as pl
import torch
import pandas as pd
import numpy as np
import seaborn as sns
import flash
from flash.core.data.utils import download_data
from flash.video import VideoClassificationData, VideoClassifier
```

단계에서 라이브러리를 불러오고 나서 버전을 확인한다.

```
print("pandas version:",pd.__version__)
print("numpy version:",np.__version__)
print("seaborn version:",sns.__version__)
print("torch version:",torch.__version__)
print("flash version:",flash.__version__)
print("pytorch ligthening version:",pl.__version__)
```

코드는 그림 4.3과 같은 출력을 표시한다.

```
pandas version: 1.5.3
numpy version: 1.22.4
seaborn version: 0.12.2
torch version: 1.13.0+cu117
flash version: 0.7.1
pytorch ligthening version: 1.8.0
```

그림 4.3 비디오 분류에 사용한 패키지 버전

데이터 세트를 불러오자.

데이터 세트 불러오기

키네틱스 400 데이터 세트를 사용할 텐데, 이 데이터 세트는 원래 딥마인드가 만들었고 비디오 분류 작업을 위한 400개의 인간 행동으로 구성된다. 비디오 클립은 스포츠나 춤과 같은 그룹 활동을 담고 있다. 키네틱스 400 데이터 세트는 라이트닝 플래시(및 PytorchVideo)의 데이터 세트 컬렉션에도 포함돼 있어 데이터 세트를 불러오기가 매우 쉽다.

데이터를 다운로드한다.

```
download_data("https://pl-flash-data.s3.amazonaws.com/kinetics.zip", "./data")
```

데이터 세트가 플래시 서버에서 다운로드되면 데이터를 데이터 모듈로 불러올 수 있다. 또한 학습, 검증 데이터 세트 폴더를 만든다. 이를 위해 from_folders 훅을 사용한다.

```
kinetics_videodatamodule = VideoClassificationData.from_ folders(
  train_folder="data/kinetics/train",
  val_folder="data/kinetics/val",
  clip_sampler="uniform",
  clip_duration=2,
  decode_audio=False,
  batch_size=4
)
```

코드에서 from_folders 훅으로 데이터를 불러오고 주요 설정을 결정했다.

- train_folder와 val_folder는 각각 데이터 세트에서 학습 및 검증 폴더의 위치를 정의한다.
- clip_sampler는 비디오 파일에서 프레임을 샘플링하는 방법을 결정한다. clip_

duration은 시간(초) 단위로 길이를 정의한다. 이때 반복할 때마다 비디오에서 2초의 클립을 균일한 확률로 샘플링한다.

- decode_audio는 비디오와 함께 오디오를 로드할지 여부를 정의한다. 이때 오디오를 사용하지 않기^{False}로 설정했다. 참^{True}로 설정하면 비디오 클립이 (C, T, H, W) 형태의 비디오 텐서와 (S) 형태의 오디오 텐서로 변환된다.

- batch_size는 단일 배치의 비디오 수를 결정한다. 여기서는 4로 설정했다. 배치 크기가 클수록 필요한 메모리가 증가한다.

데이터가 로드되면 사전 학습 모델을 선택해야 한다.

중요사항

DataModule은 데이터 세트를 로드하기 위한 미리 정의된 훅으로 폴더 구조는 다음과 같다.

dir_path/<class_name>/<video_name>.{mp4, avi}.

자신의 데이터 세트에 모델을 적용하고 싶다면 데이터를 위의 형태로 준비해야 한다. 또는 직접 데이터 로더를 만들 수 있다.

백본 네트워크 설정하기

다음 두 단계를 진행한다.

- 백본 선택
- 태스크 설정

다음 단계에서 플래시에서 '백본^{backbone}'이라고 하는 사전 학습 모델 아키텍처를 선택한다. 다음과 같이 사용 가능한 모델 아키텍처를 출력할 수 있다.

```
print(VideoClassifier.available_backbones())
```

다음과 같이 사용 가능한 모든 아키텍처가 표시된다.

```
['c2d_r50', 'csn_r101', 'efficient_x3d_s', 'efficient_x3d_xs', 'i3d_r50', 'r2plus1d_r50', 'slow_r50', 'slow_r50_detection', 'slowfast_16x8_r101_50_50', 'slowfast_r101', 'slowf
```

slowfast_r50 모델 아키텍처를 선택한다. 모델 동물원에서 확인하면 이 아키텍처는 약 91%의 Top 5 정확도를 보인다.

다음 코드를 통해 모델의 세부 정보를 확인할 수 있다.

```python
print(VideoClassifier.get_backbone_details("slowfast_r50"))
```

모델을 사용해 작업을 진행하는 동안 설정할 수 있는 인자들을 보여준다.

```
[('pretrained', <Parameter "pretrained: bool = False">), ('progress', <Parameter "progress: bool = True">), ('kwargs', <Parameter "**kwargs: Any">)]
```

SlowFast 아키텍처를 사용해 다음과 같은 작업을 수행한다.

```python
# 2. 작업 생성
slowfastr50_model = VideoClassifier(backbone="slowfast_r50", labels=kinetics_
videodatamodule.labels, pretrained=True)
```

VideoClassfier를 정의하고 이전에 불러온 키네틱스 데이터 레이블과 slowfast_r50 백본을 전달한다. 사전 학습 옵션을 사용하기 위해 True로 설정했다. False로 설정하면 모델을 처음부터 학습한다.

다음과 같은 결과가 출력된다.

```
Using 'slow_r50' provided by Facebook Research/PyTorchVideo (https://github.com/facebookresearch/pytorchvideo).
```

작업을 정의했으므로 키네틱스 데이터 세트에 모델을 미세 조정할 준비가 됐다.

모델 미세 조정하기

이제 모델을 학습할 수 있다(정확히 말하면 미세 조정).

```
trainer = flash.Trainer(max_epochs=25, gpus=torch.cuda.device_count(),
precision=16)

trainer.finetune(slowr50_model, datamodule=kinetics_videodatamodule,
strategy="freeze")
```

먼저 flash.Trainer를 사용해 Trainer 클래스를 만들고 하이퍼파라미터를 정의한다. 여기서는 이용 가능한 모든 GPU를 사용하고 16비트 정밀도로 25 에포크 동안 학습한다. 16비트 정밀도 학습은 계산 차원을 줄여서 학습을 더 빠르게 한다.

이후에는 trainer.finetune에 모델 태스크와 데이터 세트를 인자로 넣어 학습을 수행한다. 다음과 같은 출력이 표시된다.

그림 4.4 모델 미세 조정 결과

검증 데이터 세트에서 87%가 넘는 꽤 괜찮은 정확도를 얻는 걸 확인할 수 있다. 이 모델은 이제 예측에 사용될 수 있다.

예측 수행하기

모델을 미세 조정했으니, 새로운 데이터를 예측할 수 있다. 모델 체크포인트를 저장하고 predict 메소드를 통해 이후에 예측을 수행할 수 있다. 이 모델은 비디오에 최적화돼 있으므로 모바일 애플리케이션을 만들 때 배포하기 쉽다.

```
trainer.save_checkpoint("finetuned_kinetics_slowr50_video_classification.pt")
datamodule = VideoClassificationData.from_folders(predict_folder="data/
kinetics/predict", batch_size=1)
predictions = trainer.predict(slowr50_model, datamodule=datamodule,
output="labels")
print(predictions)
```

코드는 해당 비디오 클립에 대한 상위 5개 예측을 보여준다.

그림 4.5 모델 예측

비디오에 대한 상위 5개의 예측을 반환한다.

비디오 분류 모델을 사용한 작업이 끝났다. 플래시를 활용해 모델을 미세 조정하는 작업은 매우 쉬웠다. 고작 5단계를 진행했고 각 단계는 코드 한 두 줄만 필요했다.

> **중요사항**
>
> 자신의 비디오 클립을 예측하려면 모델을 배포해야 한다. 배포에 대해서는 9장 모델 배포와 평가에서 살펴본다. 또한 플래시는 CLI(Command Line Interface)를 통해 Flash Zero라는 쉽게 배포할 수 있는 기능을 제공한다. 이 기능은 현재 베타 버전이므로 사용에 유의해야 한다.

추가 학습을 위한 다음 단계

앞에서 본 것처럼 플래시 모델을 학습하기 위해 적절한 훅을 선택하고 인자를 설정하는 과정은 간단하다. 이를 통해 자신의 프로그램에서 비디오 작업에서 빠르게 프로토타입을 만들고 성능을 측정할 수 있다. 다음과 같은 추가 작업을 통해 더 학습할 수 있다.

- 파이토치 비디오 데이터 세트 컬렉션에는 Charades, Domsev, EpicKitchen, HMDB51, SSV2 및 UCF101과 같은 더 많은 비디오 데이터 세트가 있다. 추가 학습으로 데이터 세트를 활용해 볼 수 있다.
- 모델 아키텍처를 바꿔보고 결과를 비교할 수 있다. SlowFast는 비디오 분류 작업에서 널리 사용되는 또다른 모델이다. 다음 링크에서 확인할 수 있다.

    https://pytorchvideo.readthedocs.io/en/latest/api/models/slowfast.html
- 다음으로 약간의 데이터 전처리를 통해 데이터 세트를 별도의 데이터 세트로 변경할 수 있다. 그리고 자신의 데이터 세트로 모델을 학습해 보자. 추천하는 데이터 세트는 유튜브 비디오 데이터 세트로 다음 링크에서 확인할 수 있다.

    https://research.google.com/youtube8m/download.html

다음으로 사용자 지정 데이터 세트에 플래시를 사용해 본다.

▌ 플래시를 사용한 음성 인식

오디오 파일 음성 인식은 가장 널리 사용하는 AI 응용 프로그램 중 하나다. 알렉사와 같은 스마트폰 스피커, 유튜브와 같은 스트리밍 서비스의 자막 자동 생성 서비스, 음악 플랫폼 등에서 널리 활용된다. 음성 인식은 오디오 파일의 음성을 감지해서 텍스트로 변환한다. 음성 인식은 화자의 태도, 음높이, 발음은 물론 방언과 언어 자체를 인식하는 여러 어려운 과제를 포함한다.

그림 4.6 음성 인식의 개념

자동 음성 인식[ASR, Automatic Speech Recognition] 모델을 훈련하려면 오디오 파일과 해당 오디오 파일의 전사 텍스트의 데이터 세트가 필요하다. 다양한 연령대, 민족, 방언 등이 오디오 파일에 포함될수록 음성 인식 모델은 처음 보는 데이터에 더 안정적이다.

앞에서는 기존 데이터 세트를 사용해 모델을 만들었다. 여기서는 사용자 정의 데이터 세트로 사전 학습 모델인 wav2vec을 학습해 본다.

음성 인식을 위해 사용할 수 있는 모델이 많지만 wav2vec은 페이스북 AI에서 개발했고 여러 언어에서 매우 좋은 성능을 보인다. 이 모델은 거의 모든 언어에서 작동할 수 있고 매우 확장성이 있다. 최근 LibriSpeech 벤치마크에서 가장 높은 점수를 받았다. Wav2vec은 스티븐 슈나이더[Steffen Schneider], 알렉세이 배프스키[Alexei Baevski], 로난 콜로버트[Ronan Collobert], 마이클 아울리[Michael Auli]에 의해 논문 〈wav2vec: 음성 인식을 위한 비지도 사전 학습[Unsupervised Pre-training for Speech Recognition]〉에서 처음 발표됐다.

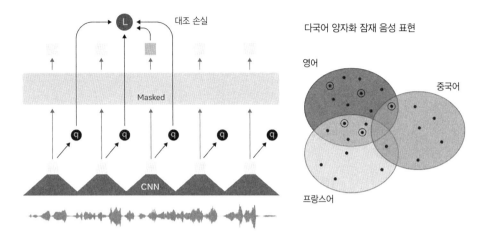

그림 4.7 wav2vec 아키텍처(이미지 출처 : https://zrr.kr/NCYC)

wav2vec 모델은 3장에서 본 BERT 트랜스포머 모델을 발전시킨 것이다. wav2vec 모델 은 자기 지도 학습을 활용하기 때문에 다른 모델보다 레이블된 데이터를 훨씬 적게 사용 했다. 한 음소의 길이 보다 짧은 25ms 단위의 음성에서 잠재 표현을 배운다. 작은 잠재 표 현이 마스킹돼 트랜스포머의 입력으로 들어간다. 대조 손실 함수는 마스킹된 위치의 음성 단위를 찾는 태스크에서 수렴하도록 사용한다. 이 모델은 자기 지도 학습과 대조 손실 개 념을 활용하는데 8장에서 자기 지도 학습과 대조 손실 개념의 활용을 더 자세히 살펴본다.

사전 학습 모델은 거의 960시간의 오디오로 학습됐다. 사전 학습 모델의 가장 흥미로운 부분은 언어 간에도 작동해 여러 언어에서 사용된다는 점이다. 여기서는 스코틀랜드 언어 데이터 세트를 사용한다.

플래시를 사용한 음성 인식 모델은 비디오 분류 작업과 비슷한 5단계로 구성된다.

1. 라이브러리 가져오기
2. 데이터 세트 불러오기
3. 백본 네트워크 설정하기
4. 모델 학습 및 미세 조정하기

5. 예측 수행하기

모델을 만들어 보자.

라이브러리 설치하기

다음 코드를 통해 필요한 패키지를 설치한다.

```
!pip install torch==1.13.0 torchvision==0.14.0 torchaudio==0.13.0 —quiet
!pip install pytorch-lightning==1.8.0 --quiet
!pip install lightning-flash==0.8.1 —quiet
!pip install 'lightning-flash[audio]' --quiet
!pip install Pillow==9.0.0
```

라이브러리 가져오기

먼저 필요한 라이브러리를 불러온다.

```
import pandas as pd
import random
import torch
import flash
from sklearn.model_selection import train_test_split from flash import Trainer
from flash.audio import SpeechRecognitionData, SpeechRecognition
```

이전 코드에서 라이브러리를 가져오고 버전을 확인한다.

```
print("pandas version:",pd.__version__)
print("torch version:",torch.__version__)
print("flash version:",flash.__version__)
```

코드의 출력은 그림 4.8과 같다.

```
pandas version: 1.5.3
torch version: 1.13.0+cu117
flash version: 0.8.1
```

그림 4.8 패키지 버전

데이터 세트를 불러오자.

데이터 세트 불러오기

스코틀랜드 언어 데이터 세트를 사용한다. 작업 환경에 따라 구글 드라이브 또는 로컬 환경에 데이터를 다운로드한다.

여기서는 Scottish_english_female 오디오 파일은 받는데 894명의 음성 파일이 담겨있다. https://www.openslr.org/83/. 오디오 파일은 .wav 포맷이고 전사 텍스트는 .csv 포맷이다.

첫 번째 단계로 데이터를 다운로드해 드라이브에 추가한다. 앞에서 드라이브를 마운트하는 방법을 서술했다. 혹시 필요하다면 3장을 참고하자.

```python
from google.colab import drive

drive.mount('/content/gdrive')

!unzip '/content/gdrive/My Drive/Colab Notebooks/scottish_english_female.zip'


random.seed(10)

df_scottish = pd.read_csv("line_index.csv", header=None, names=['not_required',
'speech_files', 'targets'])

df_scottish = df_scottish.sample(frac=0.06)

print(df_scottish.shape)

df_scottish.head()
```

코드에서 데이터 세트를 수집하고 데이터 세트의 6%만 사용하도록 다운샘플링한다. 이 작업은 필요한 계산 리소스를 줄이기 위해 수행했다. 충분히 컴퓨팅 파워를 사용할 수 있다면 더 많은 데이터 세트나 전체 데이터 세트를 활용해볼 수 있다. 그런 다음 그림 4.9와 같이 데이터 프레임의 첫 부분을 출력한다.

```
(54, 3)
        not_required          speech_files                                    targets
802         EN0007    scf_05223_01592871455    Throughout the centuries people have explaine...
807         EN0003    scf_05223_00004260276    These take the shape of a long round arch wit...
```

그림 4.9 데이터 프레임 출력

확인할 수 있듯이 wav 형식의 오디오 파일과 전사 텍스트가 있다.

데이터 세트를 학습 및 테스트 데이터로 분할한다.

```
df_scottish = df_scottish[['speech_files', 'targets']]
df_scottish['speech_files'] = df_scottish['speech_files'].str.lstrip()


df_scottish['speech_files'] = df_scottish['speech_files'].astype(str) + '.wav'
df_scottish.head()


random.seed(10)
train_scottish, test_scottish_raw = train_test_split(df_scottish, test_
size=0.2)
test_scottish = test_scottish_raw['speech_files']
test_scottish.head()


train_scottish.to_csv('train_scottish.csv')
test_scottish.to_csv('test_scottish.csv')
```

코드에서 다음을 수행했다.

1. 데이터 세트를 위한 데이터 프레임 생성
2. 80%의 학습 데이터와 20%의 테스트 데이터로 분할

일부 테스트 파일을 출력하면 그림 4.10과 같이 표시된다.

```
310     scf_03397_01072622319.wav
223     scf_07049_01133867565.wav
868     scf_04310_00395537459.wav
835     scf_04310_02050219481.wav
620     scf_07049_00239785467.wav
Name: speech_files, dtype: object
```

그림 4.10 분할 후 테스트 오디오 파일의 출력

데이터 세트를 위한 데이터 모듈을 만든다.

```
datamodule = SpeechRecognitionData.from_csv(
  "speech_files",
  "targets",
  train_file="train_scottish.csv",
  predict_file="test_scottish.csv",
  batch_size=10)
```

코드에서는 플래시의 데이터 모듈 훅에 학습 및 테스트 파일을 입력으로 전달했다.

여기서는 배치 크기를 10으로 설정했다. 코드를 실행하면 다음 출력이 표시된다.

그림 4.11 오디오 데이터 모듈의 출력

백본 모델을 선택해 보자.

> **중요사항**
>
> 배치 크기는 모델을 미세 조정할 때 필요한 메모리 크기와 관련한 중요한 매개변수다. 일반적으로 배치 크기가 클수록 필요한 GPU와 메모리가 많아지지만 에포크 수를 높여서 배치 크기를 조정할 수도 있다. 새로운 언어를 학습할 때 배치 크기를 지나치게 줄이면 학습이 되지 않을 수 있으므로 현명하게 선택해야 한다.

배치 크기를 결정할 때 평균 WAV/오디오 파일의 크기를 반드시 확인하는 것이 핵심이다. 플래시 문서의 예시에서는 오디오 파일의 크기가 작지만 스코틀랜드 데이터 세트에서는 오디오 파일이 좀 더 크다. 파일이 클수록 메모리와 컴퓨팅이 더 많이 필요하다.

백본 네트워크 설정하기

다음 두 가지 내용을 수행한다.

1. 백본 네트워크 선택
2. 태스크 설정

다음 단계는 플래시에서 사전 학습 모델 아키텍처를 선택하는 것이다. 다음과 같이 사용 가능한 모델 아키텍처를 출력할 수 있다.

```
SpeechRecognition.available_backbones()
```

여기에는 그림 4.12와 같이 사용할 수 있는 모든 아키텍처가 표시된다.

```
['Anything available from: Hugging Face/transformers (https://github.com/huggingface/transformers)',
 'facebook/wav2vec2-base-960h',
 'facebook/wav2vec2-large-960h-lv60']
```

그림 4.12 음성 인식에 사용할 수 있는 아키텍처 출력

실습에서 허깅페이스/트랜스포머(https://github.com/huggingface/transformers)가 제공하는 'facebook/wav2vec2-base-960h' 모델을 사용한다.

wav2vec2-base-960h 아키텍처를 사용해 태스크를 생성한다.

```
model = SpeechRecogntion(backbone="facebook/wav2vec2-base-960h")
```

코드에서 모델 아키텍처를 정의했다.

작업을 정의했으므로 스코틀랜드 언어 데이터 세트로 모델을 미세 조정할 준비가 끝났다.

모델 학습 및 미세 조정하기

이제 모델을 학습할 수 있다(정확히 말하면 미세 조정).

```
trainer = Trainer(max_epochs=4, gpus=-1, precision=16)
trainer.finetune(model, datamodule=datamodule, strategy="no_freeze")
```

flash.Trainer를 사용해 Trainer 클래스를 만들고 하이퍼파라미터를 설정한다. 이용 가능한 모든 GPU를 사용하고 파라미터를 고정하지 않고 no freeze strategy 16비트 정밀도를 사용해 4 에포크 동안 학습한다. 16비트 정밀도는 계산 차원을 줄여서 훈련을 더 빠르게 만든다. '동결금지 no freeze' 전략은 처음부터 백본과 헤드의 파라미터를 고정하지 않는다.

이렇게 하면 모든 레이어를 미세 조정하기 때문에 더 많은 컴퓨팅 리소스가 필요하다. trainer.finetune 메소드에 모델 태스크와 데이터 세트를 전달해 미세 조정을 시작한다. 그림 4.13과 같이 출력이 표시된다.

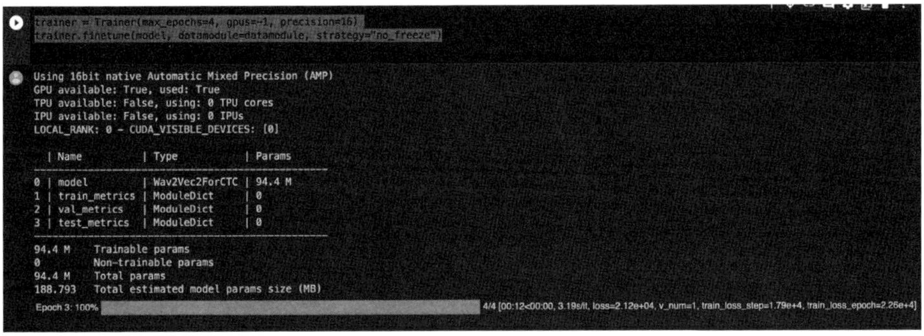

그림 4.13 모델 미세 조정의 출력

파라미터를 고정하지 않았기 때문에 3 에포크 동안만 학습했지만 매우 좋은 결과를 제공한다는 사실을 알게될 것이다.

예측 수행하기

모델을 미세 조정했으므로 예측에 활용해 본다. 모델 체크포인트를 저장했다가 predict 메소드를 통해 예측을 수행할 수 있다. 몇 가지 예측을 수행해 본다.

```
trainer.predict(model, datamodule=datamodule)
```

predict 클래스 메소드로 모델 예측을 수행한다.

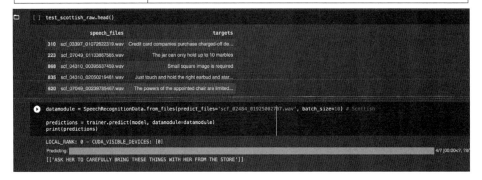

```
trainer.predict(model, datamodule=datamodule)
LOCAL_RANK: 0 - CUDA_VISIBLE_DEVICES: [0]
Predicting:                                                                    4/? [00:03<?, ?it/s
[[ 'CREDITCARD COMPANIES PURCHASE CHARGED OFF DEBTS IDN ADD THEM TO THE BALANCE OF ABAT AND SWITCH CREDIT CARDS',
   'THE JAR CAN ONLY HOLD UP TO TANE MARBLES',
   'SMALL SQUARE IMAGE IS REQUIRED',
   'JUST TOUCH AND HOLD THE RIGHT EAR BUD AND START TALKING',
   'THE POWERS OF THE APPOINTED CHEER ARE LIMITED SO THAT THE CHEER CANNOT ADJOURN A MEETING AT ANY POINT WITHOUT THE MAJORITY VOTE',
   'THE SOLEMNITY OF THE OCCASION REQUIRED ATTENTION AND RESPECT',
   "VOICE MATCH HELPS THE ASSISTANT IDENTIFY HEATHER'S VOICE AND TELL HER APART FROM OTHERS BY CREATING A UNIQUE MODEL OF HER VOICE ON THIS DEVICE",
   "THE GIGGLE ASSISTANT CAN WORK WITH GUGGL PARTNERS TO HELP YE GET THINGS DONE WHETHER IT'S BANG MOVY TICKETS OR GETING YOUR SINK REPAIRED",
   'ON CERTAIN OPERATING SYSTEMS FOWLS MUST BE MOVED OUT OF THE TRASH BEFORE THEY CAN BE ACCESSED AGAIN',
   'CONSUMER CONFUSION IS A STATE OF MIND THAT LEADS TO CONSUMERS MEEKING IMPERFECT PURCHASING DECISIONS'],
 ['CONCENTRATED SOILER POWER USES MOLTEN SAL ENERGY STORAGE IN A TOWER OR IN TROUGH CONFIGURATIONS']]
```

그림 4.14 모델 예측

확인할 수 있듯이 오디오 파일에서 음성을 예측했다.

테스트 데이터 세트를 예측해 보고 사용하지 않았던 몇 개의 오디오 파일을 선택해 예측해 본다.

```
test_scottish_raw.head()
datamodule = SpeechRecognitionData.from_files(predict_
files='scf_02484_01925002707.wav', batch_size=10)
predictions = trainer.predict(model, datamodule=datamodule)
print(predictions)
```

이렇게 하면 오디오 파일에 대한 예측이 표시된다(컴퓨터에서 특정 오디오 파일을 청취해 결과의 정확도를 직접 확인할 수 있다). 참고로 원본 전사 텍스트는 그림 4.15와 같다.

scf_02484_01925002707	Ask her to carefully bring these things with her from the store

그림 4.15 테스트 데이터 세트의 출력

154

원본과 비교해 보면 완전히 일치하는데 이것으로 모델이 잘 작동하고 있다는 것을 확인할 수 있다. 모델을 배포해서 자신의 애플리케이션에 모델의 출력을 활용할 수 있는데 이때 `model.serve` 메소드를 사용하면 된다.

음성 인식 모델 부분도 끝이 났다. 음성 인식과 비디오 분류처럼 매우 복잡한 작업에서 모델을 학습하는 데도 큰 어려움이 없었다.

▎ 추가 학습

- **다른 언어**: 스코틀랜드 언어 데이터 세트를 사용할 때 활용한 음성 인식 데이터 세트에는 힌디어, 뱅골어와 같은 많은 인도 언어도 포함돼 있다. 음성 인식 모델을 다른 언어에도 적용해 보고 결과를 확인해볼 수 있다. 또한 몇몇 데이터 세트는 오디오 파일의 크기가 더 큰데, 학습에 필요한 컴퓨팅 리소스를 어떻게 관리하는지 배울 수 있는 기회가 될 것이다. 영어가 아닌 대부분의 언어는 모바일에서 널리 사용할 수 있는 앱이 없으며(예: 인도에서 사용되는 마라티 언어), 원어민 언어에서 사용할 수 있는 언어 툴이 적기 때문에 다른 국가 생산된 툴을 도입하는 데 제약이 많다. 자신의 지역 언어로 음성 인식 모델을 만들면 기술 생태계에 큰 가치를 줄 수 있다.
- **오디오와 비디오를 결합**: 음성 인식과 비디오 분류 작업을 결합해 비디오 동작을 분류하면서 자막을 보여주는 작업도 매우 흥미롭다.
- **멸종 위기 언어**: 거의 논의되지 않은 문제 중 하나는 희귀 언어의 소멸이다. 수천 개의 언어가 멸종 위기 언어로 분류되는데, 해당 언어로 이용할 수 있는 리소스의 부족으로 사라져가고 있다. 중앙 인도를 배경으로 한 정글북을 예로 들어 보면, 그곳의 부족들은 곤드-마디아 언어로 말하는데 많은 멸종 위기 언어처럼 문자가 없다. 음성 인식을 활용하면 단순히 그런 언어를 구할 수 있을 뿐만 아니라 그 언어에 사회적 힘을 부여한다. 그렇기 때문에 음성 인식이 제공되지 않는 언어를 처음부터 애플리케이션을 만드는 것은 값진 일이 될 것이다.

▍요약

라이트닝 플래시는 아직 개발 초기 단계에 있으며 앞으로도 빠르게 발전할 것이다.

플래시는 데이터 과학 실무자가 기여하는 커뮤니티 프로젝트이기 때문에 코드의 품질은 모델마다 다르다. 모든 코드가 파이토치 라이트닝 팀에 의해 제공되는 것이 아니므로 사용할 때 주의해야 한다.

플래시는 당신이 딥러닝 분야의 초보자이거나 새로운 프로젝트의 베이스라인을 구축하려는 실무자라고 해도 매우 유익하다. 먼저 해당 분야에서 가장 최신이고 최고의 아키텍처로 시작한다. 자신의 데이터 세트에 빠르게 적용해볼 수 있고 해당 분야의 다른 알고리듬과 비교할 베이스라인을 잡을 수 있다. 플래시는 단순히 시간만 절약하는 것이 아니라 생산성을 크게 향상시킨다.

컴퓨터 비전 신경망은 널리 활용되고 있고 빠르게 성장하고 있다. 4장에서는 파이토치 라이트닝 플래시를 통해 컨볼루션 레이어 정의하거나 추가적인 전처리를 하거나 모델을 처음부터 학습시키지 않고 어떻게 바로 모델을 활용할 수 있는지 살펴봤다. 플래시를 사용하면 모델을 쉽게 설정하고 학습하고 만들 수 있다. 그러나 플래시 모델이 항상 최고의 결과를 제공하지는 않는다. 복잡한 애플리케이션에서는 튜닝과 코딩이 필요하고 그런 경우는 파이토치 라이트닝을 활용하는 것이 더 좋다.

플래시가 오디오 및 비디오 작업을 위한 모델을 생성하는 데 얼마나 빠르고 도움이 되는지 확인했다. 그래프, 정형 데이터, 자연어 처리를 위한 준비된 모델도 많다.

지금까지 딥러닝 모델의 기본 유형을 살펴봤다. 5장에서는 복잡한 피처 엔지니어링과 대규모 학습을 통해 현실의 문제를 해결하는 데 파이토치 라이트닝을 어떻게 사용하는지 살펴본다. 시계열 예측 사례를 통해 파이토치 라이트닝이 산업 규모 솔루션을 만드는 데 어떻게 도움이 되는지도 알아본다.

파이토치 라이트닝을
사용한 문제 해결

라이트닝 프레임워크를 사용해 다양한 딥러닝 애플리케이션을 구축하는 방법을 자세히 설명한다. 여기에는 주요 산업 응용 분야를 해결하기 위한 실제 사례가 포함된다.

2부는 다음과 같이 구성된다.

- **5장.** 시계열 모델
- **6장.** 심층 생성 모델
- **7장.** 준지도 학습
- **8장.** 자기 지도 학습

05

시계열 모델

몇 분마다 치는 파도나 몇 마이크로 초 단위로 발생하는 주식 거래처럼 시간의 흐름에 따라 생성되는 데이터 세트가 많다. 과거의 데이터를 분석해 언제 파도가 칠지, 다음 주식 거래 가격은 얼마일지 예측하는 모델은 **시계열 모델**이라고 한다.

전통적인 시계열 기법들이 오래 전부터 사용됐지만 딥러닝을 사용하면 발전된 방법으로 더 좋은 결과를 얻을 수 있다. 5장에서는 시계열 모델로 널리 사용되는 **순환신경망**RNN, Recurrent Neural Networks과 **LSTM**Long Short-Term Memory과 같은 모델을 살펴보고 파이토치 라이트닝으로 시계열 예측을 수행하는 방법을 알아본다.

5장에서는 시계열 문제을 간략히 소개하고 파이토치 라이트닝의 사용 사례를 살펴본다. 날씨 앱에서 다음 날 얼마나 따뜻하거나 추울지를 어떻게 알려주는지 궁금한 적이 있는가? 그것은 과거 날씨 데이터를 기반으로 한 시계열 예측 모델을 활용한 결과다.

앞으로 다가오는 교통량을 예측하는 것이 어떻게 비즈니스에 도움이 되는지 살펴본다. 그 정보를 이용하면 1시간 안에 목적지에 도착하는 데 걸리는 시간을 추정할 수 있고 하루 종일 그 시간이 어떻게 달라지는지 예상할 수 있다.

모델을 구축하고 학습하고 불러와 예측을 하면서 파이토치 라이트닝의 다양한 기능과 접근 방식을 살펴본다. 또한 프레임워크를 심도 깊게 이해할 수 있도록 자동으로 최적의 학습률을 찾는 것처럼 다양한 파이토치 라이트닝 기능을 사용해 본다.

5장을 통해서 파이토치 라이트닝을 이용해 고급 시계열 모델을 다룰 수 있고 숨겨진 기능과 특성들을 능숙하게 익힐 수 있을 것이다.

5장에서는 다음 내용을 다룬다.

- 시계열 소개
- 시계열 모델 시작하기
- LSTM 시계열 모델을 이용한 교통량 예측

▌ 기술 요구사항

5장의 코드는 파이썬 3.10을 사용하는 맥OS 아나콘다와 구글 코랩에서 개발하고 테스트 했다. 다른 환경을 사용한다면 환경 변수를 적절히 변경해야 한다.

5장에서 주로 다음의 파이썬 모듈을 사용한다. 버전과 함께 표기했다.

- PyTorch Lightning(버전: 2.0.2)
- Seaborn(버전: 0.12.2)
- NumPy(버전: 1.22.4)
- Torch(버전: 2.0.1)
- pandas(버전: 1.5.3)

5장의 실습 코드는 다음 깃허브 링크에서 찾을 수 있다.

- https://github.com/PacktPublishing/Deep-Learning-with-PyTorch-Lightning/tree/main/Chapter05

파이토치 2.0.2 버전과 오류 없이 작동하도록 특정 버전의 torch, torchvision, torchtext, torchaudio를 사용했다. 파이토치와 호환되는 최신 버전의 파이토치 라이트닝을 사용할 수 있다. 더 구체적인 사항은 다음 링크에서 확인할 수 있다.

- https://github.com/PacktPublishing/Deep-Learning-with-PyTorch-Lightning

```
!pip install torch==2.0.1 --quiet
!pip install pytorch-lightning==2.0.2 --quiet
```

실습에서 사용하는 Metro Interstate Traffic Volume 데이터 세트에 대한 정보는 다음 링크에서 찾을 수 있다.

- https://archive.ics.uci.edu/ml/datasets/Metro+Interstate+Traffic+Volume

Metro Interstate Traffic Volume 데이터 세트는 Dua, D.와 Graff, C.에 의해 2019년 수집됐고 UCI[University of California Irvine] 머신러닝 저장소에 기증됐다.

▌ 시계열 소개

일반적인 머신 러닝 사용 사례에서 데이터 세트는 피처(x)와 타깃값(y)의 집합이다. 모델은 피처를 통해 배우고 타깃값을 예측한다.

다음의 예를 살펴보자. 집 값을 예측할 때, 침실의 수, 욕실의 수, 평수 등이 피처가 되고 집의 가격이 타깃값이 된다. 피처(x)로 모델을 학습해 집 값(y)를 예측하는 것이 목표다. 예에서 모든 데이터는 동등하게 취급하고 데이터의 순서는 고려하지 않는다. 결과(y)는 오직 피처의 값에만 의존해 결정된다.

하지만 시계열 예측에서는 데이터의 순서가 추세나 계절과 같은 특징을 포착하는 데 중요한 역할을 한다. 시계열 데이터 세트란 일반적으로 시간 차원이 포함된 데이터를 말한다. 날씨 데이터 세트에서 온도는 시간마다 기록되는 것을 예로 들 수 있다. 시계열 예측에서는 피처(x)와 타깃값(y)이 항상 명확히 구분되지는 않는데, 이전 시점의 피처를 다음 시점의 피처 예측에 활용하기도 하기 때문이다(오늘의 온도를 이용해 내일의 온도를 예측하는 경우).

시계열 데이터 세트는 하나 또는 그 이상의 피처를 가질 수 있다. 피처가 하나라면, **일변량 시계열**, 피처가 여러 개면, **다변량 시계열**이라고 한다. 시간 단위는 다양할 수 있는데, 마이크로초, 시간, 일 심지어는 연 단위의 데이터도 가능하다.

전통적인 머신러닝 방법에서도 시계열 문제를 다루는 방법(예: ARIMA)은 여럿 있었지만, 딥러닝 방법은 훨씬 쉬우면서도 나은 방법을 제공한다. 딥러닝 방법으로 시계열 데이터를 다루는 방법을 알아보고 파이토치 라이트닝이 어떻게 도움이 되는지 실습을 통해 살펴볼 것이다.

딥러닝을 이용한 시계열 예측

기술적으로 시계열 예측은 과거 시계열 데이터를 사용해 원하는 결과를 예측하기 위해 회귀 모델을 구축하는 형태다. 간단히 말하면 시계열 예측은 과거의 데이터로 모델을 학습해 미래의 값을 예측한다.

전통적인 시계열 예측 방법도 유용하지만 딥러닝은 전통적인 머신러닝과 비교해 다음과 같은 부분에 강점이 있다.

- 복잡한 패턴, 추세 및 계절 식별
- 장기 예측

- 결측값 처리

시계열 예측을 수행하기 위해 사용하는 딥러닝 알고리듬은 다음과 같다.

- RNN
- LSTM
- GRU^{Gated recurrent units}
- 인코더–디코더 모델

실습에서 LSTM을 활용해 본다.

시계열 모델 시작하기

시계열 예측의 실제 사례를 자세히 설명한다. 모든 시계열 모델은 일반적으로 다음과 같은 구조를 따른다.

1. 데이터 세트를 불러와 피처 엔지니어링을 수행한다.
2. 모델을 생성한다.
3. 모델을 학습한다.
4. 시계열 예측을 수행한다.

LSTM 시계열 모델을 이용한 교통량 예측

시계열 모델은 주가 예측, 제품 수요 예측 또는 공항의 시간당 승객 수 예측과 같은 다양한 비즈니스 문제에 적용할 수 있다.

가장 일반적으로 사용되는 응용 프로그램은 (운전 중에 인식하지 못하지만 사용하고 있다) 트래픽 예측이다. 우버Uber, 리프트Lyft 및 구글맵스Google Maps와 같은 회사에서 교통 상황과 도달 시간을 예측하는 데 사용할 수 있는 Interstate 94 도로의 교통량을 예측해 본다. 교통량은 시간별로 매우 다른데(시간대, 출퇴근 시간 등에 따라), 시계열 모델은 예측을 하는 데 도움이 된다.

실습에서 Metro Interstate Traffic Volume 데이터 세트로 다층 LSTM 모델을 구축하고 예측해 본다. 또한 파이토치 라이트닝에서 검증 데이터 세트를 처리하는 몇 가지 기법과 학습률 설정을 위한 자동화 기법들도 살펴본다.

다음과 같은 주요 주제를 다룬다.

- 데이터 세트 분석
- 피처 엔지니어링
- 데이터 세트 생성
- 파이토치 라이트닝을 사용한 LSTM 모델 구성
- 모델 학습
- 학습 손실 측정
- 모델 불러오기
- 테스트 데이터 세트에 대한 예측

데이터 세트 분석하기

5장에서는 Metro Interstate Traffic Volume 데이터 세트를 사용한다. UCI 머신러닝 저장소에서 사용할 수 있는 교통량 데이터다. 2012년 10월 2일부터 2018년 9월 30일까지 미니애폴리스와 미네소타주 세인트폴 사이의 I−94Interstate-94 교통량을 시간별로 기록하고 있다. Metro Interstate Traffic Volume 데이터 세트는 다음 링크에서 다운로드할 수 있다.

- https://archive.ics.uci.edu/ml/machine−learning−databases/00492/

ZIP 폴더에는 2012년 10월 2일부터 2018년 9월 30일까지 8개의 열과 48,204개의 행으로 구성된 CSV 파일이 있다.

그림 5.1은 학습 데이터 세트의 첫 다섯 개 행의 모습이다.

date_time	holiday	temp	rain_1h	snow_1h	clouds_all	weather_main	weather_description	traffic_volume
2012-10-02 09:00:00	None	288.28	0.0	0.0	40	Clouds	scattered clouds	5545
2012-10-02 10:00:00	None	289.36	0.0	0.0	75	Clouds	broken clouds	4516
2012-10-02 11:00:00	None	289.58	0.0	0.0	90	Clouds	overcast clouds	4767
2012-10-02 12:00:00	None	290.13	0.0	0.0	90	Clouds	overcast clouds	5026
2012-10-02 13:00:00	None	291.14	0.0	0.0	75	Clouds	broken clouds	4918

그림 5.1 데이터 세트의 첫 다섯 개 행

컬럼은 다음과 같다.

- 휴일(holiday): 미국의 국가 공휴일과 더불어 지역 공휴일 및 미네소타 주 박람회
- 온도(temp): 평균 온도(K, 켈빈)
- 강수량(rain_1h): 한 시간 동안 발생한 강수량(mm)
- 강설량(snow_1h): 한 시간 동안 발생한 강설량(mm)
- 구름 비율(clouds_all): 구름 면적 비율(%)
- 날씨(wather_main): 현재 날씨에 대한 텍스트 설명(범주형)
- 날씨 설명(weather_description): 현재 날씨에 대한 더 긴 텍스트 설명(범주형)
- 시간(date_time): DateTime 로컬 CST 시간으로 수집된 시간
- 교통량(traffic_volume): 시간당 I-94 교통량

탐색적 데이터 분석EDA, Exploratory Data Analysis을 수행하고 데이터 모듈에 넣을 수 있도록 처리하기 위해 CSV 파일을 판다스 데이터 프레임으로 불러오자.

데이터 세트 불러오기

필요한 라이브러리의 설치와 임포트가 끝났다면, 데이터 세트를 구글 코랩으로 불러와야 한다. 먼저, 데이터 세트를 UCI 머신러닝 저장소에서 다운로드한다.

- https://archive.ics.uci.edu/ml/machine-learning-databases/00492/

압축 파일을 해제하면 폴더에 `Metro_Interstate_Traffic_Volume.csv` 파일이 생성된다. 이 책에서 캐글 사이트, 구글 드라이브 등에서 코랩 노트북으로 데이터 세트를 다운로드하는 방법을 살펴봤다. 여기서는 코랩 세션 저장소에 직접 데이터를 업로드하는 방법을 사용한다. 그림 5.2와 같이 왼쪽에 있는 폴더 아이콘을 클릭한다.

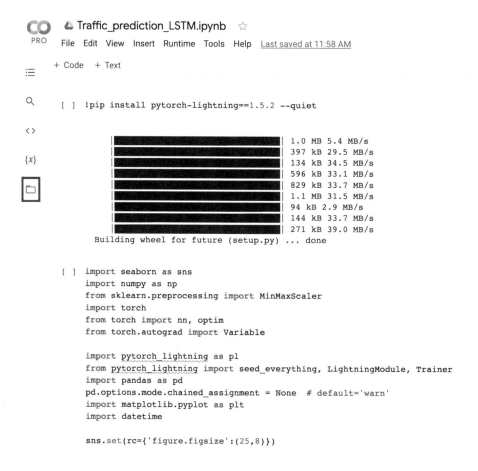

그림 5.2 구글 코랩에서 파일 메뉴

166

파일 메뉴를 연 후 세션 저장소에 업로드 아이콘을 클릭한다.

그림 5.3 구글 코랩 환경에 로컬 데이터 업로드

마지막으로 UCI 머신러닝 저장소에서 다운로드해서 압축 해제한 `Metro_Interstate_Traffic_Volume.csv` 파일을 선택한다.

데이터 세트를 판다스 데이터 프레임으로 불러온다. 다음 코드를 이용해서 데이터 세트의 시간(date_time) 컬럼을 일자로 처리되도록 하고 인덱스 컬럼으로 이용한다.

```
df_traffic = pd.read_csv('Metro_Interstate_Traffic_Volume.csv', parse_dates=['date_time'], index_col="date_time")
```

CSV 파일을 판다스 데이터 프레임에 로드한 후 데이터 프레임에 head 메소드를 사용해 처음 5개의 행을 출력해 본다.

```
df_traffic.head()
```

그림 5.4와 같은 결과가 표시된다.

date_time	holiday	temp	rain_1h	snow_1h	clouds_all	weather_main	weather_description	traffic_volume
2012-10-02 09:00:00	None	288.28	0.0	0.0	40	Clouds	scattered clouds	5545
2012-10-02 10:00:00	None	289.36	0.0	0.0	75	Clouds	broken clouds	4516
2012-10-02 11:00:00	None	289.58	0.0	0.0	90	Clouds	overcast clouds	4767
2012-10-02 12:00:00	None	290.13	0.0	0.0	90	Clouds	overcast clouds	5026
2012-10-02 13:00:00	None	291.14	0.0	0.0	75	Clouds	broken clouds	4918

그림 5.4 date_time 컬럼을 인덱스로 사용한 데이터 프레임

데이터 프레임의 shape 메소드로 데이터 세트의 행과 열 수를 확인한다.

```
print("Total number of row in dataset:", df_traffic.shape[0])
print("Total number of columns in dataset:", df_traffic.shape[1])
```

그림 5.5와 같이 출력이 표시된다.

```
print("Total number of row in dataset:", df_traffic.shape[0])
print("Total number of columns in dataset:", df_traffic.shape[1])

Total number of row in dataset: 48204
Total number of columns in dataset: 8
```

그림 5.5 데이터 세트 크기

원시 데이터에는 48,204개의 행이 있다.

탐색적 데이터 분석

데이터에 대한 이해도를 높이고 데이터 품질을 확인하기 위해 탐색적 데이터 분석을 수

행한다. 먼저 범주형 데이터 컬럼을 살펴본다. 날씨(weather_main) 컬럼의 빈도 분석 결과는 그림 5.6과 같다.

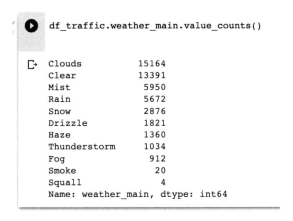

```
df_traffic.weather_main.value_counts()

Clouds          15164
Clear           13391
Mist             5950
Rain             5672
Snow             2876
Drizzle          1821
Haze             1360
Thunderstorm     1034
Fog               912
Smoke              20
Squall              4
Name: weather_main, dtype: int64
```

그림 5.6 날씨 데이터의 값별 빈도 수

그림 5.6에서 데이터의 분포를 파악하기 위해 날씨 컬럼에 value_counts 메소드를 사용했다. 11개의 날씨 타입이 있고 흐림(Clouds)이 가장 높은 비중을 차지한다.

그림 5.7과 같이 휴일(holiday) 컬럼의 빈도 분포를 확인한다.

```
df_traffic.holiday.value_counts()

None                        48143
Labor Day                       7
Thanksgiving Day                6
Christmas Day                   6
New Years Day                   6
Martin Luther King Jr Day       6
Columbus Day                    5
Veterans Day                    5
Washingtons Birthday            5
Memorial Day                    5
Independence Day                5
State Fair                      5
Name: holiday, dtype: int64
```

그림 5.7 휴일 컬럼에 대한 기본 통계

데이터 세트에는 11개의 휴일 타입이 존재하고 대부분 값은 휴일이 아니다(None 값).

시간 컬럼에 중복 값이 있는지 꼭 확인해야 하는데 판다스의 duplicated 메소드를 사용해 중복 값이 있는지 그림 5.8과 같이 확인한다.

```
df_traffic[df_traffic.index.duplicated()]
```

date_time	holiday	temp	rain_1h	snow_1h	clouds_all	weather_main	weather_description	traffic_volume
2012-10-10 07:00:00	None	281.25	0.0	0.0	99	Drizzle	light intensity drizzle	6793
2012-10-10 08:00:00	None	280.10	0.0	0.0	99	Drizzle	light intensity drizzle	6283
2012-10-10 09:00:00	None	279.61	0.0	0.0	99	Drizzle	light intensity drizzle	5680
2012-10-14 09:00:00	None	282.43	0.0	0.0	57	Mist	mist	2685
2012-10-14 09:00:00	None	282.43	0.0	0.0	57	Haze	haze	2685
...	...	...	...	...	...	...	...	...
2018-09-25 16:00:00	None	284.25	0.0	0.0	90	Drizzle	light intensity drizzle	6597
2018-09-27 07:00:00	None	285.17	0.0	0.0	90	Drizzle	light intensity drizzle	6589
2018-09-29 19:00:00	None	280.68	0.0	0.0	90	Clouds	overcast clouds	3818
2018-09-30 14:00:00	None	283.48	0.0	0.0	90	Drizzle	light intensity drizzle	4380
2018-09-30 15:00:00	None	283.84	0.0	0.0	75	Drizzle	light intensity drizzle	4302

7629 rows × 8 columns

그림 5.8 중복 데이터 확인

그림 5.8을 보면 인덱스가 중복된 행이 7,629개 있다. 중복 데이터를 삭제해야 하는데, 판다스의 duplicated 메소드와 판다스 슬라이싱을 활용하면 쉽게 제거할 수 있다.

```
df_traffic = df_traffic[~df_traffic.index.duplicated(keep='last')]
```

코드에서 마지막 데이터를 유지하기 위해 duplicated 메소드에 'last' 설정을 줬고 중복되지 않은 데이터만 남겼다. 중복 제거 후 shape 메소드를 이용해 데이터 프레임의 형태를 확인한다.

```
df_traffic = df_traffic[~df_traffic.index.duplicated(keep='last')]
df_traffic.shape
```

```
(40575, 8)
```

그림 5.9 데이터 행 수 출력

데이터 수가 48,204에서 40,575로 줄어들었다. 이제 맷플롯립[Matplotlib]과 씨본[Seaborn] 라이브러리를 사용해 교통량 데이터 차트를 그린다.

```
plt.xticks(
    rotation=90,
    horizontalalignment='right',
    fontweight='light',
    fontsize='x-small'
)
sns.lineplot(x=df_traffic.index, y=df_traffic["traffic_volume"]).set_title('Traffic volume time series')
```

코드에서 타임스탬프(데이터 프레임의 인덱스)를 x축으로 사용하고 y축에 교통량(traffic_volume) 컬럼의 값을 사용하고 있다.

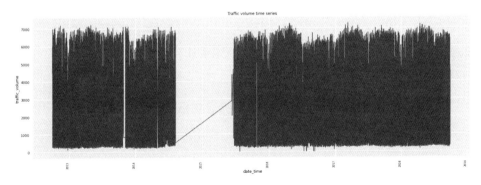

그림 5.10 교통량 시계열 데이터 차트

앞의 차트에서 데이터 곳곳에 결측치가 있다는 것을 확인할 수 있다. 하지만 결측치 대부분은 2014년 말부터 2015년 말에 거의 집중돼 있다. 대부분의 결측값 대체^{imputation} 기법은 2013~2014년이나 2016~2018년처럼 결측값이 가끔 나타날 때 유효하고 2014~2015년처럼 장기간 결측값일 때는 처리하지 못한다. 따라서 마지막 3년의 데이터만 사용하도록 한다. 결측값이 거의 없기 때문에 간단한 보간^{interpolation} 방법으로 결측값을 대체할 수 있다.

대략적으로 결측값이 얼마나 존재하는지 확인하는 데에는 시각화가 큰 도움이 되지만 실제 몇 개의 데이터가 누락됐는지 확인하기 위해서 더미 데이터를 만들고 두 데이터 세트를 비교해 본다.

```python
date_range = pd.date_range('2012-10-02 09:00:00', '2018-09-30 23:00:00',
freq='1H')

df_dummy = pd.DataFrame(np.random.randint(1, 20, (date_range.shape[0], 1)))

df_dummy.index = date_range # set index df_missing = df_traffic


# 모든 데이터가 있는 더미 데이터와 비교해 빠진 인덱스 값을 확인한다.

missing_hours = df_dummy.index[~df_dummy.index.isin(df_missing.index)]

print(missing_hours)
```

코드에서, 데이터 세트의 시작 시간과 종료 시간에 맞춰 date_range라는 시간 범위 변수를 만들었다. 더미 데이터의 인덱스를 1시간 단위로 시간 범위를 나눈 date_range 값으로 설정한다. 그리고 두 데이터의 인덱스를 비교해서 현재 데이터 세트에서 누락된 값을 찾는다. 코드의 출력은 그림 5.11과 같다.

```
DatetimeIndex(['2012-10-03 07:00:00', '2012-10-03 10:00:00',
               '2012-10-03 11:00:00', '2012-10-03 17:00:00',
               '2012-10-05 02:00:00', '2012-10-05 04:00:00',
               '2012-10-06 03:00:00', '2012-10-07 01:00:00',
               '2012-10-07 02:00:00', '2012-10-09 03:00:00',
               ...
               '2018-03-24 05:00:00', '2018-03-24 06:00:00',
               '2018-03-24 07:00:00', '2018-03-29 02:00:00',
               '2018-05-05 02:00:00', '2018-06-02 02:00:00',
               '2018-08-07 07:00:00', '2018-08-07 08:00:00',
               '2018-08-07 09:00:00', '2018-08-23 02:00:00'],
              dtype='datetime64[ns]', length=11976, freq=None)
```

그림 5.11 누락된 데이터 분석 결과

그림 5.11에서 데이터 세트에 11,976개의 누락된 타임스탬프가 있음을 확인했다.

판다스의 describe 메소드를 사용해 온도(temp) 컬럼의 데이터를 탐색한다.

```
df_traffic['temp'].describe()

count     40575.000000
mean        281.315009
std          13.818404
min           0.000000
25%         271.840000
50%         282.860000
75%         292.280000
max         310.070000
Name: temp, dtype: float64
```

그림 5.12 온도 변수 탐색

현재 데이터 세트의 최소 온도가 0 켈빈으로 나타나는데, 이는 불가능하기 때문에 이상치를 처리해야 한다. 시계열 데이터이기 때문에 이상치라고 제거하기보다는 연속성을 유지하기 위해 다른 데이터로 대체할 것이다.

```
df_traffic['temp']=df_traffic['temp'].replace(0,df_ traffic['temp'].median())
```

코드에서는 0 켈빈 온도값을 데이터 세트의 온도 중앙값으로 대체한다. 중앙값 대신 평균을 사용할 수도 있다.

다음으로 2014~2015년 데이터에 결측값이 많으므로 최근 3년 간의 데이터만 선택한다.

```python
df_traffic = df_traffic[df_traffic.index.year.isin([2016,2017,2018])].copy()

# 백필(backfill)과 보간(interpolation) 방법을 사용해 결측값 채우기
df_traffic = pd.concat([
    df_traffic.select_dtypes(include=['object']).fillna(method='backfill'),
    df_traffic.select_dtypes(include=['float']).interpolate()
], axis=1)
df_traffic.shape
```

코드에서는 먼저 2016년, 2017년, 2018년의 데이터를 선택한다. 그런 다음 백필과 보간법을 사용해 결측값을 채운다. 24,096행의 결측치가 없는 마지막 3년치의 데이터를 확보했다.

```
df_traffic.isna().sum()

holiday                0
temp                   0
rain_1h                0
snow_1h                0
clouds_all             0
weather_main           0
weather_description    0
traffic_volume         0
dtype: int64
```

그림 5.13 데이터 세트 결측치 여부 다시 확인

그림 5.13에서 확인할 수 있듯이 데이터 세트에 더 이상 결측값이 없다.

범주형 변수를 더미/지표 변수로 변환한다. 다음과 같이 판다스 get_dummies 메소드를 사용한다.

```
df_traffic = pd.get_dummies(df_traffic, columns = ['holiday', 'weather_main'],
drop_first=True)
```

```
df_traffic.drop('weather_description', axis=1, inplace=True)
```

코드에서 먼저 휴일(holiday)과 날씨(weather_main) 범주형 변수에 대한 더미 변수를 만들고, 데이터 세트에서 원래 범주형 변수 컬럼을 삭제한다. 그리고 날씨 컬럼의 확장 버전으로 볼 수 있는 날씨 설명(weather_description) 컬럼을 제거한다. 날씨 컬럼 이상의 추가적인 정보를 포함하지 않기 때문이다.

	temp	rain_1h	snow_1h	clouds_all	traffic_volume	holiday_Columbus Day	holiday_Independence Day	holiday_Labor Day	holiday_Martin Luther King Jr Day	holiday_Memorial Day	holiday_New Years Day	holiday_Nos
2016-01-01 00:00:00	265.940	0.0	0.0	90.0	1513.0	0	0	0	0	0	1	
2016-01-01 01:00:00	266.000	0.0	0.0	90.0	1550.0	0	0	0	0	0	0	
2016-01-01 02:00:00	266.005	0.0	0.0	90.0	1134.5	0	0	0	0	0	0	
2016-01-01 03:00:00	266.010	0.0	0.0	90.0	719.0	0	0	0	0	0	0	
2016-01-01 04:00:00	264.800	0.0	0.0	90.0	533.0	0	0	0	0	0	0	

그림 5.14 데이터 샘플 확인

그림 5.14와 같이 범주형 데이터를 변환한 후의 샘플 출력을 확인했다.

학습, 검증 및 테스트 데이터 세트 분할

데이터 세트를 모델 학습용과 검증용, 모델 평가용으로 나눈다. 시계열 데이터는 일반 데이터와 다르게 70:30/80:20으로 임의로 나누지 않고 기간을 기준으로 데이터 세트를 분할한다. 그러기 위해 전처리한 데이터의 시작과 끝 시간을 확인한다.

```
print("Date starting from :",df_traffic.index.min())
print("Date end :",df_traffic.index.max())

Date starting from : 2016-01-01 00:00:00
Date end : 2018-09-30 23:00:00
```

그림 5.15 전처리한 데이터의 시작과 끝 시간

학습 데이터 세트

2016년 1월 1일부터 2017년 12월 31일까지 2년 동안의 데이터를 학습 데이터 세트로 사용한다. 다음 코드를 통해 위 범위의 데이터 세트를 분리한다. 학습 데이터 세트는 모델 학습에 사용한다.

```
df_traffic_train = df_traffic.loc[:datetime.datetime(year=2017, month=12, day=31, hour=23)]

print("Total number of row in train dataset:", df_traffic_ train.shape[0])

print("Train dataset start date :",df_traffic_train.index.min())

print("Train dataset end date:",df_traffic_train.index.max())
```

그림 5.16과 같은 결과가 출력된다.

```
df_traffic_train = df_traffic.loc[:datetime.datetime(year=2017,month=12,day=31,hour=23)]

print("Total number of row in train dataset:", df_traffic_train.shape[0])
print("Train dataset start date :",df_traffic_train.index.min())
print("Train dataset end date:",df_traffic_train.index.max())

Total number of row in train dataset: 17544
Train dataset start date : 2016-01-01 00:00:00
Train dataset end date: 2017-12-31 23:00:00
```

그림 5.16 학습 데이터 세트

학습 데이터 세트의 크기가 시작 날짜와 종료 날짜와 함께 표시된다.

검증 데이터 세트

2018년 1월 1일부터 6개월 동안의 데이터를 검증 데이터 세트로 사용한다. 다음 코드로 해당 범위의 데이터를 분리한다.

```
df_traffic_val = df_traffic.loc[
  datetime.datetime(year=2018,month=1,day=1,hour=0):
  datetime.datetime(year=2018,month=6,day=30,hour=23)
]
print("Total number of row in validate dataset:", df_traffic_val.shape[0])
print("Validate dataset start date :",df_traffic_val.index.min())
print("Validate dataset end date:",df_traffic_val.index.max())
```

그림 5.17과 같은 결과를 출력한다.

```
df_traffic_val = df_traffic.loc[datetime.datetime(year=2018,month=1,day=1,hour=0):datetime.datetime(year=2018,month=6,day=30,hour=23)]

print("Total number of row in validate dataset:", df_traffic_val.shape[0])
print("Validate dataset start date :",df_traffic_val.index.min())
print("Validate dataset end date:",df_traffic_val.index.max())

Total number of row in validate dataset: 4344
Validate dataset start date : 2018-01-01 00:00:00
Validate dataset end date: 2018-06-30 23:00:00
```

그림 5.17 검증 데이터 세트

검증 데이터 세트가 준비됐다.

테스트 데이터 세트

남은 2018년 7월부터 9월까지 데이터를 테스트 데이터 세트로 사용한다. 다음 코드로 해당 범위의 데이터를 분리한다. 테스트 데이터 세트는 훈련이 끝나고 결과 예측에 사용한다.

```
df_traffic_test = df_traffic.loc[datetime.datetime(year=2018,month=7,day=1,hour=0):]
print("Total number of row in test dataset:", df_traffic_test.shape[0])
```

```
print("Validate dataset start date :",df_traffic_test.index.min())
print("Validate dataset end date:",df_traffic_test.index.max())
```

지금까지 데이터를 읽고 탐색적 데이터 분석과 데이터 전처리를 수행한 후 학습, 검증 및 테스트 데이터 세트로 분할했다.

- df_traffic_train: 모델의 학습에 사용한다.
- df_traffic_val: 학습 중에 성능 검증을 위해 사용한다.
- df_traffic_test: 모델 학습이 끝나고 예측과 정답을 비교할 때 사용한다.

피처 엔지니어링

범주형 변수를 더미/지표 변수로 변환하는 건 대표적인 피처 엔지니어링 단계 중 하나인데, 이전 전처리 단계에서 수행했다.

다음으로 가장 중요한 피처 엔지니어링 단계는 변수 정규화normalization다. 정규화는 모델 성능을 높이고 학습을 빠르게 만들기 때문에 항상 추천하는 전처리 과정이다. 활용할 수 있는 여러 정규화 방법이 있는데, 여기서는 sklearn.preprocessing 모듈의 최소-최대 정규화min-max scaling을 사용한다. 정규화를 온도(temp), 강수량(rain_1h), 구름비율(clouds_all) 및 교통량(traffic_volume)에 적용한다.

```
# 스케일러(scaler)를 만든다
temp_scaler = MinMaxScaler()
rain_scaler = MinMaxScaler()
snow_scaler = MinMaxScaler()
cloud_scaler = MinMaxScaler()
volume_scaler = MinMaxScaler()
# 변환기(transformer)를 만든다
```

```
temp_scaler_transformer = temp_scaler.fit(df_traffic_train[['temp']])
rain_scaler_transformer = rain_scaler.fit(df_traffic_train[['rain_1h']])
snow_scaler_transformer = snow_scaler.fit(df_traffic_train[['snow_1h']])
cloud_scaler_transformer = cloud_scaler.fit(df_traffic_train[['clouds_all']])
volume_scaler_transformer = volume_scaler.fit(df_traffic_train[['traffic_volume']])
```

코드에서 다음 작업을 수행한다.

1. **스케일러 만들기**: 5개 컬럼에 대한 각각의 최소–최대 스케일러를 만든다.
2. **변환기 만들기**: 앞 단계에서 만든 스케일러로 변환기를 만든다. 스케일러의 fit 메소드로 만드는데, 이때 학습 데이터를 입력으로 넣는다. 5개의 컬럼에 대해 각각 5개의 변환기를 만든다.
3. **학습 데이터 세트 변환하기**: 변환기를 활용해 학습 데이터 세트를 변환한다.

```
df_traffic_train["temp"] = temp_scaler_transformer.transform(df_traffic_train[['temp']])
df_traffic_train["rain_1h"] = rain_scaler_transformer.transform(df_traffic_train[['rain_1h']])
df_traffic_train["snow_1h"] = snow_scaler_transformer.transform(df_traffic_train[['snow_1h']])
df_traffic_train["clouds_all"] = cloud_scaler_transformer.transform(df_traffic_train[['clouds_all']])
df_traffic_train["traffic_volume"] = volume_scaler_transformer.transform(df_traffic_train[['traffic_volume']])
```

코드에서처럼 스케일러의 transform 메소드로 학습 데이터 세트에 스케일러를 적용한다.

4. **스케일러 적용하기**: 동일한 스케일러를 검증과 테스트 데이터 세트에도 적용한다.

```
df_traffic_val["temp"] = temp_scaler_transformer.transform(df_traffic_
val[['temp']])

df_traffic_val["rain_1h"] = rain_scaler_transformer.transform(df_
traffic_val[['rain_1h']])

df_traffic_val["snow_1h"] = snow_scaler_transformer.transform(df_
traffic_val[['snow_1h']])

df_traffic_val["clouds_all"] = cloud_scaler_transformer.transform(df_
traffic_val[['clouds_all']])

df_traffic_val["traffic_volume"] = volume_scaler_transformer.
transform(df_traffic_val[['traffic_volume']])

df_traffic_test["temp"] = temp_scaler_transformer.transform(df_traffic_
test[['temp']])

df_traffic_test["rain_1h"] = rain_scaler_transformer.transform(df_
traffic_test[['rain_1h']])

df_traffic_test["snow_1h"] = snow_scaler_transformer.transform(df_
traffic_test[['snow_1h']])

df_traffic_test["clouds_all"] = cloud_scaler_transformer.transform(df_
traffic_test[['clouds_all']])

df_traffic_test["traffic_volume"] = volume_scaler_transformer.
transform(df_traffic_test[['traffic_volume']])
```

코드에서 학습 데이터에 맞춰진 스케일러로 검증 및 테스트 데이터 세트를 정규화한다.

데이터 세트 생성하기

피처와 타깃값을 추출하는 유틸리티 클래스를 만든다. 앞에서 분할한 학습, 검증 및 테스트 데이터 세트를 불러오고 모델에서 사용할 피처를 만든다. 여기서 만든 데이터 세트는 뒤에서 데이터 로더를 만드는 데 사용한다.

데이터 불러오기

먼저 데이터 프레임을 불러오자. 피처 엔지니어링 절의 마지막에서 3개의 판다스 데이터 프레임(학습, 검증 및 테스트 데이터 세트)을 준비했다.

```
# 1단계: 데이터 불러오기
self.df_traffic_train = df_traffic_train
self.df_traffic_val = df_traffic_val
self.df_traffic_test = df_traffic_test
```

코드에서, 세 가지 학습, 검증 및 테스트 데이터 프레임의 복사본을 만들었다.

피처 생성

피처와 타깃 변수를 만든다.

```
# 2단계: 피처 생성
if train:  # 학습 데이터 처리
  features = self.df_traffic_train
  target = self.df_traffic_train.traffic_volume
elif validate: # 검증 데이터 처리
  features = self.df_traffic_val
  target = self.df_traffic_val.traffic_volume
else: # 테스트 데이터 처리
  features = self.df_traffic_test
  target = self.df_traffic_test.traffic_volume
```

코드에서는 두 가지 변수를 생성했다. 하나는 features로 피처 컬럼(강수량, 구름비율 등)과 범주형 변수에서 생성한 컬럼으로 이뤄진다. 두 번째는 target으로 교통량 컬럼 데이터다.

데이터 프레임을 선택하기 위한 조건은 if문에 작성한다. train 값이 참이면 학습 데이터 세트(df_traffic_train)를 활용해 features와 target을 만들고 validate 값이 참이면 검증 데이터 세트(df_traffic_val)를, test 값이 참이면 테스트 데이터 세트(df_traffic_test)를 사용한다.

시간 윈도우 만들기

시간 윈도우를 만들기 전에 시간 윈도우의 개념과 필요성을 간단히 소개한다.

예측을 수행할 때는 시계열 예측에서 모델에 최대한 완전한 정보를 제공해야만 한다.

모델은 일정 시간 간격으로 생성된 데이터와 그 이후의 타깃값을 입력으로 기대한다. 따라서 데이터 세트가 이런 형태가 아니라면, 시계열 모델 알고리듬에 넣기 전에 일정 시간 간격으로 생성된 데이터와 타깃값의 형태로 변형해야 한다. 이때 사용하는 대표적인 방법에는 윈도우windowing 또는 시퀀싱sequencing이 있다. 앞에서 설명한 대로 고정된 윈도우를 통해 모델은 그 이후의 타깃값을 예측한다

9개 행이 있는 일변량 시계열 데이터 세트를 보자.

Date	Target
1/1/20	1.00
1/2/20	2.00
1/3/20	3.00
1/4/20	4.00
1/5/20	5.00
1/6/20	6.00
1/7/20	7.00
1/8/20	8.00
1/9/20	9.00

그림 5.18 날짜 및 타깃 열이 있는 데이터 세트

그림 5.18에는 <mm/dd/YY> 형식으로 표시된 날짜 열과 타깃이라는 열이 있다. 여기에 윈도우 사이즈를 3으로 적용해 보자. 적용했을 때 다음 그림 5.19와 같이 나타난다.

	Features			Target
Window 1	**1/1/20**	**1/2/20**	**1/3/20**	**4.00**
Window 2	**1/2/20**	**1/3/20**	**1/4/20**	**5.00**
Window 3	**1/3/20**	**1/4/20**	**1/5/20**	**6.00**
Window 4	**1/4/20**	**1/5/20**	**1/6/20**	**7.00**
Window 5	**1/5/20**	**1/6/20**	**1/7/20**	**8.00**
Window 6	**1/6/20**	**1/7/20**	**1/8/20**	**9.00**

그림 5.19 윈도우 크기가 3인 경우

크기가 3인 윈도우를 적용하면 6줄의 데이터가 생성된다. **윈도우 1**의 데이터는 1/1/20, 1/2/20, 1/3/20의 피처의 집합이 되고 타깃값은 1/4/20의 타깃값이 된다.

습도를 통해 온도를 예측하려고 한다면, **윈도우 1**에는 1/1/20, 1/2/20, 1/3/20에 측정한 습도가 들어가고 타깃값에는 1/4/20의 온도가 들어간다.

윈도우/시퀀싱은 시계열 예측에서 가장 많이 사용되는 기법으로 해당 시점에서의 완전한 정보를 전달하기 때문에 더 좋은 성능을 이끌어낸다.

윈도우 적용을 위해 데이터를 준비해 보자.

```
# 3단계: 윈도우 생성
self.x, self.y = [], []
for i in range(len(features) - window_size):
  v = features.iloc[i:(i + window_size)].values
  self.x.append(v)
  self.y.append(target.iloc[i + window_size])
```

윈도우 생성 단계에서는 데이터 세트를 기본 크기인 480 즉, 20일 분량의 데이터 윈도우로 변환한다. LSTM 모델은 20일의 과거 데이터로 다음날의 데이터를 예측하도록 학습한다.

코드에서 2개의 클래스 변수를 생성한다. x는 과거 20일이 피처가 들어가고 y 변수에는 다음날의 타깃값(교통량)이 들어간다.

데이터 세트의 길이 계산

데이터 클래스에서 윈도우 적용 이후에 전체 데이터 세트의 크기를 계산한다. 이 부분은 나중에 __len__ 메소드에서 사용한다.

```
# 4단계: 데이터 세트 길이를 계산한다
self.num_sample = len(self.x)
```

__init__ 메소드를 요약하면, 3개의 불리언 변수를 입력으로 받고 학습, 검증 및 테스트 데이터 세트를 선택하는 데 활용한다.

그런 다음 데이터 세트에서 피처와 타깃값을 추출하고 크기가 480(기본 설정값)인 윈도우를 적용한다. 윈도우 적용 후 이 데이터는 x와 y 클래스 변수에 저장한다.

길이 반환

데이터 세트의 길이를 반환하는 유틸리티 함수를 정의한다. 길이는 num_sample이라는 클래스 변수에 저장한다. 이 값은 __init__ 메소드에서 계산되고 초기화된다.

```
def __len__(self):
    # 데이터 세트의 전체 길이를 반환한다
    return self.num_sample
```

인덱스를 통해 x와 y 값을 얻는 __getitem__ 메소드를 정의한다.

```
def __getitem__(self, index):
    x = self.x[index].astype(np.float32)
    y = self.y[index].astype(np.float32)
    return x, y
```

코드에서 __getitem__ 메소드는 index를 입력으로 받아 x와 y의 index번째 데이터를 반환한다. 이 작업은 __init__ 메소드에서 윈도우 적용 이후에 수행된다.

LSTM 모델을 만들기 전에 TrafficVolumeDataset 클래스를 테스트할 준비가 됐다. for 문을 한 번 실행한 후에 break문으로 반복문을 중지하는 방법을 사용하면 빠르게 테스트 할 수 있다.

```
traffic_volume = TrafficVolumeDataset(test=True)


# 한번 수행해서 모양과 데이터를 출력한다.
for i, (features,targets) in enumerate(traffic_volume):
  print("Size of the features",features.shape)
  print("Printing features:\n", features)
  print("Printing targets:\n", targets)
  break
```

코드에서 테스트 데이터에 대한 TrafficVolumeDataset을 생성해 한 번 실행하면서 데이터의 크기와 내용을 출력한다.

그림 5.20과 같이 출력이 표시된다.

```
Size of the features (480, 26)
Printing features:
 [[0.84078825 0.         0.         ... 0.         0.         0.        ]
 [0.8329684  0.         0.         ... 0.         0.         0.        ]
 [0.8251486  0.         0.         ... 0.         0.         0.        ]
 ...
 [0.78026277 0.         0.         ... 0.         0.         0.        ]
 [0.7715045  0.         0.         ... 0.         0.         0.        ]
 [0.7636847  0.         0.         ... 0.         0.         0.        ]]
Printing targets:
 0.16964285
```

그림 5.20 데이터 세트의 형태와 내용

데이터의 형태는 480개 행과 26개 컬럼의 2차원 데이터로 윈도우 크기가 기본값 480이기 때문에 480개 행이고 5개의 연속 변수와 2개의 범주형 변수로 생성한 21개 지표 변수가 있어 26개 컬럼이다. 그리고 단일값인 타깃값이 있다.

> **중요사항**
> 윈도우 사이즈를 다른 값으로 설정하면 (480, 26)과 다른 결과가 반환된다.

파이토치 라이트닝을 사용한 LSTM 모델 구성

데이터 세트를 판다스로 불러왔고 탐색적 데이터 분석과 피처 엔지니어링을 수행한 후 데이터 세트 클래스를 생성했다. 처리한 데이터와 가공한 피처를 시계열 예측 모델에 입력할 준비가 됐다.

딥러닝 기반의 예측 모델을 만들어 보자. Metro 주간 교통량을 예측하는 다층 LSTM 모델을 구축할 것이다.

파이토치 라이트닝을 사용해 모델을 구축하기 위해 다음과 같이 프로세스를 나눈다.

1. 모델 정의하기
2. 옵티마이저 설정하기
3. 데이터 준비하기
4. 학습 함수 구성하기
5. 검증 함수 구성하기

모델 정의하기

모델을 정의할 때 다음 작업을 수행한다.

1. torch.nn 모듈을 사용해 LSTM 모델을 초기화하고 구축한다. 이때 입력 크기, 잠재 벡터 차원^{hidden dimensions}, 레이어 수 등을 설정한다. 또한 batch_first 값을 참으로 설정한다.

2. torch.nn 모듈을 사용해 선형 레이어를 만든다. 입력 크기는 잠재 벡터 차원과 윈도우 크기를 곱한 값이고 두 번째 입력은 결과의 크기다. 여기서는 교통량을 예측하기 때문에 결과 크기는 1이다.

손실 함수 초기화

손실을 계산하기 위해 MSE^{Mean Squared Error} 손실 함수를 사용한다. MSE 손실 함수는 예측과 실제값 사이의 평균 제곱 오차를 측정한다.

학습률을 0.0001로 설정한다. 하지만 파이토치 라이트닝의 학습률 탐색 기능을 활용해 적절한 학습률을 찾는 데 필요한 추측 과정을 줄여볼 것이다.

파이토치 라이트닝의 LightningModule 클래스를 상속하는 TrafficVolumePrediction 클래스를 생성해 보자.

```
def __init__(self, input_size=26, output_size=1, hidden_dim=10, n_layers=2,
window_size=480):
    """
    input_size: 입력의 피처 수
    hidden_dim: 잠재 벡터 차원 수
    n_layers: 쌓을 RNN 레이어 수
    output_size: 결과 크기
    """
    super(TrafficVolumePrediction, self).__init__()
    self.hidden_dim = hidden_dim
    self.n_layers = n_layers
```

```
self.lstm = nn.LSTM(input_size, hidden_dim, n_layers, bidirectional=False,
batch_first=True)
```

```
self.fc = nn.Linear(hidden_dim * window_size, output_size)
```

```
self.loss = nn.MSELoss()
```

```
self.learning_rate = 0.0001
```

TrafficVolumePrediction 클래스는 인스턴스가 생성될 때 다음과 같은 입력을 받는다.

- input_size: x 입력의 피처 수를 나타내는 값이다. 데이터 세트의 전체 피처 수가 26이기 때문에 기본값을 26으로 설정했다.

- hidden_dim: 잠재 벡터 차원을 나타내는 변수다. 여기서는 10을 기본값으로 설정했다.

- n_layers: 쌓을 LSTM 레이어의 수를 나타내는 변수다. 5장에서는 2층의 LSTM 레이어를 사용하기 위해 기본값을 2로 설정한다.

- output_size: 예상하는 출력의 형태다. 교통량을 예측하는 회귀 문제이기 때문에 출력의 크기는 1이다.

- window_size: 적용할 윈도우의 크기다. 기본값은 480으로 20일치의 데이터에 해당한다.

> **중요사항**
>
> 학습률을 찾는 자동화 과정에서 파이토치 라이트닝은 __init__ 메소드 내부의 learning_rate나 lr이라는 이름의 변수를 찾는다. 따라서 학습률을 설정할 때 learning_rate나 lr이라고 이름 짓는 것이 좋다.

중간 레이어 정의하기

중간 레이어를 정의한다.

```
def get_hidden(self, batch_size):
  hidden_state = torch.zeros(self.n_layers, batch_size, self.hidden_dim).
to(device)
  cell_state = torch.zeros(self.n_layers, batch_size, self.hidden_dim).
to(device)
  hidden = (hidden_state, cell_state)
  return hidden
```

get_hidden 메소드는 배치 크기를 입력으로 받고 잠재 상태와 셀 상태에 대한 두 텐서를 반환한다. 두 텐서는 모두 0으로 초기화한다.

forward 메소드 정의하기

이제는 forward 메소드에 익숙하다. forward를 통해 입력 데이터가 여러 레이어를 거쳐 모델의 출력으로 나간다. 다음과 같이 입력과 출력을 구성하고 모든 레이어를 연결한다.

```
def forward(self, x):
  batch_size = x.size(0)
  hidden = self.get_hidden(batch_size)
  out, hidden = self.lstm(x, hidden)
  out =out.reshape(out.shape[0], -1)
  out = self.fc(out)
  return out
```

forward 메소드에서는 다음을 수행한다.

1. 먼저 x에서 size 메소드를 사용해 배치 크기를 추출한다.

2. 잠재 상태를 초기화하기 위해 정의한 get_hidden 함수를 호출해 0으로 채워진 다차원 텐서를 만든다.

3. 잠재 상태와 함께 x 입력를 LSTM 모델에 전달해 결과와 잠재 상태를 저장한다.

4. 결과를 1차원 텐서로 만들고 완전연결층의 입력으로 넣는다. 완전연결층의 출력을 최종 결과로 반환한다.

옵티마이저 설정하기

4장에서 배운 것처럼 파이토치 라이트닝의 옵티마이저는 configure_optimizers라는 수명주기 메소드로 설정한다. configure_optimizers 메소드의 코드는 다음과 같다.

```
def configure_optimizers(self):
  params = self.parameters()
  optimizer = optim.Adam(params=params, lr = self.learning_rate)
  return optimizer
```

configure_optimizer 메소드에서는 두 가지 작업을 수행한다.

- 모델 파라미터를 가져온다. configure_optimizer 메소드는 모델 클래스에 작성하므로 모델 파라미터는 self.parameters()를 통해 접근할 수 있다.

- __init__ 방법에서 초기화된 학습률로 Adam 옵티마이저를 초기화한다. configure_optimizer는 최종적으로 파라미터와 학습률이 설정된 Adam 옵티마이저를 반환한다.

> **중요사항**
>
> 여기서는 Adam을 옵티마이저로 사용하고 학습률은 0.0001로 뒀다. 성능 향상을 위해 다른 옵티마이저와 다른 학습률을 시도해볼 수 있다. RMSprop 옵티마이저도 유명하니 사용해 보길 권한다.

데이터 준비

학습, 검증 및 테스트 데이터 세트를 만들었다. 이제 학습 데이터로 모델을 학습하고 검증 데이터로 학습하는 동안 성능을 검증한다. 파이토치 라이트닝은 데이터를 처리하는데 데이터 로더를 사용하므로 train_dataloader와 val_dataloader 메소드를 정의한다. pl.LightningModule의 train_dataloader 메소드를 오버라이딩하자.

```
def train_dataloader(self):
  traffic_volume_train=TrafficVolumeDataset(train=True)
  train_dataloader = torch.utils.data.DataLoader(traffic_volume_train, batch_
size=50)
  return train_dataloader
```

train_dataloader 메소드에서는 이전에 정의한 클래스인 TrafficVolumeDataset의 인스턴스를 학습 데이터로 초기화한다. TrafficVolumeDataset의 결과를 traffic_volume_train에 할당하고 torch.utils.data.DataLoader의 입력으로 넣는다. 배치 크기는 50으로 한다. 마지막으로 배치 크기가 50인 데이터 로더가 반환된다.

앞의 단계와 유사하게 학습 단계에서 사용할 수 있도록 검증 데이터 로더를 생성하는 pl.LightningModule의 val_dataloader 메소드를 오버라이딩한다.

```
def val_dataloader(self):
  traffic_volume_val = TrafficVolumeDataset(validate=True)
  val_dataloader = torch.utils.data.DataLoader(traffic_volume_val, batch_
size=50)
  return val_dataloader
```

여기서도 똑같이 TrafficVolumeDataset의 인스턴스를 호출하고 traffic_volume_val 변수에 담는다. traffic_volume_val을 torch.utils.data.DataLoader의 입력으로 넣어 검증 데이터 로더를 만든다. 이 메소드는 배치 크기가 50인 검증 데이터 로더를 반환한다.

코드에서 배치 크기를 50으로 설정했다. 하드웨어 성능에 따라 배치 크기는 키우거나 줄일 수 있다.

학습 함수 구성

training_step 수명주기 메소드를 정의해서 손실을 계산하면서 모델을 학습할 수 있다.

```
def training_step(self, train_batch, batch_idx):
    features, targets = train_batch
    output = self(features)
    output = output.view(-1)
    loss = self.loss(output, targets)
    self.log('train_loss', loss, prog_bar=True).
    return {"loss": loss}
```

코드에서 training_step 메소드는 2개의 입력을 받는다.

- batch_idx: 배치의 인덱스다.
- train_batch: train_dataloader 메소드에서 반환한 데이터 로더의 데이터 배치다.

training_step 메소드를 단계별로 설명하면 다음과 같다.

1. 튜플 형태인 train_batch 변수에서 features와 targets 값을 추출한다. 튜플의 첫 번째 요소는 features이고 튜플의 두 번째 요소는 targets다.

2. self 메소드를 사용해 features를 LSTM 모델의 입력으로 전달한다. self 메소드
   는 features를 입력으로 받아 LSTM 모델에 전달하고 결과를 반환 받는다.

3. LSTM 모델의 결과를 파이토치의 view 메소드로 1차원 배열로 변환한다. 변환한
   후에 __init__ 메소드에서 정의한 loss 객체를 사용해 손실을 계산한다.

4. 4장에서 살펴본 것처럼 반환문 전에 학습 손실을 로그로 남겨야 한다. 학습 손실
   로그는 나중에 텐서보드에서도 확인할 수 있다. log 메소드를 통해 학습 손실 로
   그를 남길 수 있는데 첫 번째 인자는 로그의 이름이다. 여기서는 train_loss라
   는 이름을 사용했다. 두 번째 입력은 로그의 내용이고 prog_bar를 참으로 설정했
   다. 참으로 설정하면, 학습 과정에서 train_loss 값이 진행 표시줄에 표시된다.

5. training_step 메소드는 딕셔너리에 손실을 저장해서 반환한다.

> **중요사항**
>
> 로그로 남긴 모든 데이터는 파이토치 라이트닝의 logging 폴더에 저장되고 텐서보드에
> 서도 확인할 수 있다.

검증 함수 구성

validation_step 수명주기 메소드를 정의해서 학습 과정에서 검증 손실을 추정한다.

```
def validation_step(self, val_batch, batch_idx):
  features, targets = val_batch
  output = self(features)
  output = output.view(-1)
  loss = self.loss(output, targets)
  self.log('val_loss', loss, prog_bar=True)
```

코드에서 validation_step 메소드는 2개의 입력을 받는다.

- batch_idx: 배치의 인덱스다.
- val_batch: val_dataloader 메소드에서 반환한 데이터 로더의 데이터 배치다.

validation_step 메소드는 앞서 설명한 training_step과 완전히 똑같이 작동한다. 모델 연산을 통해 검증 데이터에 대한 손실을 계산하고 이 손실은 텐서보드에 표시되고 모델의 성능을 평가할 수 있다.

모델 학습하기

모델 구성을 완료했기 때문에 모델 학습을 시작할 수 있다.

```
seed_everything(10)
model = TrafficVolumePrediction()
trainer = pl.Trainer(max_epochs=40, progress_bar_refresh_rate=25)
# 학습률 탐색 기능 실행
tuner = pl.tuner.Tuner(trainer)
lr_finder = tuner.lr_find(model, min_lr=1e-04, max_lr=1, num_training=30)


# 차트를 기반으로 학습률을 결정하거나 탐색 기능의 추천을 받는다.
new_lr = lr_finder.suggestion()
print("Suggested Learning Rate is :", new_lr)
# 학습률 하이퍼파라미터를 업데이트한다.
model.hparams.lr = new_lr
```

모델 학습 과정을 단계별로 설명하면 다음과 같다.

1. 실험 결과를 재현할 수 있도록 시드를 10으로 설정한다. 앞에서 만든 Traffic VolumePrediction 인스턴스를 생성한다.

2. 에포크 수를 40으로 하고 25개 단위로 진행 표시줄이 새로고침되도록 Trainer 인스턴스를 생성한다. 에포크 수를 늘려보고 성능을 비교해 볼 수 있다.

3. Trainer 객체에서 lr_find 메소드를 호출한다. 앞서 언급했던 이상적인 학습률을 찾는 것을 돕는 메소드다. lr_find 메소드는 모델, 최소 학습률(여기서는 0.0001), 최대 학습률(여기서는 1)과 학습 횟수를 입력으로 받는다.

4. suggestion 메소드를 호출해 lr_finder가 추천하는 최적의 학습률을 얻는다.

5. 학습률을 새로운 최적 학습률로 업데이트한다.

다음 코드를 사용하면 쉽게 학습률을 확인할 수 있다.

```
print("model learning rate:",model.hparams)
```

출력은 그림 5.21과 같다.

```
print("model learning rate:",model.hparams)

model learning rate: "lr": 0.5411695265464638
```

그림 5.21 모델 학습률

최적의 학습률을 확인했으므로 모델을 학습시켜 보자.

```
trainer.fit(model)
```

모델 학습을 위해 trainer의 fit 메소드에 TrafficVolumePrediction의 인스턴스인 모델을 넣는다.

그림 5.22와 같이 출력이 표시된다.

그림 5.22 학습 과정

> **중요사항**
>
> auto_lr_find 설정을 참으로 하면 파이토치 라이트닝은 LSTM 클래스에서 learning_rate 또는 lr이라는 이름의 변수를 찾는다. 해당 이름의 변수를 생성했는지 확인해 보자.

학습률은 가장 중요한 하이퍼파라미터 중 하나이고 최적의 학습률을 결정하기가 쉽지 않다. 파이토치 라이트닝은 적절한 학습률을 찾도록 지원하지만 그 값이 꼭 최고의 학습률은 아닐 수 있다. 하지만 이 방법은 최고의 학습률을 탐색하는 훌륭한 시작점이다. 파이토치 라이트닝이 추천한 학습률이 아닌 다른 학습률로도 학습시켜보고 결과를 비교해 보겠다.

학습 손실 측정하기

학습 단계에서 train_loss 로그를 남겼다. 텐서보드를 활용해 학습 손실 차트를 그려본다. 다음 코드를 사용해 텐서보드를 실행하자.

```
%load_ext tensorboard
%tensorboard --logdir Lightning_logs/
```

출력은 그림 5.23과 같다.

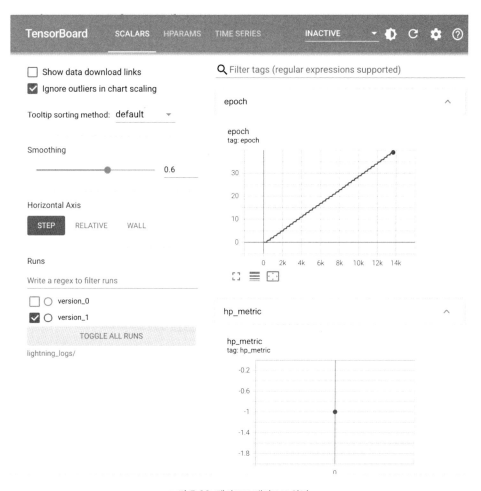

그림 5.23 텐서보드 대시보드 화면

LSTEM 모델에서 남긴 train_loss와 val_loss를 텐서보드에서도 확인할 수 있다. 그림 5.23과 같은 차트는 모델 성능을 모니터링하는 데 도움이 된다.

학습 손실은 그림 5.24와 같다.

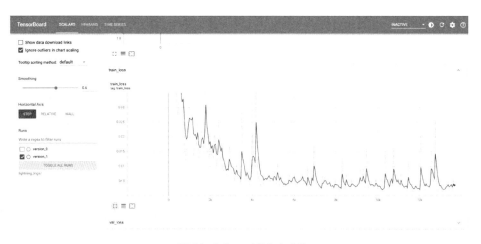

그림 5.24 텐서보드의 학습 손실 차트

학습 손실이 줄어들고 있다.

검증 손실은 그림 5.25와 같다.

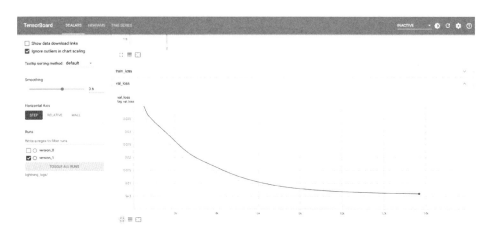

그림 5.25 텐서보드의 검증 손실 차트

검증 손실도 줄어들고 있는데, 모델이 수렴하고 있고 안정적이라는 것을 나타낸다.

모델 불러오기

테스트 데이터의 예측을 수행하고 결과를 비교하기 위해 우선 모델을 불러와야 한다. 파이토치 라이트닝의 기본 경로(lightning_logs)의 파일을 확인한다. 모델의 파일 이름을 알고 있다면 다음 코드에서처럼 load_from_checkpoint 메소드를 사용해 모델을 불러오고 eval 모드로 전환할 수 있다.

모델을 파일에서 불러오고 예측을 수행할 준비를 마쳤다.

```
PATH = 'lightning_logs/version_0/checkpoints/epoch=39-step=13679.ckpt'
trained_traffic_volume_TrafficVolumePrediction = model.load_from_
checkpoint(PATH)
trained_traffic_volume_TrafficVolumePrediction.eval()
```

그림 5.26과 같이 다음 출력이 표시된다.

```
TrafficVolumePrediction(
  (lstm): LSTM(26, 10, num_layers=2, batch_first=True)
  (fc): Linear(in_features=4800, out_features=1, bias=True)
  (loss): MSELoss()
)
```

그림 5.26 불러온 모델

테스트 데이터 세트 예측하기

테스트 데이터에 대한 예측을 수행하고 실제값과 예측값을 비교한 차트를 그린다. 테스트 데이터 세트를 예측하기 위해 다음의 단계를 수행한다.

1. test 인자를 참으로 전달해 TrafficVolumeDataset 객체를 생성하고 데이터 세트를 사용해 배치 크기가 20인 데이터 로더를 생성한다.

2. 데이터 로더를 순회하면서 피처를 수집한다. 피처는 학습한 모델로 예측을 수행

하는 데 사용한다.

3. 모든 예측값은 `predicted_result` 변수에, 모든 실제값은 `actual_result` 변수에 각각 저장한다.

```python
# 데이터 세트 초기화
traffic_volume_test_dataset = TrafficVolumeDataset(test=True)

traffic_volume_test_dataloader = torch.utils.data.DataLoader(traffic_volume_test_dataset, batch_size=20)

predicted_result, actual_result = [], []
# 한 번 실행하면서 데이터 형태와 내용을 출력한다
for i, (features,targets) in enumerate(traffic_volume_test_dataloader):
    result = trained_traffic_volume_TrafficVolumePrediction(features)
    predicted_result.extend(result.view(-1).tolist())
    actual_result.extend(targets.view(-1).tolist())
```

4. 차트를 표시하기 전에 피처 엔지니어링 단계에서 만든 `volume_scaler_transformer`를 사용해 데이터 세트에 대해 역변환을 수행한다.

```python
actual_predicted_df = pd.DataFrame(data={"actual":actual_result, "predicted": predicted_result})

inverse_transformed_values = volume_scaler_transformer.inverse_transform(actual_predicted_df)

actual_predicted_df["actual"] = inverse_transformed_values[:,[0]]

actual_predicted_df["predicted"] = inverse_transformed_values[:,[1]]

actual_predicted_df
```

결과는 그림 5.27과 같다.

	actual	predicted
0	1234.999954	1165.939453
1	780.999981	839.036589
2	648.000016	534.142674
3	418.000002	52.269110
4	478.000026	-116.379431
...	...	...
1723	3543.000033	2719.729722
1724	2780.999916	2391.758597
1725	2158.999898	2000.535991
1726	1449.999968	1326.937029
1727	953.999997	566.273879

1728 rows × 2 columns

그림 5.27 실제 결과와 예측 결과

5. 실제값과 예측값의 차트를 그려보자.

```
plt.plot(actual_predicted_df["actual"],'b')
plt.plot(actual_predicted_df["predicted"],'r')
plt.show()
```

그림 5.28에서는 교통량 예측 실제값과 예측값을 표시하고 있다. 파란 선은 실제 교통량이고 빨간 선은 LSTM 모델의 예측값을 나타낸다.

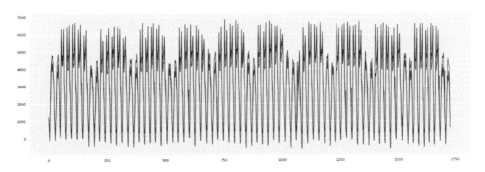

그림 5.28 실제 교통량 vs 예측 교통량 차트

그림 5.28과 같이 매우 잘 예측하며 예상 결과에 부합하는 모델이다. LSTM은 시계열 데이터에서 가장 강력한 알고리듬 중 하나이고 성능이 좋아 널리 활용된다.

추가 학습 및 테스트 결과

학습률 자동 탐색 기능을 비활성화하고 모델을 학습할 수도 있다. 여기서는 0.001의 학습률의 Adam 옵티마이저로 140 에포크 동안 학습했다(코드에서 lr_find 부분을 주석 처리해서 같은 설정으로 학습할 수 있다).

그림 5.29 140 에포크 후 학습 결과

그림 5.29와 같이 이전 결과와 비교하면 손실이 훨씬 낮고 정확도가 훨씬 좋다. 새로운 학습률을 사용하고 더 오래 학습한 조합의 효과로 10배 가량 손실을 개선했다.

실제 대 예측 차트도 이전 차트보다 훨씬 좋아 보인다.

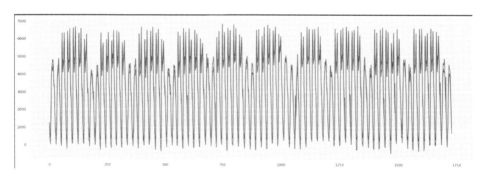

그림 5.30 수정된 실제 vs 예측 차트

다음 단계

- RMSProp 옵티마이저를 활용해 학습률 자동 탐색 기능의 활성화/비활성화 상태에서 모델을 학습해 보자.
- 데이터 세트를 변경하고 코드를 다시 실행한다. 추천할 만한 데이터 세트는 런던 공유 자전거 데이터 세트와 날씨 예측 데이터 세트가 있다.
- 5장에서는 LSTM 모델을 사용했는데 GRU^{Gated Recurrent Units}와 같은 다른 아키텍처를 시도해 볼 수 있다. 예측 스킬 향상을 위해 다른 네트워크 아키텍처를 시도해 보자.

요약

시계열 모델링은 산업과 학계 모두에서 가장 오래되고 가장 보편적인 머신러닝 응용 분야 중 하나다. 5장에서는 파이토치 라이트닝으로 RNN이나 LSTM 같은 딥러닝 알고리듬을 사용해 시계열 모델링을 어떻게 수행하는지 살펴봤다. RNN과 LSTM 모델을 구성하는 것뿐 아니라 학습 과정과 손실을 쉽게 모니터링하는 기능도 알아봤다. 복잡한 시계열 예측 딥러닝 모델을 파이토치 라이트닝을 사용해 빠르게 구축하는 방법도 배웠다.

6장에서 파이토치 라이트닝을 사용한 여행을 계속할 텐데 가장 흥미롭고 최신의 알고리듬 중 하나인 **적대적 생성 네트워크**^{GAN, Generative Adversarial Networks}를 다룬다. GAN은 존재하지 않지만 실제 같은 얼굴이나 물체를 생성하는데, 생생한 실제감 덕택에 아무도 인공적인 생성물이라고 확신하지 못한다. 파이토치 라이트닝을 통해 **생성적 모델링**도 훨씬 쉽게 수행할 수 있다.

06

심층 생성 모델

인간의 독창성^{ingenuity}과 견줄 수 있는 기계를 만드는 것은 언제나 인류의 꿈이었다. '지능'의 의미에는 계산, 물체 인식, 언어, 문맥 파악, 추론 같은 다양한 차원이 있지만, 창의성이 인간 지능을 가장 대표하는 요소다. 음악, 시, 그림, 영화 같은 예술 작품을 창작하는 능력은 인간 지성의 전형이었고 창작을 잘 하는 사람을 가리켜 '천재'라고 한다. 그렇다면 기계도 창의성을 배울 수 있을까?

기계가 다양한 정보를 이용해서 이미지를 인식하고 때로는 적은 정보로도 인식할 수 있다는 사실을 확인했다. 머신러닝 모델은 학습 이미지와 레이블을 통해 이미지에서 다양한 물체를 인식할 수 있다. 하지만 비전 모델의 성공은 일반화^{generalization} 가능성에 달려있다. 즉 훈련 데이터가 아닌 이미지의 물체를 인식하는 능력이 중요하다. 딥러닝 모델이 이미지의 표현을 학습하면 이를 달성할 수 있다. 여기서 생기는 질문이 있다. 만약 기계가 존재하는 이미지에서 표현을 학습할 수 있다면, 비슷한 개념을 존재하지 않는 이미지를 생성하는 것에도 확장할 수 있지 않을까?

예상할 수 있듯이 '가능하다'. 딥러닝 알고리듬 중 생성에 뛰어난 계열은 **적대적 생성 네트워크**GAN, Generative Adversarial Networks다. 존재하지 않는 인간 이미지를 만들거나 새로운 그림을 만드는 데 다양한 GAN 모델을 이용하고 있다. 몇 점은 심지어 소더비Sotheby가 개최한 경매에서 팔리기도 했다.

GAN은 유명한 모델링 방법이다. 6장에서 생성 모델을 만들어 새로운 이미지를 얼마나 잘 만드는지 살펴본다. 존재하는 이미지 데이터 세트에서 가상의 나비 종을 만들고, 실제 음식 이미지로부터 비슷한 이미지를 만드는 GAN 모델 고급 활용도 다룬다. 또 더 좋은 결과를 위해 **DCGAN**Deep Convolutional Generative Adversarial Networks라는 다른 네트워크도 사용해 본다.

6장에서는 다음 항목을 다룬다.

- GAN 모델 시작하기
- GAN을 사용해 가짜 음식 만들기
- GAN을 사용해 새로운 나비 종 만들기
- DCGAN을 사용해 새 이미지 생성하기

▍기술 요구사항

6장에서는 다음 파이썬 모듈을 사용한다.

- pytorch lightning(버전: 2.0.2)
- torch(버전: 2.0.1)
- matplotlib(버전: 3.7.1)

6장의 예제는 다음 깃허브 링크에서 확인할 수 있다.

- https://github.com/PacktPublishing/Deep-Learning-with-PyTorch-Lightning/tree/main/Chapter06.

모듈 간의 호환성을 맞추고 에러 발생을 피하기 위해 파이토치 2.0.2와 함께 특정 버전의 torch, torchvision 버전을 사용했다. 파이토치 라이트닝 최신 버전과 그와 호환되는 파이토치를 사용해도 된다. 더 자세한 사항은 다음 깃허브 링크에서 볼 수 있다.

- https://github.com/PacktPublishing/Deep-Learning-with-PyTorch-Lightning

```
!pip install torch==2.0.1 torchvision==0.15.2 --quiet
!pip install pytorch-lightning==2.0.2 --quiet
```

11개 주요 음식 카테고리의 16,643개 이미지가 있는 음식 이미지 데이터 세트를 사용하는데 다음 링크에서 확인할 수 있다.

- https://www.kaggle.com/trolukovich/food11-image-dataset

비슷한 나비 이미지 데이터 세트를 활용하는데 75종, 9,285개 이미지로 구성된다. 다음 링크에서 확인할 수 있다.

- https://www.kaggle.com/gpiosenka/butterfly-images40-species

두 데이터 세트는 모두 CC0 라이선스에 따라 공개 도메인에서 사용할 수 있다.

GAN 모델 시작하기

GAN의 가장 놀라운 활용 사례는 생성이다. 그림 6.1의 소녀 이미지를 보자. 실제인지 기계가 만든 이미지인지 판단할 수 있는지 살펴보자.

그림 6.1 StyleGAN을 사용한 가짜 얼굴 생성(이미지 출처: https://thispersondoesnotexist.com)

믿을 수 없을 정도로 사실적인 얼굴을 만드는 것이 GAN의 가장 성공적인 사용 사례로 꼽힌다. 하지만 GAN의 활용 범위는 단순히 예쁜 얼굴이나 딥페이크 영상 생성으로 제한되지 않는다. 새로운 자동차 모델, 그림, 집 이미지를 생성하는 것처럼 상용 애플리케이션에서도 활용할 수 있다.

생성 모델은 이전에도 통계학에서 사용했지만 GAN과 같은 심층 생성 모델은 최근에 등장했다. 심층 생성 모델에는 **변형 오토인코더**VAE, Variational Autoencoders와 자기 회귀 모델auto-regressive model도 있다. 하지만 GAN이 가장 인기 있기 때문에 GAN에만 초점을 맞춰 살펴본다.

GAN

GAN은 새로운 것을 생성하는 방법이 아니라 물체 인식 모델의 정확도를 높이기 위한 방법으로 개발한 점이 흥미롭다. 데이터 세트에 있는 약간의 노이즈도 이미지 인식 모델의 결과에 큰 영향을 줄 수 있다. 이미지 인식 CNN 모델에 대한 적대적 공격을 방어하는 방법을 연구하던 중 구글의 이안 굿펠로우Ian Goodfellow와 그의 팀은 간단한 아이디어를 떠올렸다(이안과 그의 팀이 GAN을 발견한 과정에는 많은 맥주와 탁구와 관련한 재미있는 이야기가 있다. 파티를 좋아하는 데이터 과학자라면 공감할 수 있을 것이다).

모든 CNN 유형의 모델은 이미지를 입력으로 받아 이미지의 수학적 표현인 저차원의 행렬로 변환한다(이미지의 핵심을 나타내는 수 배열). 행렬을 뒤집으면 어떨까? 숫자 배열에서 시작해서 이미지를 재구성하면 어떨까? 바로 그렇게 하기는 어렵겠지만, 많은 실제 이미지와 숫자로 된 표현을 딥러닝 모델에 입력으로 넣고 표현을 조금 변형하면서 새로운 가짜 이미지를 만들도록 가르칠 수 있다. 그게 바로 GAN의 아이디어다!

GAN 아키텍처는 **생성기**generator, **판별기**discriminator, **비교** 모듈의 세 가지로 구성된다.

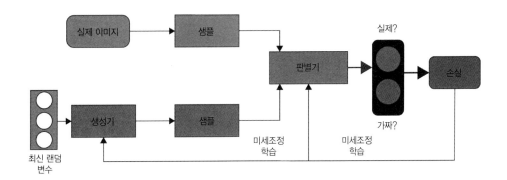

그림 6.2 기본 GAN 아키텍처

생성기와 판별기는 모두 신경망이다. 실제 이미지를 **인코더**에 넣어 저차원 행렬로 변환한다. 생성기와 판별기는 대결을 하면서 서로를 이기려고 노력한다. 생성기는 랜덤 숫자 배열(실제 값과 약간의 랜덤 노이즈를 더한 값)을 이용해 가짜 이미지를 생성하고 판별기는 그 이미지가 진짜인지 진위 여부를 구별한다. 손실 함수는 누가 대결에서 이겼는지 판단하는 역할을 한다. 여러 에포크 동안 손실이 감소하면서 전체 아키텍처는 점점 더 사실적인 이미지를 잘 생성한다.

GAN은 매우 적은 수의 파라미터를 사용하고 심지어 적은 양의 데이터에서도 놀라운 결과를 내는데, 이 특징은 GAN 성공에 큰 기여를 했다. GAN은 StyleGAN과 BigGAN 등과 같이 종류가 다양한데 종류마다 다른 네트워크 층을 갖고 있다. 하지만 같은 아키텍처를 사용한다. 그림 6.1의 가짜 소녀 이미지는 StyleGAN으로 만들었다.

▌GAN으로 가짜 음식 만들기

GAN은 생성 모델링에서 사용하는 가장 일반적이고 강력한 알고리듬 중 하나다. GAN은 가짜 얼굴, 사진, 애니메이션/만화 캐릭터, 이미지 스타일 전달image style translation, 시멘틱 이미지 번역semantic image translation 등에서 널리 활용한다. 먼저 GAN 모델 아키텍처를 만들어 본다.

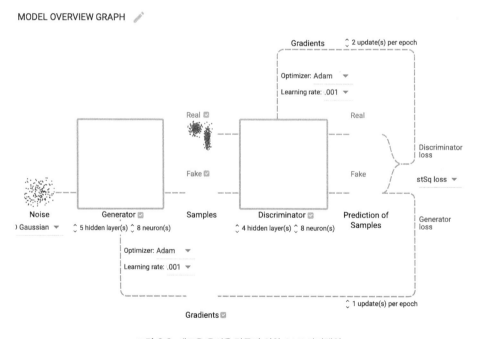

MODEL OVERVIEW GRAPH

그림 6.3 새로운 음식을 만들기 위한 GAN 아키텍처

여러 컨볼루션층과 완전연결층으로 된 생성기와 판별기 신경망을 정의한다. 만들 아키텍처에서 판별기는 **4개의 컨볼루션층과 1개의 완전연결층**을 사용하고 생성기는 **5개의 전치 컨볼**

루션층^{transposed convolution layer}을 사용한다. 가우시안 노이즈^{Gaussian noise}를 추가해서 가짜 이미지를 만들고 판별기가 가짜 이미지를 탐지하도록 한다. 그리고 Adam 옵티마이저를 사용해 신경망을 최적화한다. 여기서는 **크로스 엔트로피**^{cross-entropy}를 손실 함수로 사용한다.

이미지 크기, 배치 크기, 잠재 벡터 사이즈^{latent size}, 학습률, 채널 수, 커널 사이즈^{kernel size}, 패딩과 같은 다른 하이퍼파라미터가 있는데, GAN 모델의 성능 최적화를 위해 조정한다. 하이퍼파라미터는 모델을 설정해 미세 조정할 수 있다. 이때 GAN 모델 아키텍처를 음식 데이터 세트에 적용해 가짜 음식 이미지를 만들고, 비슷하게 나비 데이터 세트에 적용해 가짜 나비 이미지를 만드는 것이 목표다. 새로운 음식 또는 나비 이미지를 비교하기 위해 매 에포크 마지막에 생성한 이미지를 저장한다.

가짜 음식 이미지를 생성하기 위해 다음의 주요 단계를 진행하려고 한다.

1. 데이터 세트 불러오기
2. 피처 엔지니어링 유틸리티 함수
3. 판별기 모델 구성
4. 생성기 모델 구성
5. 생성 적응 모델^{generative adaptive model} 구성
6. GAN 모델 학습
7. 가짜 음식 이미지 생성

데이터 세트 불러오기

데이터 세트에는 16,643개 음식 이미지가 있고 11개 주요 카테고리로 그룹지어져 있다. 데이터 세트는 캐글 사이트에서 다운로드할 수 있다.

- https://www.kaggle.com/trolukovich/food11-image-dataset.

데이터 세트를 다운로드하기 위한 코드는 다음과 같다.

```
dataset_url = 'https://www.kaggle.com/trolukovich/food11-image-dataset'
od.download(dataset_url)
```

코드에서 opendatasets 패키지의 download 메소드를 사용해 데이터 세트를 코랩 환경에 다운로드한다.

전체 음식 데이터 세트 크기는 1.19GB이고 training, validation, evaluation이라는 이름의 세 개 하위 폴더가 있다. 각 하위 폴더에는 11개 주요 음식 카테고리 폴더로 음식 이미지가 저장돼 있다. 6장에서 GAN 모델을 만들기 위해 학습 이미지로 학습을 진행하기 때문에 training 하위 폴더만 사용한다. 모든 이미지는 컬러 이미지이고 카테고리별로 하위 폴더에 저장돼 있다.

그림 6.4는 음식 데이터 세트의 샘플 이미지다.

그림 6.4 음식 데이터 세트의 샘플 이미지

데이터 전처리는 항상 가장 중요한 단계다. 모델 성능을 높이고 빠르게 만들기 위해 GAN 모델에 사용할 입력 이미지에 몇 가지 변환을 수행한다. 여기서는 다음의 네 가지 주요 변환을 수행한다.

1. **크기 조정하기**: 먼저 이미지 크기를 64픽셀로 조정한다.
2. **가운데 자르기**: 크기를 조정한 이미지의 중앙을 자른다. 이를 통해 이미지를 정사각형으로 변환한다. 가운데 자르기는 GAN 모델의 성능을 높이는 중요한 변환이다.
3. **텐서로 변환하기**: 이미지 크기를 조정하고 중앙을 잘라낸 후에는 GAN 모델에서 처리할 수 있도록 이미지 데이터를 텐서로 변환한다.
4. **정규화하기**: 평균 0.5, 표준 편차 0.5로 텐서 범위를 −1에서 1로 정규화normalization 한다.
5. 앞의 모든 변환은 GAN 모델이 더 나은 성능을 발휘하는 데 도움이 될 뿐만 아니라 훈련 시간을 크게 줄인다.

> **중요사항**
> 모델 성능 향상을 위해 시도해볼 수 있는 다른 변환도 많다. 여기서는 기초로 사용할 수 있는 네 가지 변환을 사용했다.

다음 코드는 GAN 모델의 주요 구성 중 일부를 정의한다.

```
image_size = 64
batch_size = 128
normalize = [(0.5, 0.5, 0.5), (0.5, 0.5, 0.5)]
latent_size = 256
food_data_directory = "/content/food11-image-dataset/training"
```

코드에서 다음 단계에서 사용할 변수를 초기화하고 있다. 이미지 크기는 64픽셀로 설정하고 배치 크기는 128, 마지막으로 텐서 정규화를 위한 평균과 표준 편차는 모두 0.5다. 잠재 벡터 크기$^{latent\ size}$는 256이고 학습 이미지의 경로는 food_data_directory 변수에 저장한다. 다음 단계에서 food_data_directory 변수를 활용해 입력 이미지를 변환해 GAN 모델을 위한 입력을 준비한다.

```
food_train_dataset = ImageFolder(food_data_directory, transform=T.Compose([
  T.Resize(image_size),
  T.CenterCrop(image_size),
  T.ToTensor(),
  T.Normalize(*normalize)]))
food_train_dataloader = DataLoader(food_train_dataset, batch_size, num_
workers=4, pin_memory=True,    shuffle=True)
```

코드에서 이미지 데이터 세트를 불러오기 위해 torchvision.datasets 라이브러리의 ImageFolder 클래스를 사용했다. 여기서 torchvision.transforms의 Compose 메소드를 사용해 여러 변환을 함께 묶는다. 먼저 Resize 메소드는 이미지 크기를 64 픽셀로 조정한다. 다음으로 CenterCrop 메소드를 사용해 이미지를 정사각형으로 변환한다. 그리고 이미지를 텐서로 변환하고 평균과 표준편차 0.5로 −1과 1 사이로 정규화한다. 이렇게 변환한 이미지를 food_train_dataset 변수에 저장한다. 마지막으로 torch.utils.data 라이브러리의 DataLoader 클래스로 food_train_dataloader를 만드는데, 더 빠르게 작동하도록 배치 크기 128, 워커 수는 4개로 설정한다.

지금까지 코드에서 데이터 세트를 불러오고 변환을 수행하며 128개 배치 크기로 food_train_dataloader를 준비했다.

데이터 처리 단계에서 이미지를 변형하고 정규화했는데, 이후에 다시 역정규화^{denormalization}해서 원래 형태로 되돌려야 한다. 또 GAN 모델이 각 에포크에서 생성하는 이미지를 비교해야 하기 때문에 각 에포크의 마지막에 이미지를 저장한다. 따라서 이런 기능을 수행할 유틸리티 함수를 만들어 본다.

피처 엔지니어링 유틸리티 함수

필요한 두 가지 주요 함수를 살펴본다.

첫 번째로 필요한 유틸리티 함수는 이미지를 원래 형태로 돌려놓는 역정규화 함수다. 역정규화 함수는 다음과 같다.

```
def denormalize(input_image_tensors):
    input_image_tensors = input_image_tensors * normalize[1][0]
    input_image_tensors = input_image_tensors + normalize[0][0]
    return input_image_tensors
```

역정규화 유틸리티 함수는 텐서를 입력으로 받고 0.5를 곱하고 0.5를 더해 역정규화를 수행한다. 이런 정규화 값(평균과 표준 편차)은 앞에서 정의했다.

두 번째로 필요한 유틸리티 함수는 에포크마다 마지막에 이미지를 저장하는 기능이다. 두 번째 유틸리티 함수의 코드는 다음과 같다.

```
def save_generated_samples(index, sample_images):
    fake_fname = 'generated-images-{}.png'.format(index)
    save_image(denormalize(sample_images[-64:]), os.path.join(".", fake_fname),
nrow=8)
```

save_generated_samples 함수는 에포크 순번을 나타내는 index와 GAN 모델이 에포크 마지막에 반환하는 이미지가 저장된 sample_images를 입력으로 받는다. 그런 다음 마지막 64개 이미지를 8×8 그리드로 저장한다.

> **중요사항**
>
> save_generated_samples 함수에서는 한 배치에 있는 128개 이미지 중 64개의 이미지만 저장한다. 설정을 통해 쉽게 저장할 이미지 수를 늘리거나 줄일 수 있다. 이미지를 늘리면 일반적으로 더 많은 GPU 컴퓨팅 파워와 메모리가 필요하다.

6장에서 사용하는 다른 유틸리티 함수도 있는데, 이 책의 깃허브 페이지에 있는 전체 노트북에서 확인할 수 있다.

판별기 모델 구성

GAN의 판별기는 실제 데이터와 생성기가 만든 데이터를 구분하는 분류기다. 여기서는 판별기가 진짜와 가짜 클래스를 분류하는 이진 분류기 역할을 한다.

파라미터 정의

파이토치의 nn.Module을 상속하는 FoodDiscriminator 클래스를 만들면서 시작한다. 중요한 속성 중 일부는 다음 코드에 나와있다.

```python
class FoodDiscriminator(nn.Module):
  def __init__(self, input_size):
    super().__init__()


    self.input_size = input_size
    self.channel = 3
    self.kernel_size = 4
    self.stride = 2
    self.padding = 1
    self.bias = False
    self.negative_slope = 0.2
```

FoodDiscriminator의 입력은 생성기가 만든 $3 \times 64 \times 64$ 형태의 이미지다. 채널 수는 3, 커널 사이즈는 4, 스트라이드는 2, 패딩은 1, 편향bias는 False로 그리고 음의 기울기(negative_slope) 값은 0.2로 설정했다.

컬러 이미지여서 채널 수는 3으로 설정하는데, 각각 빨강, 초록, 파랑을 나타낸다. 커널 크기는 4인데 이는 2D 컨볼루션 창의 높이와 너비를 나타낸다. 스트라이드는 컨볼루션을 수행할 때 몇 칸씩 움직이는지를 나타낸다. 패딩은 1이므로 이미지의 모든 테두리에 1픽셀의 패딩을 추가한다.

편향을 False로 설정하면 컨볼루션층에서 학습할 수 있는 편향을 사용하지 않는다.

음의 기울기(negative_slope)을 0.2로 설정하면 LeakyReLU 활성화 함수의 음수 부분 기울기를 0.2로 조절한다. 여기서는 Leaky ReLU를 활성화 함수로 사용한다. ReLU, tan-h, sigmoid와 같은 여러 활성화 함수가 있는데, 판별기는 Leaky ReLU 활성화 함수를 사용할 때 성능이 좋다. ReLU와 Leaky ReLU의 차이점은 ReLU는 양의 값인 출력만 있지만 Leaky ReLU는 음의 값인 출력도 있다. Leaky ReLU 활성화 함수에서 negative_slope 값을 0.2로 설정해서 음수 값에 0.2를 곱한 값을 출력으로 반환한다.

컨볼루션 레이어 만들기

이진 분류 모델을 만들기 위한 판별기 레이어를 정의한다.

다음은 판별기 모델의 레이어에 대한 코드다.

```python
# 입력 크기: (3,64,64)
self.conv1 = nn.Conv2d(self.channel, 128, kernel_size=self.kernel_size, stride=self.stride,
padding=self.padding, bias=self.bias)
self.bn1 = nn.BatchNorm2d(128)
self.relu = nn.LeakyReLU(self.negative_slope, inplace=True)

# 입력 크기: (128,32,32)
self.conv2 = nn.Conv2d(128, 256, kernel_size=self.kernel_size, stride=self.stride,
padding=self.padding, bias=self.bias)
self.bn2 = nn.BatchNorm2d(256)
```

```python
self.relu = nn.LeakyReLU(self.negative_slope, inplace=True)


# 입력 크기: (256,16,16)
self.conv3 = nn.Conv2d(256, 512, kernel_size=self.kernel_size, stride=self.stride,
padding=self.padding, bias=self.bias)
self.bn3 = nn.BatchNorm2d(512)
self.relu = nn.LeakyReLU(self.negative_slope, inplace=True)


# 입력 크기: (512,8,8)
self.conv4 = nn.Conv2d(512, 1024, kernel_size=self.kernel_size, stride=self.stride,
padding=self.padding, bias=self.bias)
self.bn4 = nn.BatchNorm2d(1024)
self.relu = nn.LeakyReLU(self.negative_slope, inplace=True)


self.fc = nn.Sequential(
    nn.Linear(in_features=16384, out_features=1),
    nn.Sigmoid()
)
```

코드에서 $3 \times 64 \times 64$ 형태의 이미지인 생성기 모델의 출력을 입력으로 받아 0 또는 1의 결과를 만드는 이진 분류기를 만들기 위해 판별기 모델 레이어를 정의했다. 따라서 판별기는 이미지가 진짜인지 가짜인지 식별할 수 있다.

판별기 모델은 4개의 컨볼루션 레이어와 1개의 완전연결층이 있는데, 첫 번째 레이어는 생성기의 출력을 입력으로 받고 나머지 층은 이전 층의 결과를 입력으로 받는다.

이해를 돕기 위해 코드를 나눠 설명한다. 각 레이어를 자세히 살펴보자.

첫 번째 컨볼루션 레이어

다음은 첫 번째 컨볼루션 레이어에 대한 코드다.

```
# 입력 크기: (3,64,64)
self.conv1 = nn.Conv2d(self.channel, 128, kernel_ size=self.kernel_size,
stride=self.stride,
padding=self.padding, bias=self.bias)
self.bn1 = nn.BatchNorm2d(128)
self.relu = nn.LeakyReLU(self.negative_slope, inplace=True)
```

첫 번째 레이어 conv1은 생성기가 만든 이미지를 입력으로 받는다. 커널 크기 4, 스트라이드 1, 패딩 1픽셀, 편향은 False로 설정했다. Conv1 레이어는 128 채널, 크기 32인 $128 \times 32 \times 32$ 형태의 출력을 만든다. 그리고 컨볼루션 결과는 배치 정규화batch normalization를 통해 정규화하는데, 정규화 과정을 통해 컨볼루션 네트워크의 성능이 높아진다. 마지막으로 Leaky ReLU를 활성화 함수로 사용한다.

두 번째 컨볼루션 레이어

다음은 두 번째 컨볼루션 레이어의 코드다.

```
# 입력 크기: (128,32,32)
self.conv2 = nn.Conv2d(128, 256, kernel_size=self.kernel_size, stride=self.
stride,
padding=self.padding, bias=self.bias)
self.bn2 = nn.BatchNorm2d(256)
self.relu = nn.LeakyReLU(self.negative_slope, inplace=True)
```

코드에서 두 번째 컨볼루션 레이어인 conv2를 정의하는데, $128 \times 32 \times 32$ 형태인 첫 번째 컨볼루션 레이어의 출력을 입력으로 받고 파라미터 설정은 첫 번째 레이어와 같다. 이 층은 크기 16에 256개 채널로 $256 \times 16 \times 16$ 형태의 출력을 만들고 배치 정규화를 수행한다.

다시 Leaky ReLU를 활성화 함수로 사용한다.

세 번째 컨볼루션 레이어

다음은 세 번째 컨볼루션 레이어에 대한 코드다.

```
# 입력 크기: (256,16,16)
self.conv3 = nn.Conv2d(256, 512, kernel_size=self.kernel_size, stride=self.
stride,
padding=self.padding, bias=self.bias)
self.bn3 = nn.BatchNorm2d(512)
self.relu = nn.LeakyReLU(self.negative_slope, inplace=True)
```

세 번째 컨볼루션 레이어 conv3는 $256 \times 16 \times 16$ 형태인 두 번째 레이어의 출력을 입력으로 받고 파라미터는 두 번째 컨볼루션 레이어와 같다. 사이즈 8, 채널 수 512개로 $512 \times 8 \times 8$ 형태인 출력을 만들고 배치 정규화를 수행한다. 또 Leaky ReLU를 활성화 함수로 사용한다.

네 번째 컨볼루션 레이어

다음은 네 번째 컨볼루션 레이어에 대한 코드다.

```
# 입력 크기: (512,8,8)
self.conv4 = nn.Conv2d(512, 1024, kernel_size=self.kernel_size, stride=self.
stride,
padding=self.padding, bias=self.bias)
self.bn4 = nn.BatchNorm2d(1024)
self.relu = nn.LeakyReLU(self.negative_slope, inplace=True)
```

네 번째 컨볼루션 레이어인 conv4는 $512 \times 8 \times 8$ 형태인 세 번째 컨볼루션 레이어의 출력을 입력으로 받고 파라미터는 세 번째 컨볼루션 레이어와 같다. conv4 층은 사이즈 4, 채널 수 1,024개로 1,024×4×4 형태인 출력을 만들고 배치 정규화를 수행한다. 또 Leaky ReLU를 활성화 함수로 사용한다.

다섯 번째 완전연결층(마지막 층)

다음은 마지막 완전연결층의 코드다.

```
self.fc = nn.Sequential(
  nn.Linear(in_features=16384,out_features=1),
  nn.Sigmoid()
)
# 출력 크기: 1 x 1 x 1
```

판별기 모델의 마지막 층은 앞에서 본 것처럼 Sequential 함수를 사용해 정의한다. 마지막 층의 완전연결층은 1,024×4×4 형태인 네 번째 층의 출력을 입력으로 받는다. 완전연결층에 있는 선형 레이어의 전체 피처 수는 16,384개다. 이진 분류 과제이므로 마지막 완전연결층은 사이즈 1, 채널 수 1인 1×1×1 형태의 출력을 만든다. 출력은 **시그모이드** sigmoid 활성화 함수를 통과하는데, 그러면서 출력을 0과 1 범위로 바꿔 판별기가 이진 분류 모델로 작동하도록 한다.

컨볼루션 레이어와 완전연결층을 조합해 판별기 모델을 정의했다. 판별기 모델은 생성기가 만든 이미지를 입력으로 받아 진짜와 가짜를 분류한다. 이제 각 레이어와 활성화 함수에 데이터를 전달한다. 이를 위해 forward 메소드를 작성한다. FoodDiscriminator 클래스의 forward 메소드 코드는 다음과 같다.

```
def forward(self, input_img):
  validity = self.conv1(input_img)
  validity = self.bn1(validity)
  validity = self.relu(validity)
  validity = self.conv2(validity)
```

```
validity = self.bn2(validity)

validity = self.relu(validity)

validity = self.conv3(validity)

validity = self.bn3(validity)

validity = self.relu(validity)

validity = self.conv4(validity)

validity = self.bn4(validity)

validity = self.relu(validity)

validity=validity.view(-1, 1024*4*4)

validity=self.fc(validity)

return validity
```

코드에서 다음 작업을 수행한다.

1. 생성기 모델이 만든 이미지를 첫 번째 컨볼루션 레이어(self.conv1)에 전달한다. self.conv1의 출력은 self.bn1의 배치 정규화 함수로 전달되고 그 출력은 self.relu를 통해 Leaky ReLU 활성화 함수로 전달된다.

2. 출력은 두 번째 컨볼루션 레이어(self.conv2)로 전달된다. 다시 두 번째 컨볼루션 레이어의 출력은 배치 정규화 함수(self.bn2)와 Leaky ReLU 활성화 함수(self.relu)에 전달된다.

3. 마찬가지로 출력은 세 번째 컨볼루션 레이어(self.conv3)로 전달된다. 처음 2개의 컨볼루션 레이어와 똑같이 self.bn3인 배치 정규화 함수와 self.relu인 활성화 함수를 통과한다.

4. self.conv4인 네 번째 컨볼루션 레이어에 들어가서 self.bn4와 self.relu를 통과한다.

5. 컨볼루션 레이어를 통과한 데이터는 다차원 형태로 출력된다. 선형 레이어에 전달하기 위해 1차원 형태로 변환한다. 이때 view 메소드를 사용한다.

6. 데이터를 1차원 형태로 준비하고 완전연결층의 입력으로 전달하는데, 그러면 1 또는 0의 이진 출력이 반환된다.

forward 메소드에서 생성기가 만든 이미지를 입력으로 받아 4개의 컨볼루션 레이어를 통과하고 출력을 완전연결층에 전달한다. 마지막으로 출력을 반환한다.

> **중요사항**
>
> 판별기 모델에서 사용한 활성화 함수는 Leaky ReLU인데, GAN 모델의 성능을 높이는 데 영향을 준다.

아키텍처의 판별기 부분을 완료했으므로 생성기를 구축해 본다.

생성기 모델 구성

GAN에서 생성기는 판별기의 피드백을 활용해 가짜 데이터(여기서는 이미지)를 만든다. 생성기는 실제 이미지와 매우 유사한 가짜 이미지를 만들어 판별기가 가짜 이미지를 구별하지 못하도록 하는 것이 목표다.

파이토치의 nn.Module을 상속하는 FoodGenerator를 만들면서 시작한다. 다음 코드에 FoodGenerator의 중요한 속성 중 일부가 나타나 있다.

```
class FoodGenerator(nn.Module):
  def __init__(self, latent_size = 256):
    super().__init__()
    self.latent_size = latent_size
    self.kernel_size = 4
    self.stride = 2
    self.padding = 1
    self.bias = False
```

잠재 벡터 크기는 생성기 모델에서 가장 중요한 피처다. 해당 설정은 압축된 저차원의 입력(음식 이미지) 표현을 나타내고 여기서는 기본값인 256으로 설정했다. 커널 크기를 4, 스트라이드를 2로 설정해 컨볼루션을 수행할 때 커널이 2칸씩 움직인다. 패딩을 1로 설정했기 때문에 음식 이미지의 모든 테두리에 1 픽셀의 패딩을 더한다. 마지막으로 편향을 False로 설정했기 때문에 컨볼루션 네트워크가 학습할 수 있는 편향을 사용하지 않는다.

파이토치의 신경망 모듈(torch.nn)에서 Sequential 함수를 사용해 생성기 모델의 레이어를 구축한다. 다음은 생성기 모델 구축을 위한 코드다.

```python
self.model = nn.Sequential(
    # 입력 크기: (latent_size,1,1)
    nn.ConvTranspose2d(latent_size, 512, kernel_size=self.kernel_size, stride=1,
padding=0, bias=self.bias),
    nn.BatchNorm2d(512),
    nn.ReLU(True),


    # 입력 크기: (512,4,4)
    nn.ConvTranspose2d(512, 256, kernel_size=self.kernel_size, stride=self.
stride,
padding=self.padding, bias=self.bias),

    nn.BatchNorm2d(256),
    nn.ReLU(True),


    # 입력 크기: (256,8,8)
    nn.ConvTranspose2d(256, 128, kernel_size=self.kernel_size, stride=self.
stride,
padding=self.padding, bias=self.bias),
    nn.BatchNorm2d(128),
    nn.ReLU(True),
```

```
# 입력 크기: (128,16,16)

nn.ConvTranspose2d(128, 64, kernel_size=self.kernel_size, stride=self.stride,
padding=self.padding, bias=self.bias),

nn.BatchNorm2d(64),

nn.ReLU(True),


nn.ConvTranspose2d(64, 3, kernel_size=self.kernel_size, stride=self.stride,
padding=self.padding, bias=self.bias),

nn.Tanh( )


# 출력 크기: 3 x 64 x 64
)
```

코드에서 $3 \times 64 \times 64$ 크기의 가짜 이미지를 생성하는 생성기 모델을 위한 레이어를 정의했다. 앞에서 본 생성기 모델은 5개의 디컨볼루션^{deconvolution} 레이어로 구성되고 각 레이어의 출력은 다음 레이어의 입력으로 전달한다.

생성기 모델은 완전연결층의 선형 레이어를 제외하고는 판별기 모델과 거의 반대다.

> **전치 컨볼루션과 디컨볼루션 비교**
>
> 두 용어는 종종 딥러닝 커뮤니티에서 상호 교환적으로 사용되는데, 이는 이 책에서도 마찬가지다. 수학적으로 말하면 디컨볼루션은 컨볼루션 효과를 뒤집는 수학적 연산이다. 컨볼루션 레이어에 입력을 넣고 출력을 받는다고 상상해 보자. 이제 디컨볼루션 레이어에 그 출력을 넣으면 입력과 같은 값을 받게 된다. 다변량(multivariate) 컨볼루션 함수의 역함수다.
>
> 여기서 완전히 입력과 같은 값을 받지는 않는다. 따라서 연산은 유사하지만 엄밀하게 말하면 디컨볼루션이 아니라 전치 컨볼루션이다. 전치 컨볼루션(Transposed Convolution)은 디컨볼루션과 같은 공간 차원을 만든다는 점에서 다소 비슷하다. 하지만 실제 수행되는 연산은 차이가 있다. 전치 컨볼루션은 같은 컨볼루션을 수행하지만 공간 변환을 거꾸로 한다.
>
> 앞서 언급한 대로 디컨볼루션은 많이 사용되지는 않고 커뮤니티에서는 전치 컨볼루션을 디컨볼루션이라고도 하는데 책에서도 그렇게 하고 있다.

이해를 돕기 위해 코드를 나눠서 설명한다. 각 층을 더 자세히 살펴보자.

첫 번째 전치 컨볼루션 레이어

다음은 첫 번째 ConvTranspose2d 레이어에 대한 코드다.

```
# 입력 크기: (latent_size,1,1)
nn.ConvTranspose2d(latent_size, 512, kernel_size=self.kernel_size, stride=1,
padding=0, bias=self.bias),
nn.BatchNorm2d(512),
nn.ReLU(True),
```

첫 번째 ConvTranspose2d 레이어는 256인 latent_size를 입력으로 받고 커널 크기는 4,
스트라이드는 1, 패딩은 0 픽셀, 편향을 False로 설정했다. ConvTranspose2d 레이어는
512 크기의 출력을 만든다. 그리고 전치 컨볼루션의 출력은 배치 정규화를 사용해 정규화
하는데, 이는 전치 컨볼루션 네트워크가 잘 작동하도록 돕는다. 마지막으로 ReLU를 활성
화 함수로 사용한다.

두 번째 전치 컨볼루션 레이어

다음은 두 번째 ConvTranspose2d 레이어의 코드다.

```
# 입력 크기: (512,4,4)
nn.ConvTranspose2d(512, 256, kernel_size=self.kernel_size, stride=self.stride,
padding=self.padding, bias=self.bias),
nn.BatchNorm2d(256),
nn.ReLU(True),
```

코드에서 512×4×4 크기인 첫 번째 전치 컨볼루션 레이어의 출력을 입력으로 받는 두 번
째 전치 컨볼루션 레이어를 정의했다. 커널 크기는 4, 스트라이드는 2, 패딩은 1픽셀, 편

향은 False로 설정했다. 이제 256개 채널로 출력을 생성하고 배치 정규화를 수행한다. 또 ReLU를 활성화 함수로 사용한다.

세 번째 전치 컨볼루션 레이어

다음은 세 번째 ConvTranspose2d 레이어의 코드다.

```
# 입력 크기: (256,8,8)
nn.ConvTranspose2d(256, 128, kernel_size=self.kernel_size, stride=self.stride,
padding=self.padding, bias=self.bias),
nn.BatchNorm2d(128),
nn.ReLU(True),
```

$256 \times 8 \times 8$ 크기인 두 번째 레이어의 출력을 입력으로 받는 세 번째 전치 컨볼루션 레이어는 두 번째 전치 컨볼루션 레이어와 같은 파라미터를 사용한다. 이 층은 128 채널의 출력을 만들고 배치 정규화를 수행한다. 또 ReLU를 활성화 함수로 사용한다.

네 번째 전치 컨볼루션 레이어

다음은 네 번째 ConvTranspose2d 레이어의 코드다.

```
# 입력 크기: (128,16,16)
nn.ConvTranspose2d(128, 64, kernel_size=self.kernel_size, stride=self.stride,
padding=self.padding, bias=self.bias),
nn.BatchNorm2d(64),
nn.ReLU(True),
```

$128 \times 16 \times 16$ 크기인 세 번째 전치 컨볼루션 레이어의 출력을 입력으로 받는 네 번째 전치 컨볼루션 레이어는 이전 2개의 전치 컨볼루션 레이어와 같은 파라미터를 사용한다. 이 층은 채널 수 64인 출력을 생성하고 배치 정규화를 수행한다. 다시, ReLU를 활성화 함수

로 사용한다.

다섯 번째 전치 컨볼루션 레이어(마지막 층)

마지막 ConvTranspose2d 레이어의 코드다.

```
nn.ConvTranspose2d(64, 3, kernel_size=self.kernal_size, stride=self.stride,
padding=self.padding, bias=self.bias),
nn.Tanh()
# 출력 크기: 3 x 64 x 64
```

마지막 디컨볼루션 신경망 레이어에서 3개 채널의 64×64 사이즈 출력을 생성하고 Tanh 를 활성화 함수로 사용한다. 여기서는 다른 활성화 함수를 사용했는데, 생성기 모델이 Tanh를 사용할 때 더 좋은 성능을 보이기 때문이다.

첫 번째 전치 컨볼루션 레이어에서는 1의 스트라이드를 사용하고 패딩이 없고, 나머지 레이어에서는 2의 스트라이드를 사용하고 패딩 크기는 1이다.

요약하면 5개의 전치 컨볼루션 레이어로 구성된 생성기 모델을 정의했다. 다섯 개의 레이어는 잠재 벡터 크기(여기서는 256)을 입력으로 받아 여러 개의 디컨볼루션 레이어를 거치면서 채널 수를 256에서 512로 늘렸다가 256, 128, 마지막으로는 3으로 줄인다.

여러 레이어와 활성화 함수에 데이터를 전달한다. 이를 위해 forward 메소드를 작성한다. FoodGenerator 클래스의 forward 메소드 코드는 다음과 같다.

```
def forward(self, input_img):
    input_img = self.model(input_img)
    return input_img
```

코드에서 FoodGenerator 클래스의 forward 메소드는 이미지를 입력으로 받아 여러 개의 전치 컨볼루션 레이어로 구성된 모델에 넘겨주고 생성한 가짜 이미지를 반환한다.

적대적 생성 모델

판별기와 생성기 모델을 정의했으므로 2개를 조합해 GAN 모델을 만들어 보자. GAN 모델을 위한 손실 함수와 옵티마이저를 구성하고 데이터를 생성기와 판별기에 입력으로 전달한다. 좋은 결과를 얻기 위해(생성한 가짜 이미지가 실제 이미지 만큼 사실적이라는 뜻) 손실을 최소화하도록 학습할 것이다. 파이토치 라이트닝으로 구현한 GAN 모델을 자세히 살펴보자.

파이토치 라이트닝으로 GAN 모델을 구축하면서 다음의 단계를 수행한다.

1. 모델을 정의한다.
2. 옵티마이저 및 손실 함수를 구성한다.
3. 학습 단계를 구성한다.
4. 생성한 가짜 이미지를 저장한다.
5. GAN 모델을 학습한다.

각 단계를 자세히 살펴보자.

모델 정의하기

LightningModule을 상속하는 FoodGAN 클래스를 만들어 보자. 클래스는 생성자에서 다음의 파라미터를 받는다.

- latent_size: 음식 이미지의 압축된 저차원 표현을 나타낸다. 기본값은 256이다.
- lr: 판별기와 생성기 모두에 사용되는 옵티마이저의 학습률이다. 기본값은 0.0002이다.
- bias1 및 bias2: bias1 및 bias2는 판별기와 생성기 모두의 옵티마이저에 사용하는 편향값이다. 기본값은 bias1은 0.5, bias2는 0.999이다.
- batch_size: 네트워크에 한 번에 전달할 이미지의 수를 나타낸다. 기본값은 128이다.

__init__ 메소드로 FoodGAN 클래스를 초기화, 구성 및 생성한다. 다음은 __init__ 메소드의 코드다.

```python
def __init__(self, latent_size = 256,learning_rate = 0.0002,bias1 = 0.5,bias2 =
0.999,batch_size = 128):
    super().__init__()
    self.save_hyperparameters()
    self.automatic_optimization = False
    # 네트워크
    # 데이터 형태 = (channels, width, height)
    self.generator = FoodGenerator()
    self.discriminator = FoodDiscriminator(input_size=64)


    self.batch_size = batch_size
    self.latent_size = latent_size
    self.validation = torch.randn(self.batch_size, self.latent_size, 1, 1)
```

앞서 정의한 __init__ 메소드는 잠재 벡터 크기, 학습률, 편향1, 편향2, 배치 크기를 입력으로 받는다. 이것들은 판별기와 생성기 모델에서 사용하는 하이퍼파라미터인데, 그렇기 때문에 이 변수들은 __init__ 메소드에서 저장한다. 마지막으로 validation이라는 변수를 만드는데, 모델의 검증에서 변수를 사용할 것이다.

옵티마이저와 손실 함수 구성

FoodGAN 모델에서 유틸리티 함수도 정의하는데 계산 함수로 손실을 최소화해서 더 좋은 결과를 얻는 데 활용한다. 다음은 손실 함수 코드다.

```python
def adversarial_loss(self, preds, targets):
    return F.binary_cross_entropy(preds, targets)
```

코드에서 adversarial_loss 메소드는 2개의 매개변수를 받는다. 예측값인 preds와 실제 타깃값인 targets이다. 그리고 binary_cross_entropy 함수로 예측값과 타깃값 사이의 손실을 계산하고 마지막으로 계산한 엔트로피 값을 반환한다.

> **중요사항**
>
> 생성기와 판별기가 서로 다른 손실 함수를 사용할 수도 있다. 여기서는 간단하게 구현하기 위해 이진 교차 엔트로피 손실만 사용했다.

다음으로 중요한 메소드는 옵티마이저 구성인데, FoodGAN 모델에는 2개의 모델(판별기와 생성기)이 있기 때문에 각각 별개의 옵티마이저가 필요하다. 이는 configure_optimizer 라는 파이토치 라이트닝의 생명 주기 메소드를 사용해 쉽게 처리할 수 있다. 다음은 configure_optimizer 메소드의 코드이다.

```python
def configure_optimizers(self):
    learning_rate = self.hparams.learning_rate
    bias1 = self.hparams.bias1
    bias2 = self.hparams.bias2
    opt_g = torch.optim.Adam(self.generator.parameters(), lr=learning_rate,
betas=(bias1, bias2))
    opt_d = torch.optim.Adam(self.discriminator.parameters(), lr=learning_rate,
betas=(bias1, bias2))
    return [opt_g, opt_d], []
```

__init__ 메소드에서 self.save_hyperparameters()라는 메소드를 호출했다. 이 메소드는 __init__ 메소드에 입력한 모든 입력을 hparams라는 특수한 변수에 저장한다. 이 특수한 변수는 configure_optimizers 메소드에서 학습률과 편향 변수에 접근하기 위해 사용한다. 여기에서 생성기를 위한 옵티마이저인 opt_g와 판별기를 위한 옵티마이저인 opt_d 2개를 만든다. configure_optimizers는 2개의 리스트를 반환하는데, 첫 번째 리스트는

여러 옵티마이저의 리스트이고 두 번째 리스트는 여기서는 비어있지만 학습률 스케줄러 (LR scheduler)를 반환한다.

요약하면 2개의 옵티마이저를 만드는데, 각각 생성기와 판별기를 위한 것이고 hparams라는 특수한 변수를 통해 하이퍼파라미터 값에 접근할 수 있다. 이 메소드는 2개의 리스트를 결과로 반환하는데, 첫 번째 리스트의 첫 번째 요소는 생성기를 위한 옵티마이저이고 두 번째 요소는 판별기를 위한 옵티마이저다.

> **중요사항**
>
> configure_optimizer 메소드는 두 값을 반환하는데, 둘 다 리스트이고 그 중 두 번째 값은 빈 리스트다. 리스트는 2개의 값을 갖는데, 0번 인덱스의 값은 생성기를 위한 옵티마이저이고 1번 인덱스의 값은 판별기를 위한 옵티마이저다.

중요한 수명주기 메소드로 forword가 있는데, 코드로 살펴본다.

```
def forward(self, z):
  return self.generator(z)
```

코드에서 forward 메소드는 입력을 받아서 생성기 모델에 전달하고 결과를 반환한다.

학습 단계 구성

판별기 및 생성기의 옵티마이저를 구성하기 위해 configure_optimizers 메소드를 작성했다. 학습 루프를 구성해 본다. GAN 모델 학습 과정에서 판별기와 생성기 각각에 적절한 옵티마이저를 적용해야 하는데 파이토치 라이트닝 모듈에 입력을 활용해서 그렇게 만들 수 있다. 학습 생명 주기 메소드에 전달하는 입력에 대해 더 이해해 보고 학습 과정을 상세히 살펴보자.

다음 입력은 training_step 생명 주기 메소드의 입력으로 전달한다.

- batch: food_train_dataloader에서 제공하는 배치 데이터를 나타낸다.

- batch_idx: 학습용으로 제공하는 배치의 인덱스다.
- optimizer_idx: 생성기와 판별기에 대한 두 가지 다른 옵티마이저를 구별하는 데 사용한다. 여기서는 2개의 값이 있고 0은 생성기, 1은 판별기를 나타낸다.

생성기 모델 학습

두 모델에 대한 옵티마이저를 구분하는 방법을 봤으므로 둘 다를 활용해 GAN 모델을 학습하는 방법을 알아보자. 다음은 생성기를 훈련하는 코드다.

```
real_images, _ = batch
opt_g, opt_d = self.optimizers()


# 생성기 학습
# 가짜 이미지 생성
fake_random_noise = torch.randn(self.batch_size, self.latent_size, 1, 1)
fake_random_noise = fake_random_noise.type_as(real_images)
fake_images = self(fake_random_noise) #self.generator(latent)


# 판별기를 속일 수 있는지 확인한다
preds = self.discriminator(fake_images)
targets = torch.ones(self.batch_size, 1)
targets = targets.type_as(real_images)


g_loss = self.adversarial_loss(preds, targets)
self.log('generator_loss', g_loss, prog_bar=True)


opt_g.zero_grad()
self.manual_backward(g_loss)
opt_g.step()
```

코드에서 먼저 batch로부터 real_images라는 변수에 실제 이미지를 저장한다. 이 입력은 텐서 형식이다. 모든 텐서가 동일한 장치를 사용하는지 확인해야 한다. 여기서는 GPU를 사용해서 GPU에서 실행한다. 모든 텐서를 같은 타입으로 변환해서 같은 장치에 지정되도록[pointing] 파이토치 라이트닝에서 권장하는 type_as( ) 메소드를 사용했다. type_as 메소드는 특정 텐서를 다른 텐서와 동일한 타입으로 변환해서 GPU를 이용할 수 있도록 하는데, 이렇게 만들면 코드를 여러 GPU와 TPU로 확장할 수도 있다. 메소드에 대한 더 많은 정보는 파이토치 라이트닝 공식 문서에서 확인할 수 있다.

생성기 모델을 학습하는 세 가지 주요 단계가 있다. 랜덤 노이즈 데이터를 만들고, 랜덤 노이즈의 타입을 변환하고, 랜덤 노이즈로부터 가짜 이미지를 만든다. 다음은 이를 수행하는 코드다.

```
fake_random_noise = torch.randn(self.batch_size, self.latent_size, 1, 1)
fake_random_noise = fake_random_noise.type_as(real_images)
fake_images = self(fake_random_noise)
```

코드는 다음 작업을 수행한다.

1. 랜덤 노이즈 데이터를 만든다. 랜덤 노이즈 데이터를 만들기 위해 파이토치 패키지의 randn 메소드를 사용하는데, 잠재 벡터 크기와 같은 형태의 랜덤 텐서를 반환한다. 랜덤 노이즈는 fake_random_noise 변수에 저장한다.
2. 랜덤 노이즈의 타입을 real_images와 동일하게 변환한다. 이를 위해 앞서 설명한 type_as 메소드를 사용한다.
3. 랜덤 노이즈를 self 객체에 전달해서 생성기 모델이 가짜 이미지를 생성하도록 한다. 생성한 가짜 이미지는 fake_images 변수에 저장한다.

가짜 이미지를 생성했으니 손실을 계산한다. 손실을 계산하기 전에 가짜 이미지가 실제 이미지와 얼마나 비슷한지 확인해야 한다. 이미 판별기를 만들었기 때문에 이 작업은 가짜 이미지를 판별기에 입력으로 전달해서 결과를 비교함으로써 수행할 수 있다. 따라서 앞 단계에서 만든 가짜 이미지를 판별기에 전달하고 0 또는 1인 예측 값을 저장한다. 다음은 가짜 이미지를 판별기에 전달하는 코드다.

```
# 판별기를 속일 수 있는지 확인한다
preds = self.discriminator(fake_images)
targets = torch.ones(self.batch_size, 1)
targets = targets.type_as(real_images)
```

코드에서 가짜 이미지를 판별기에 전달하고 예측값을 preds라는 변수에 저장했다. targets 변수를 1로 구성된 텐서로 만드는데, 생성기가 만든 모든 이미지가 진짜 이미지라고 가정하겠다는 의미다. GAN 모델이 학습하고 있기 때문에 몇 에포크 후부터는 점차 개선되기 시작할 것이다. 마지막으로 targets 텐서의 타입을 real_images 텐서와 똑같이 변환한다.

다음 단계로 손실을 계산한다. 다음의 adversarial_loss 유틸리티 함수를 사용해 계산한다.

```
g_loss = self.adversarial_loss(preds, targets)
self.log('generator_loss', g_loss, prog_bar=True)
```

adversarial_loss 메소드는 판별기가 예측한 값과 모두 1로 채운 타깃값을 입력으로 받아 손실을 계산한다. 손실을 generator_loss 변수에 로그로 남기는데, 나중에 텐서보드로 손실 그래프를 그릴 때 필요하다.

손실 함수와 다른 속성을 반환하는데 로그를 남기고 진행 표시줄에 표시하도록 설정한다.

```
tqdm_dict = {'g_loss': g_loss}
output = OrderedDict({
  'g_loss': g_loss,
  'progress_bar': tqdm_dict,
  'log': tqdm_dict
```

```
    })
```
```
    return output
```

코드에서 손실과 다른 속성은 output이라는 사전 변수에 저장하는데, 사전 변수를 생성기 학습의 마지막 단계에서 반환한다. 학습 단계에서 손실을 반환하면 파이토치 라이트닝이 파라미터 업데이트를 처리한다.

판별기 모델 학습

판별기 모델을 학습시키는 방법을 알아본다.

다음 4단계로 판별기 학습을 수행한다. 실제 이미지를 구별하도록 학습하고, 판별 결과를 저장하고, 판별 결과를 텐서 타입으로 변환하고, 손실을 계산한다.

앞의 작업을 수행하는 코드다.

```
real_preds = self.discriminator(real_images)
real_targets = torch.ones(real_images.size(0), 1)
real_targets = real_targets.type_as(real_images)
real_loss = self.adversarial_loss(real_preds, real_targets)
```

코드에서 먼저 실제 이미지를 판별기에 전달하고 그 결과를 real_preds에 저장한다. 그리고 real_targets라는 모두 1로 채운 더미 텐서를 생성한다. 모든 값을 1로 설정하는 이유는 실제 이미지를 판별기에 전달하기 때문이다. 타깃값 변수의 텐서 타입을 실제 이미지의 텐서 타입으로 변환한다. 마지막으로 손실을 계산하고 real_loss에 저장한다.

지금까지는 판별기를 실제 이미지로 훈련했는데, 이제는 생성기가 만든 가짜 이미지로 학습해 본다. 이 단계는 생성기 훈련과 비슷하다. 더미 랜덤 노이즈를 만들고 생성기에 입력으로 전달해 가짜 이미지를 만들고 판별기가 구별하도록 입력한다. 가짜 이미지를 사용한 판별기 학습 단계는 다음 코드와 같다.

```
# 가짜 이미지 생성
real_random_noise = torch.randn(self.batch_size, self.latent_size, 1, 1)
real_random_noise = real_random_noise.type_as(real_images)
fake_images = self(real_random_noise) #self.generator(latent)


# 가짜 이미지를 판별기에 입력
fake_targets = torch.zeros(fake_images.size(0), 1)
fake_targets = fake_targets.type_as(real_images)
fake_preds = self.discriminator(fake_images)
fake_loss = self.adversarial_loss(fake_preds, fake_targets)
# fake_score = torch.mean(fake_preds).item()
self.log('discriminator_loss', fake_loss, prog_bar=True)
```

코드에서 생성기 학습에서와 같은 방법으로 가짜 이미지를 생성한다. 가짜 이미지는 fake_images 변수로 저장한다.

다음으로 모두 0으로 채운 fake_targets라는 더미 텐서 변수를 만든다. 그리고 fake_targets의 텐서 타입을 real_images와 똑같이 변환한다. 가짜 이미지를 판별기에 전달해 예측을 수행하고 그 결과를 fake_preds라는 변수로 저장한다. 마지막으로 adversarial_loss 유틸리티 함수로 fake_targets와 fake_preds를 입력으로 받아 손실을 계산한다. 이 값은 self.log를 이용해 기록하는데 나중에 텐서보드에서 손실 그래프를 그릴 때 활용한다.

GAN 모델 학습에서 판별기 학습 이후에 진행하는 마지막 단계는 전체 손실을 계산하는 것이다. 여기서는 판별기를 실제 이미지로 학습하면서 계산한 손실(real_loss)과 가짜 이미지로 학습하면서 계산한 손실(fake_loss)을 더한다. 다음은 이를 수행하는 코드다.

```
# 판별기 가중치 업데이트
d_loss = real_loss + fake_loss
```

```
self.log('total_loss', d_loss, prog_bar=True)
```

코드에서 real_loss와 fake_loss를 더해서 전체 손실을 계산하고 d_loss라는 변수로 저장한다. 이 손실은 텐서보드에서도 확인할 수 있도록 전체 손실로 로그를 남긴다.

진행 표시줄에 표시되고 로그가 남도록 손실 함수와 다른 속성을 반환한다. 다음은 이를 위한 코드다.

```
tqdm_dict = {'d_loss': d_loss}
output = OrderedDict({
  'd_loss': d_loss,
  'progress_bar': tqdm_dict,
  'log': tqdm_dict
})
return output
```

코드에서 손실과 다른 속성을 output이라는 사전 변수에 저장하고 학습이 끝날 때 반환한다. 학습 단계에서 손실을 반환하면 파이토치 라이트닝이 가중치 업데이트를 처리한다. 이것으로 학습 단계 구성이 끝났다.

학습 단계를 요약하면 옵티마이저 인덱스를 확인해 생성기와 판별기를 훈련했다. 그리고 마지막에서 손실 값을 결과로 반환했다.

생성한 가짜 이미지 저장

GAN 모델이 얼마나 잘 학습하고 에포크 진행에 따라 발전하는지, 새로운 음식 이미지를 생성할 수 있는지도 확인해야 한다. 각 에포크의 마지막에서 일부 이미지를 저장해서 GAN 모델 학습 과정을 추적할 수 있다. 이 작업은 on_epoch_end( )라는 이름의 파이토치 라이트닝의 메소드로 수행할 수 있다. on_epoch_end( ) 메소드는 에포크마다 마지막에 호출되기 때문에 이 메소드로 GAN 모델이 생성한 가짜 이미지를 저장한다. 다음은 이를 수행하는 코드다.

```
def on_epoch_end(self):
  z = self.validation.type_as(self.generator.model[0].weight)
  sample_imgs = self(z) #self.current_epoch
  ALL_FOOD_IMAGES.append(sample_imgs.cpu())
  save_generated_samples(self.current_epoch, sample_imgs)
```

on_epoch_end( ) 메소드에서 생성기 모델의 가중치를 z 변수에 저장하고 self 메소드를
통해 이미지로 만들어 sample_imgs 변수로 저장한다. 그리고 해당 샘플 이미지를 ALL_
FOOD_IMAGES 리스트에 추가한다. 마지막으로 save_penerated_samples 유틸리티 함수를
가짜 음식 이미지를 png 파일로 저장한다.

GAN 모델 학습

GAN 모델을 학습할 준비가 끝났다. 다음은 GAN 모델을 학습하는 코드다.

```
model = FoodGAN( )
trainer = pl.Trainer( max_epochs=100, devices=1, accelerator='gpu')
trainer.fit(model, food_train_dataloader)
```

코드에서 FoodGAN 모델을 초기화하고 model이라는 변수로 저장한다. 그리고 파이토치 라
이트닝의 Trainer 클래스를 호출하면서 최대 100 에포크로 1개의 GPU를 사용하도록 설
정한다. fit 메소드에 FoodGAN 모델과 데이터 로더를 전달해 학습을 시작한다.

그림 6.5는 GAN 모델 학습 결과다.

그림 6.5 100 에포크 동안 GAN 모델을 학습한 결과

다음과 같이 텐서보드를 이용해 GAN 모델이 훈련되는 동안의 손실을 시각화하고 관찰할 수 있다.

```
%load_ext tensorboard
%tensorboard --logdir lightning_logs/
```

그림 6.6과 같은 결과가 나타난다.

그림 6.6 GAN 모델의 전체 손실에 대한 그래프

생성기 손실과 판별기 손실도 관찰할 수 있다(전체 코드와 결과는 깃허브 저장소에 있다).

모델이 생성한 가짜 이미지

그림 6.7은 여러 에포크에서 생성한 샘플 음식 이미지다. 100 에포크 동안 학습하면서 진행 과정을 확인하기 위해 여러 결과를 저장했다.

그림 6.7 3 에포크 이후 생성한 이미지

그림 6.8은 9 에포크 이후의 생성 결과다.

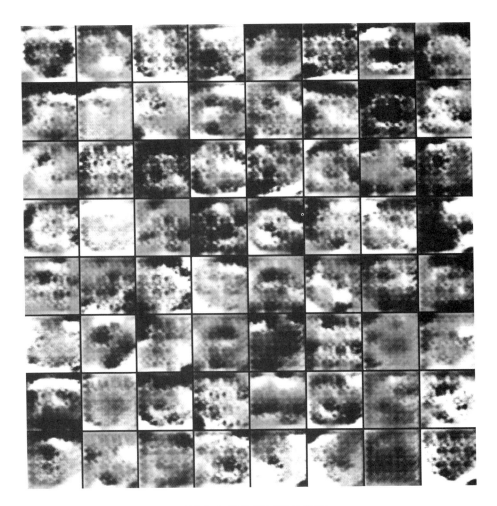

그림 6.8 9 에포크 이후 생성한 이미지

100 에포크 이후의 최종 결과를 그림 6.9에서 볼 수 있다.

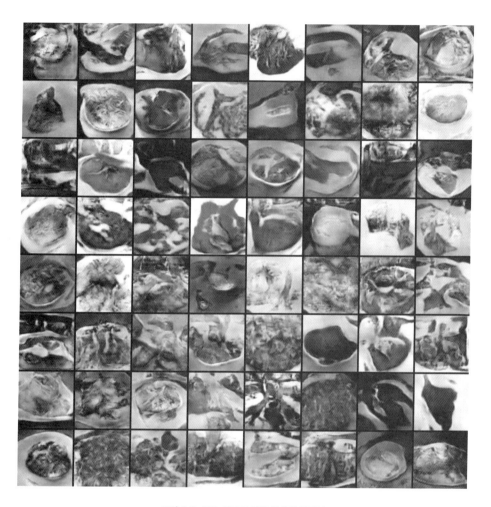

그림 6.9 100 에포크 이후 생성한 이미지

원래의 데이터 세트에 없는 음식 이미지가 존재한다는 것을 확인할 수 있는데, 따라서 그 이미지는 가짜 음식이다(현재 데이터 세트 기준으로는 그렇고 집에서 만들어 볼 수는 있다).

더 많은 에포크 동안 학습하도록 시도할 수 있는데 품질은 계속해서 향상된다. 예를 들어 200, 300, 400, 500 에포크 동안 학습을 시도해 보자(더 많은 결과는 이 책의 깃허브 페이지에 실었다). 하지만 항상 완전한 노이즈로 보이고 불완전한 이미지도 결과에 포함돼 있을 것이다.

GAN은 배치 크기, 잠재 벡터 크기와 다른 하이퍼파라미터에 민감하다. 성능을 높이기 위해 더 많은 에포크와 다른 하이퍼파라미터를 시도할 수 있다.

▌ GAN을 사용해 새로운 나비 종 만들기

앞에서 만든 GAN 모델을 살짝 변형해 새로운 나비 종을 생성해 본다.

생성 과정은 앞에서와 같으므로 간단히 설명하고 결과를 관찰할 것이다(전체 코드는 6장 깃 허브 저장소에 있다).

음식 이미지를 생성할 때 사용한 아키텍처를 사용한다(4개 컨볼루션 레이어, 1개 완전연결층, 5개 전치 컨볼루션 레이어로 구성된). 그런 다음 5개 컨볼루션 레이어와 5개 전치 컨볼루션 레이어를 갖는 다른 아키텍처를 사용해 본다.

1. 데이터 세트를 다운로드한다.

```
dataset_url = 'https://www.kaggle.com/gpiosenka/butterfly-images40-species'
od.download(dataset_url)
```

2. 이미지 처리를 위한 변수를 초기화한다.

```
image_size = 64
batch_size = 128
normalize = [(0.5, 0.5, 0.5), (0.5, 0.5, 0.5)]
latent_size = 256

butterfly_data_directory = "/content/butterfly-images40-species/train"
```

3. 나비 데이터 세트를 위한 데이터 로더를 만든다.

```
butterfly_train_dataset = ImageFolder(butterfly_data_directory,
transform=T.Compose([

  T.Resize(image_size),

  T.CenterCrop(image_size),

  T.ToTensor(),

  T.Normalize(*normalize)]))


buttefly_train_dataloader = DataLoader(butterfly_train_dataset, batch_
size,

num_workers=4, pin_memory=True, shuffle=True)
```

4. 이미지를 역정규화하고 출력한다.

여기서는 다음 작업을 수행한다.

1. 이미지 텐서를 역정규화하는 유틸리티 함수를 정의한다.

2. 나비 이미지를 불러와 출력하는 유틸리티 함수를 정의한다.

3. 원본 나비 이미지를 보여주는 이미지 출력 함수를 호출한다.

코드는 앞의 예제와 같아 재사용할 수 있다. 코드를 실행하면 그림 6.10과 같이 원본 이미지를 보여준다.

그림 6.10 원본 나비 이미지

생성기와 판별기를 정의하고 옵티마이저를 구성한다. 같은 아키텍처라서 이전 코드를 다시 사용하면 된다. 테스트가 끝나면 학습을 시작한다.

4. GAN 모델 학습을 진행한다.

```
model = ButterflyGAN( )
trainer = pl.Trainer(max_epochs=100, devices=1, accelerator='gpu')
trainer.fit(model, buttefly_train_dataloader)
```

코드에서 100 에포크 동안 나비 GAN 모델을 훈련한다.

5. 나비 GAN 모델의 출력을 생성한다.

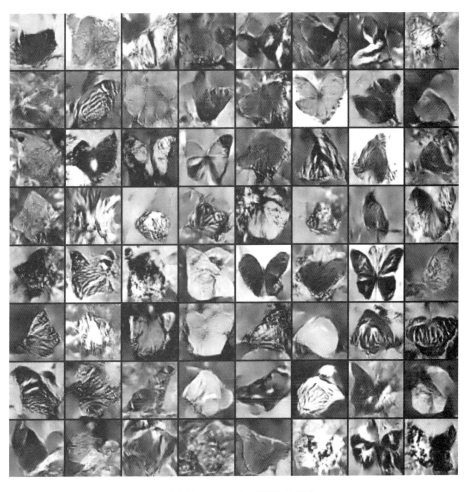

그림 6.11 GAN 모델로 생성한 나비 종

█ GAN 학습 도전 과제

GAN 모델은 좋은 결과를 얻기 위해 많은 컴퓨팅 자원이 필요하다. 특히 데이터 세트가 깔끔하지 않거나 이미지의 표현을 배우기가 어려울 때는 훨씬 더 많은 자원이 필요하다. 매우 깔끔하고 선명한 표현이 있는 가짜 이미지를 생성하고 싶다면 고해상도 이미지를 입력으로 사용해야 한다. 하지만 해상도가 높을수록 더 많은 모델 파라미터가 필요하고 학습에 더 많은 메모리가 필요하다.

다음은 예시 시나리오다. 64 픽셀 이미지를 학습에 사용했는데, 이미지 사이즈를 128 픽셀로 키우면 GAN 모델의 파라미터 수는 1,590만 개에서 9,340만 개로 급격히 증가한다. 따라서 모델 학습에 훨씬 더 많은 컴퓨팅 파워가 필요하고 구글 코랩 환경의 한정된 자원으로 인해 20~25 에포크 후에 그림 6.12와 같은 에러가 발생할 수 있다.

그림 6.12 고해상도 이미지 사용에 따른 메모리 에러

메모리 사용을 줄이기 위해 배치 크기를 줄이거나 경사 누적$^{gradient\ accumulation}$ 같은 방법을 사용할 수 있다. 하지만 이런 방법에도 한계가 있다. 가령 배치 크기를 128에서 64로 줄이면 모델이 이미지 표현을 학습하는 데 훨씬 오랜 시간이 걸린다. 배치 크기를 줄이고 학습을 했을 때 생성한 이미지를 통해 이를 관찰할 수 있다.

배치 크기를 줄이면 경사^{gradient}가 더 적은 데이터의 평균이기 때문에 모델이 진동^{oscillate}한다. 이때 경사 누적 기술을 사용할 수 있는데, 여러 번 배치 동안 파라미터의 경사를 더한다. 이 기능은 Trainer 인스턴스에서 accumulate_grad_batches 인자로 사용할 수 있다.

```
# 16 배치의 경사를 누적한다.
trainer = Trainer(accumulate_grad_batches=16)
```

그러므로 배치 크기와 경사 누적 인자를 조합해서 고해상도 이미지 학습에서도 효과적인 배치 크기를 사용하는 것과 유사하게 만들 수 있다.

```
batch_size = 8
trainer = pl.Trainer(max_epochs=100, devices=-1, accelerator='gpu', accumulate_
grad_batches=16)
```

코드를 보면 학습을 효과적인 배치 크기인 128로 수행하는 것과 같다. 하지만 학습 시간이 다시 제약이 되는데, 메모리 부족 에러를 방지하면서 효과적인 배치 크기로 학습하기 위해서는 100 에포크 보다 훨씬 큰 값으로 학습시켜야 한다.

많은 딥러닝 연구 분야에서 연구자가 사용할 수 있는 컴퓨팅 자원 한계로 인해 연구를 진행하지 못한다. 대부분의 큰 기술 회사(구글이나 페이스북 같은)는 딥러닝 분야에서 자주 새로운 발견을 하는데, 근본적으로 대형 서버와 대형 데이터 세트를 사용할 수 있기 때문에 가능한 경우가 많다.

DCGAN으로 새 이미지 생성하기

DCGAN은 앞에서 살펴본 GAN에서 바로 확장한 모델로 판별기에서는 컨볼루션 레이어만 생성기에서는 전치 컨볼루션 레이어만 사용한다는 차이를 제외하고는 동일하다. DCGAN은 알렉 래드포드Alec Radford, 루크 메츠Luke Metz, 수미스 친탈라Soumith Chintala의 논문 심층 컨볼루션 GAN을 활용한 비지도 표현 학습Unsupervised Representation Learning with Deep Convolutional Generative Adversarial Networks에서 처음 제안됐다.

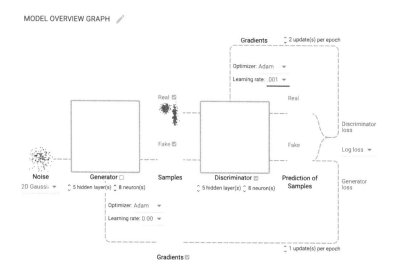

그림 6.13 DCGAN 아키텍처 개요

DCGAN 아키텍처는 기본적으로 **5개의 컨볼루션 레이어와 전치 컨볼루션을 위한 5개의 레이어**로 구성된다. DCGAN 아키텍처에는 완전연결층이 없다. 여기서는 모델을 훈련하기 위해 0.0002의 학습률을 사용한다.

DCGAN의 생성기가 어떻게 작동하는지 확인하기 위해 좀 더 깊이 알아본다.

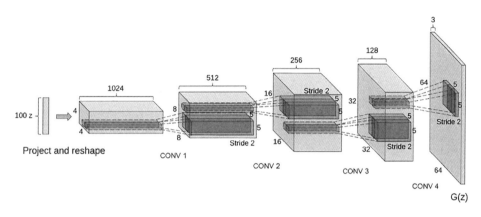

그림 6.14 DCGAN 논문의 생성기 아키텍처

DCGAN 생성기 아키텍처 도식에서 볼 수 있듯이 완전연결층이나 풀링층이 없다. DCGAN이 취한 구조적 변화 중 하나다. DCGAN은 GAN과 비교해 메모리와 컴퓨팅 효율성에 장점이 있다. DCGAN에 대한 튜토리얼은 파이토치 웹 사이트에서 확인할 수 있다.

음식과 나비 데이터 세트를 모두 같은 DCGAN 모델에 적용해 본다. 코드는 다음 블록으로 이뤄져 있다.

1. 입력 정의
2. 데이터 불러오기
3. 가중치 초기화
4. 판별기 모델 구성
5. 생성기 모델 구성
6. 옵티마이저 설정

7. 모델 학습

8. 결과 확인

코드는 앞에서 본 내용과 매우 유사하다. 전체 예제 코드는 6장의 깃허브 저장소에 있다.

- https://github.com/PacktPublishing/Deep-Learning-with-PyTorch-Lightning/tree/main/Chapter06.

두 데이터 세트에 대 모델을 100 에포크 동안 학습했고 손실 그래프는 그림 6.15와 같다.

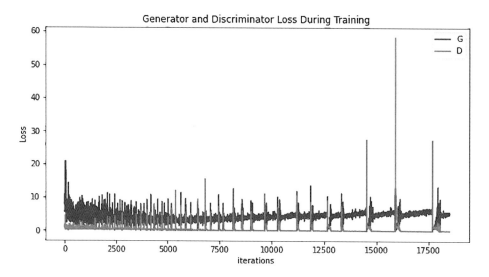

그림 6.15 DCGAN 모델 학습 중 생성기 및 판별기 손실

학습 진행 후에 음식 및 나비 데이터 세트에 대해 그림 6.16의 결과가 나온다.

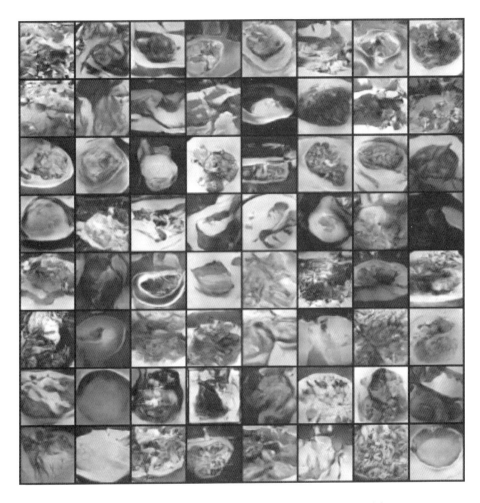

그림 6.16 500 에포크 후 DCGAN 모델에 의해 생성한 가짜 음식 이미지

그림 6.17은 나비 데이터 세트의 결과를 나타낸다.

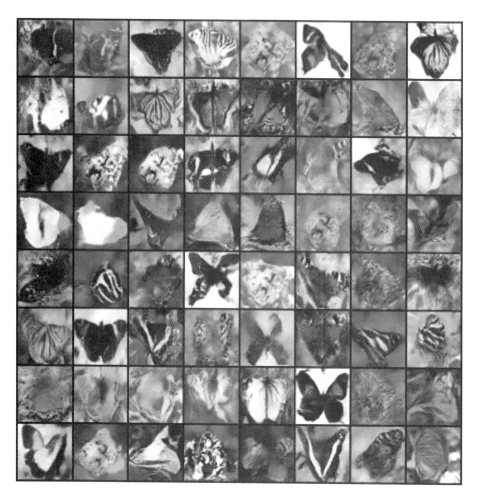

그림 6.17 500 에포크 후 DCGAN 모델에 의해 생성한 가짜 나비 종

DCGAN을 사용하면 더 적은 에포크로 훨씬 좋은 품질의 결과를 얻을 수 있다. DCGAN
에 필요한 메모리와 컴퓨팅 자원은 기본 GAN보다 훨씬 적은데 같은 GPU를 사용한다면
훨씬 더 많이 학습할 수 있다. DCGAN의 고유한 최적화로 GAN에 비해 훨씬 효율적이
고 효과적이다.

추가 학습

- 모델 아키텍처에서 가장 먼저 변화를 줄 수 있는 부분은 컨볼루션 레이어와 전치 컨볼루션 레이어의 수다. 대부분의 모델은 8층 구조를 사용한다. 앞의 코드를 변경해서 레이어를 추가하고 결과를 비교해 보자.

- GAN과 DCGAN 아키텍처를 사용했는데 BigGAN이나 StyleGAN 같은 다른 GAN 아키텍처를 사용할 수 있다.

- GAN 학습에는 많은 메모리가 필요하다. 필요한 컴퓨팅 자원을 줄이기 위해 사전 학습 모델을 사용한다. 하지만 사전 학습 모델은 모델이 학습된 기존 목적에서만 잘 작동한다. 가령 얼굴 데이터 세트를 학습한 StyleGAN 모델으로 새로운 얼굴을 생성할 수 있다. 하지만 6장에서 사용한 나비 데이터 세트에 대한 사전 학습 모델이 없다면, 처음부터 학습시키는 방법 밖에 없다.

- 판별기만 사전 학습 모델을 사용하는 방법도 있다. 많은 논문이 이미지넷 데이터로 사전 학습한 판별기를 사용해 좋은 결과를 얻었다. 예제에서도 같은 방법을 시도해도 된다.

- 만들어 보고 싶은 새로운 모델을 만들어 보자. GAN이 만든 예술 작품은 새롭게 뜨는 분야다. 무엇이든 결합하고 생성할 수 있다. 당신이 만든 GAN의 NFT 작품이 언젠가 비싼 값에 팔릴지 누가 알겠는가!

▎ 요약

GAN은 이미지 뿐만 아니라 그림, 3D 물체(GAN의 새로운 변형 모델을 사용해)를 만드는 강력한 방법이다. 판별기와 생성기 네트워크를 조합하는 방법과 랜덤 노이즈에서 시작해 실제 이미지를 모방한 가짜 이미지를 생성하는 방법을 살펴봤다. 생성기와 판별기의 대결에서 여러 반복 동안 손실 함수를 최소화하면서 더 좋은 이미지를 생성할 수 있었다. 생성한 결과는 현실에는 존재하지 않는 가짜 이미지였다.

강력한 방법이지만 사용에 대한 윤리적인 우려가 있다. 가짜 이미지와 물체는 사람을 속이는 데 사용될 수 있지만 또한 무한한 새로운 기회를 만들기도 한다. 예를 들어 옷을 사는 동안 패션 모델들의 사진을 본다고 상상해 보자. 끝없는 촬영으로 그 이미지를 만드는 게 아니라 GAN이나 DCGAN을 사용해 다양한 체형, 사이즈, 모양, 색상의 이미지를 생성할 수 있고 이는 회사와 고객 모두에게 도움이 된다. 이번에는 가구가 없는 집을 팔아야 한다고 상상해 보자. GAN을 이용하면 사실적인 가구 이미지를 만들어 부동산 개발자의 비용을 크게 줄일 수 있다. 또한 GAN은 데이터 증강 및 데이터 생성 목적으로 사용할 수 있는 강력한 방법이다. 이외에도 아무도 상상하지 못한 수많은 가능성이 있다. GAN을 사용하다 보면 아이디어가 떠오를 것이다.

생성 모델링 여정을 계속할 것이다. 기계가 이미지를 생성하도록 학습하는 방법을 살펴봤으니 7장에서는 기계가 주어진 이미지를 통해 시나 글을 작성하도록 학습하는 방법을 알아본다. 7장에서 **준지도 학습**Semi-Supervised Learning을 살펴보는데, CNN과 RNN 아키텍처를 조합해 기계가 이미지의 맥락을 이해하고 사람처럼 글, 시, 가사를 생성하도록 할 것이다.

07

준지도 학습

머신러닝은 패턴 인식에 오랫동안 사용됐다. 최근에 기계를 패턴을 만드는 데 사용할 수 있다는 생각이 많은 사람들의 상상력을 자극했다. 기계가 알려진 작가 스타일을 모방해 작품을 만들거나 어떤 입력이 주어졌을 때 사람처럼 관점을 제공할 수 있다는 아이디어가 머신러닝의 새로운 연구 분야가 됐다.

지금까지 본 딥러닝 모델은 이미지를 인식하고[CNN] 텍스트를 생성하고[Transformers], 이미지를 만들어 냈다[GAN]. 하지만 현실에서 사람은 물체를 순수하게 글이나 이미지로 보지 않고 둘의 조합으로 본다. 예를 들어 페이스북 포스트나 뉴스 기사의 이미지는 그 이미지를 나타내는 약간의 설명도 함께 있는 경우가 많다. 밈[Meme]은 기억하기 쉬운 이미지와 재치 있는 텍스트로 재미를 만든다. 뮤직비디오는 이미지와 비디오, 오디오와 텍스트 모두를 결합했다. 기계가 진정으로 지능이 있다고 말하려면 기계는 미디어의 콘텐츠를 해석하고 사람이 하는 것처럼 그를 설명할 정도로 똑똑해야 한다. 그런 멀티모달^multimodal 학습은 기계 지능의 꿈이다.

이미지넷은 이미지 인식에서 인간에 가까운 성능을 달성함으로써 딥러닝에 혁명을 일으켰다. 또한 기계가 무엇을 이룰 수 있는 새로운 가능성을 상상하도록 만들었다. 그런 상상 중 하나는 단순히 이미지를 인식하는 게 아니라 이미지 안에서 무슨 일이 벌어지고 있는지 일반인의 용어로 설명하도록 하는 것이다. 이는 마이크로소프트가 이미지에 대해 사람이 설명한 캡션을 붙인 COCO라는 새로운 크라우드소싱^crowdsourced 프로젝트를 시작하도록 자극했다. 이 프로젝트에서 기계가 글을 쓰는 방법을 학습시키는 몇 가지 모델이 만들어졌다(예: 아이에게 사과 그림을 보여주고 칠판에 '사과'라고 쓰면서 아이가 나중에 이런 방법으로 새로운 단어를 쓰기를 기대하는 방식).

딥러닝에서 **준지도 학습**^Semi-Supervised Learning이라는 새로운 분야를 만들었다. 이런 형태의 학습은 훈련을 시작할 때 인간이 제공한 입력이 필요하다는 점에서 지도 학습 같은 부분도 있다. 하지만 초기 입력은 레이블이나 참값^ground truth으로 사용되지는 않는다. 또 출력은 프롬프트^prompt가 있든 없든 비지도 방식으로 생성한다. 이처럼 지도 학습과 비지도 학습 스펙트럼의 중간 어딘가에 있기 때문에 준지도 학습이라고 한다. 준지도 학습의 가장 큰 잠재력은 기계에 이미지의 맥락을 가르칠 수 있다는 점에 있다. 이미지에 있는 자동차는 차가 움직이는지, 주차돼 있는지, 전시장에 있는지에 따라 다른 의미가 있는데 기계가 그런 차이를 이해할 수 있다면 이미지에서 무슨 일이 벌어지는지 해석하도록 만들 수 있다.

7장에서는 준지도 학습 문제에서 어떻게 파이토치 라이트닝을 활용할 수 있는지 알아본다. 여기서는 CNN과 RNN 아키텍처를 조합하는 방법에 초점을 맞춘다.

7장에서는 다음 주제를 다룬다.

- 준지도 학습 시작하기
- CNN–RNN 아키텍처 알아보기
- 이미지에 대한 캡션 생성하기

기술 요구사항

7장에서는 주로 다음의 파이썬 모듈을 사용한다.

- pytorch-lightning(버전: 2.0.2)
- numpy(버전: 1.22.4)
- torch(버전: 2.0.1)
- torchvision(버전: 0.15.2)
- nltk(버전: 3.8.1)
- matplotlib(버전: 3.7.1)

모듈의 호환성 때문에 에러가 발생하지 않도록 파이토치 라이트닝 2.0.2와 특정 버전의 torch, torchvision, torchtext를 사용했다. 최신 버전의 파이토치 라이트닝과 호환되는 torch를 사용할 수도 있다. 자세한 사항은 다음 깃허브 링크에서 확인할 수 있다.

- https://github.com/PacktPublishing/Deep-Learning-with-PyTorch-Lightning

```
!pip install torch==2.0.1 torchvision==0.15.2 --quiet
!pip install pytorch-lightning==2.0.2 --quiet
```

7장의 예제 코드는 다음 깃허브에 있다.

- https://github.com/PacktPublishing/Deep-Learning-with-PyTorch-Lightning/tree/main/Chapter07

7장에서는 다음 데이터 세트를 사용한다.

- 마이크로소프트 COCO^Common Objects in Context 데이터 세트는 https://cocodataset.org/#download에서 제공한다.

준지도 학습 시작하기

준지도 학습을 활용한 가장 흥미로운 기술은 기계가 이미지를 해석하는 것이다. 이는 주어진 이미지에 캡션을 다는 것 뿐만 아니라 기계가 이미지를 어떻게 인식했는지 시적인 감상을 쓰도록 요청할 수도 있다.

결과는 그림 7.1에서 확인할 수 있다. 왼쪽은 모델에 임의로 선정해 입력한 이미지이고 오른쪽은 모델이 생성한 시다. 결과가 흥미롭다. 이 시를 사람이 썼는지 기계가 썼는지 구분하기 어렵다.

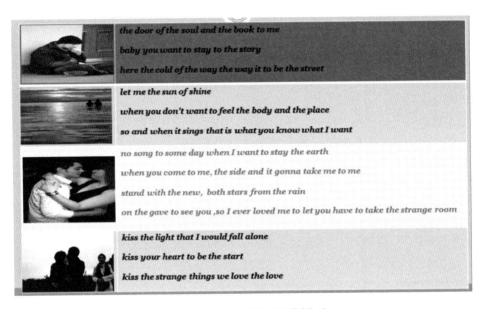

그림 7.1 주어진 이미지에 대해 생성한 시

맨 위 이미지에서 기계는 문과 거리를 인식하고 그에 대한 시를 썼다. 두 번째 이미지에서, 햇빛을 인식하고 일몰과 사랑에 대한 시를 썼다. 마지막 이미지에서 커플이 키스하는 것을 보고 키스와 사랑에 대해 썼다.

이 모델은 이미지와 텍스트를 학습에 함께 사용했기 때문에 이미지를 보고서 기계가 문맥을 추론할 수 있다. 내부적으로 CNN과 RNN(LSTM)과 같은 다양한 딥러닝 방법을 사용한다. 이를 통해 주어진 입력에 대해 학습 데이터의 스타일과 유사한 관점이 있는 텍스트를 생성할 수 있다. 벽 이미지가 있을 때, 말한 사람이 도널드 트럼프Donald Trump냐 힐러리 클린턴Hillary Clinton이냐를 구분해서 텍스트를 생성할 수 있다. 이런 새롭고 매혹적인 발전으로 기계는 인간의 인식이나 예술에 더 가까워졌다.

이것이 어떻게 가능한지 이해하려면 기반이 되는 신경망 아키텍처를 이해해야 한다. 2장에서 CNN 모델을, 5장에서 LSTM 모델을 살펴봤다. 7장에서는 두 가지를 모두 활용한다.

▌ CNN-RNN 아키텍처 알아보기

준지도 학습을 활용할 수 있는 사례도 많고 수많은 신경망 아키텍처도 있지만 그 중에서 가장 유명한 CNN과 RNN을 결합한 아키텍처에서 시작해 보자.

간단히 요약하면 CNN으로 이미지를 인식하고 CNN의 결과를 RNN으로 전달해 텍스트를 생성한다.

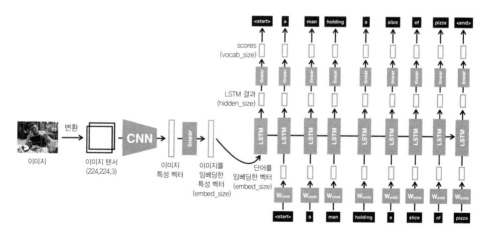

그림 7.2 CNN-RNN 아키텍처

직관적으로 설명하면 모델은 이미지와 그에 대한 설명 문장으로 학습하면서 이미지와 언어 사이의 상호 대응 관계intermodal correspondence를 학습한다. CNN과 멀티모달 RNN을 사용해 이미지의 설명을 생성한다. 앞서 설명한 대로 RNN의 구현으로 LSTM을 사용한다.

CNN–RNN 아키텍처는 안드레아 카르파티Andrej Karpathy와 그의 지도교수 리 페이페이Fei-Fei Li가 스탠포드에서 2015년 발표한 '이미지 설명 생성을 위한 텍스트 생성 및 시각적 정보와의 정렬Generative Text Using Images and Deep Visual-Semantic Alignments for Generating Image Descriptions'에서 처음 제안했다.

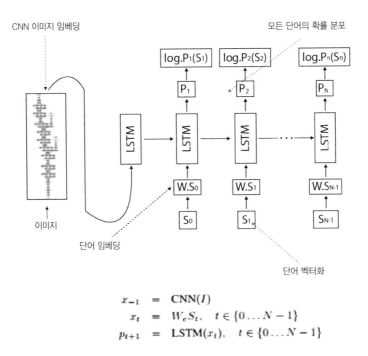

그림 7.3 LSTM과 CNN 작동 과정(이미지 출처 – 안드레아 카르파티)

논문에 설명된 아키텍처를 단계별로 살펴보자.

1. 데이터 세트에는 사람이 이미지에서 일어나는 일을 설명한 문장이 포함돼 있다. 사람들은 이미지의 맥락에 따라 특정 물체를 자주 언급한다는 사실을 이용하는

것이 주요 아이디어다. 가령, '사람이 벤치에 앉아 있다'라는 문장은 여러 부분으로 나눌 수 있는데, '사람'은 물체이고 '벤치'는 공간, '앉아 있다'는 행동에 해당한다. 또 세 가지가 이미지 전체의 문맥을 나타낸다.

2. 우리의 목표는 사람이 하는 것처럼 이미지에서 일어나는 일을 설명하는 글을 생성하는 것이다. 그러기 위해 문제를 잠재 공간으로 가져가고 이미지와 단어의 잠재 표현을 만들어야 한다. 그런 멀티모달 임베딩은 유사한 문맥 사이의 의미적 연결을 만들고 처음 보는 이미지에 대해서도 텍스트 생성이 가능하도록 한다.

3. 이를 달성하기 위해 CNN을 인코더로 사용해서 소프트맥스 층 직전의 마지막 층에서 피처를 추출한다. 이미지와 단어의 관계를 뽑아내기 위해 단어를 이미지 벡터 임베딩과 같은 형태의 벡터로 표현해야 한다. 그리고 이미지의 텐서 표현을 RNN 모델에 전달한다.

4. RNN의 구현으로 LSTM 아키텍처를 사용한다. 특정 양방향 RNN은 단어의 배열을 받아 벡터로 변환한다. 텍스트 생성을 위한 LSTM은 5장 시계열 예측에서와 유사하게 동작하는데, 여기서는 문장의 다음 단어를 예측한다. 이전에 입력된 문자 전체로부터 다음에 올 확률이 가장 높은 문자를 선택하는 방식으로 예측을 수행한다.

5. LSTM 모델의 활성화 함수는 ReLU^{Rectified Linear Unit}을 사용하는데, RNN을 학습하는 방법은 이전의 모델에서와 똑같다. 마지막으로 옵티마이저는 미니 배치에 대해 **확률적 경사하강**^{SGD, Stochastic Gradient Descent}을 사용한다.

6. 처음 보는 이미지에 대한 설명 텍스트나 캡션을 생성하기 위해 CNN 이미지 인식 모델로 물체가 있는 영역을 찾고 물체를 식별한다. LSTM 모델은 인식한 물체를 기반으로 문장을 생성한다. 문장을 생성할 때는 문자에 대한 확률 분포에서 가장 높은 확률(소프트맥스를 사용해서 구한다)을 갖는 문자를 선택해서 한 문자씩 생성한다. 제공한 단어 사전은 어떤 텍스트를 생성하는지에 핵심적인 역할을 한다.

7. 가령 단어 사전을 캡션에서 시로 변경하면 모델은 시를 작성하는 방법도 학습하게 된다. 셰익스피어에 관련된 단어 사전을 주면, 셰익스피어의 소네트나 셰익스

피어의 다른 작품 같은 글을 생성할 것이다.

▌ 이미지에 대한 캡션 생성하기

다음의 작업을 수행한다.

1. 데이터 세트 다운로드하기
2. 데이터 정리하기
3. 모델 학습하기
4. 캡션 생성하기

데이터 세트 다운로드하기

나중에 학습에 사용할 COCO 데이터 세트를 다운로드한다.

COCO 데이터 세트

COCO 데이터 세트는 물체 탐지, 분할, 캡션 생성을 위한 대규모 데이터 세트다(https://cocodataset.org). 150만 개의 물체, 여든 가지의 물체 카테고리, 이미지당 5개의 캡션으로 구성된다. 다음 링크에서 데이터 세트를 살펴볼 수 있다(https://cocodataset.org/#explore). 그림 7.4처럼 하나나 그 이상의 물체 타입으로 필터링을 수행 가능하다. 각 이미지 위에는 URL, 세그먼트, 캡션을 확인할 수 있는 타일 아이콘이 있다.

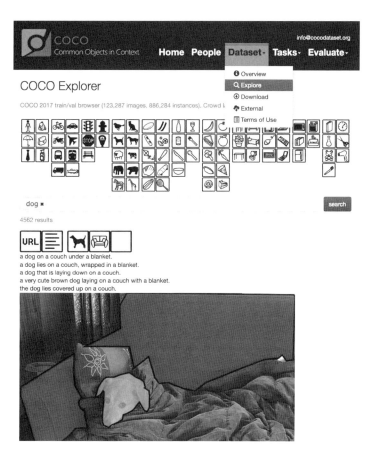

그림 7.4 COCO 데이터 세트

그림 7.5는 데이터 세트의 몇 가지 샘플 이미지다.

그림 7.5 COCO 웹사이트 페이지의 데이터 세트 샘플

데이터 세트 압축 해제

7장에서는 2017 COCO 학습 데이터 세트의 4,000개 이미지와 그 이미지에 대한 캡션을 사용해 CNN-RNN 융합 모델을 학습한다. 2017 COCO 데이터 세트에는 118,000개 이상의 이미지와 590,000개 이상의 캡션이 있다. 이렇게 큰 데이터로 학습시키면 너무 오래 걸리기 때문에 4,000개의 이미지와 그에 대한 캡션을 필터링해서 사용한다. 하지만 먼저 다음 코드를 사용해 모든 이미지와 캡션을 coco_data라는 폴더에 다운로드한다 (Downloading_the_dataset.ipynb 노트북 파일을 사용하자).

```
!wget http://images.cocodataset.org/zips/train2017.zip
!wget http://images.cocodataset.org/annotations/annotations_trainval2017.zip


!mkdir coco_data


!unzip ./train2017.zip -d ./coco_data/
!rm ./train2017.zip


!unzip ./annotations_trainval2017.zip -d ./coco_data/
!rm ./annotations_trainval2017.zip
!rm ./coco_data/annotations/instances_val2017.json
!rm ./coco_data/annotations/captions_val2017.json
!rm ./coco_data/annotations/person_keypoints_train2017.json
!rm ./coco_data/annotations/person_keypoints_val2017.json
```

코드에서는 wget 명령을 사용해 COCO 웹사이트에서 ZIP 파일을 다운로드했다. 그림 7.6 과 같이 COCO 웹사이트의 다운로드 페이지(https://cocodataset.org/#download)에서 빨간 화살표로 표시한 파일과 같은 파일을 다운로드한다.

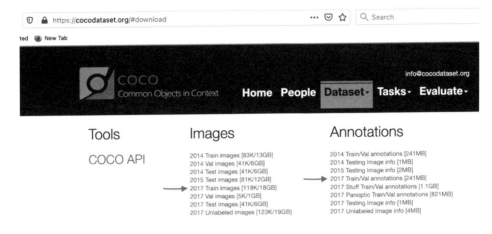

그림 7.6 COCO 웹사이트의 다운로드 페이지

ZIP 파일의 압축을 풀고 ZIP 파일은 삭제한다. 또한 압축 해제한 파일에서 검증 데이터처럼 사용하지 않을 파일을 삭제한다.

코드를 실행하면 coco_data 폴더에 그림 7.7과 같은 내용이 나타난다.

```
!ls ./coco_data

annotations   train2017


!ls ./coco_data/annotations

captions_train2017.json   instances_train2017.json


!ls ./coco_data/train2017

000000120643.jpg  000000267049.jpg  000000411223.jpg  000000557785.jpg
000000120644.jpg  000000267055.jpg  000000411225.jpg  000000557794.jpg
000000120645.jpg  000000267059.jpg  000000411226.jpg  000000557804.jpg
000000120648.jpg  000000267064.jpg  000000411238.jpg  000000557811.jpg
000000120655.jpg  000000267067.jpg  000000411241.jpg  000000557812.jpg
```

그림 7.7 다운로드 및 압축 해제한 COCO 데이터

데이터 정리하기

딥러닝은 일반적으로 COCO 2017의 전체 이미지와 캡션과 같은 대용량 데이터 세트를 사용하기 때문에 모델 학습에 강력한 장비와 많은 시간이 필요하다. 이미지와 캡션을 4,000장으로 제한해서 7장에서의 모델 학습을 몇 주가 아니라 며칠 만에 끝낼 수 있도록 한다.

여기서는 4,000개의 이미지와 해당 캡션을 필터링하고, 이미지 크기를 조정하고, 캡션에서 사전을 생성하기 위해 COCO 2017 데이터를 처리하는 방법을 설명한다. `Assembling_the_data.ipynb` 노트북 파일로 작업한다. 다음 코드와 같이 노트북의 첫 번째 셀에서 필요한 패키지를 불러온다.

```python
import os
import json
import random
import nltk
import pickle
from shutil import copyfile
from collections import Counter
from PIL import Image
from vocabulary import Vocabulary
```

이미지와 캡션 필터링

학습 데이터 세트를 4개 카테고리(오토바이, 비행기, 코끼리, 테니스 라켓)의 각 1,000개의 이미지로 제한한다. 또한 이미지의 캡션을 필터링한다.

`instances_train2017.json` 메타데이터 파일의 어노테이션annotation을 처리한다. 파일에는 물체 인식 정보가 담겨있는데, COCO 데이터 세트의 어노테이션은 다음 페이지에서 참조할 수 있다(https://cocodataset.org/#format-data). 다음의 두 가지 목적을 위해 `category_id`, `image_id`, `area` 필드 정보를 사용한다.

- 이미지에 있는 다양한 물체를 표시한다.
- 이미지에서 물체를 영역의 순서대로 정렬한다. 이를 통해 해당 물체가 이미지에서 주요한지 여부를 판단할 수 있다. COCO 데이터 세트의 다음 그림에서 녹색으로 표시된 테니스 라켓은 사람, 자동차, 짐에 비해 주요하지 않다. 따라서 이 이미지의 캡션에는 테니스 라켓에 대한 언급이 없다.

그림 7.8 주요하지 않은 물체

물체에 따른 이미지 선택

다음 코드에서는 JSON 파일을 읽고 변수를 초기화한다.

```
obj_fl = "./coco_data/annotations/instances_train2017.json"
with open(obj_fl) as json_file:
    object_detections = json.load(json_file)


CATEGORY_LIST = [4, 5, 22, 43]
COUNT_PER_CATEGORY = 1000
category_dict = dict()


for category_id in CATEGORY_LIST:
    category_dict[category_id] = dict()


all_images = dict()
filtered_images = set()
```

CATORY_LIST의 경우 JSON의 카테고리 중에서 네 가지 카테고리의 ID를 수동으로 지정했다. 예를 들어 다음과 같은 카테고리 형태에서 원하는 카테고리를 선택할 수 있다.

```
{"supercategory": "vehicle", "id": 4, "name": "motorcycle"}
```

그런 다음 for 반복문을 사용해 all_images와 category_dict 사전을 채운다.

```
for annotation in object_detections['annotations']:
    category_id = annotation['category_id']
    image_id = annotation['image_id']
    area = annotation['area']

    if category_id in CATEGORY_LIST:
        if image_id not in category_dict[category_id]:
            category_dict[category_id][image_id] = []
```

```
if image_id not in all_images:
  all_images[image_id] = dict()
if category_id not in all_images[image_id]:
  all_images[image_id][category_id] = area
else:
  current_area = all_images[image_id][category_id]
if area > current_area:
    all_images[image_id][category_id] = area
if COUNT_PER_CATEGORY == -1:
  for category_id in category_dict:
    print("Processing category {}".format(category_id))
    filtered_images.update(category_dict[category_id].keys())
    print("  Filtered total {} images of category {}".format(len(category_
dict[category_id].keys()), category_id))
  else:
  # COUNT_PER_CATEGORY != -1인 경우 코드
```

앞의 반복문을 실행하면 데이터는 다음과 같은 형태가 된다.

- all_images 사전은 각 이미지에서 카테고리와 그 영역 정보를 가진다.
- category_dict 사전은 지정했던 4개의 카테고리 중 하나 이상의 물체를 가진 모든 이미지를 가진다.

COUNT_PER_CATEGORY를 -1로 설정하면 CATEGORY_LIST에 지정한 카테고리에 속하는 모든 이미지를 포함시킨다. if 블록에서 category_dict를 사용해 이미지를 가져온다.

COUNT_PER_CATEGORY가 -1이 아니면, else 블록에서 각 카테고리의 이미지를 COUNT_PER_CATEGORY 수 만큼 필터링한다. else 블록에서 2개의 for 반복문을 사용한다. 첫 번째 반복문에서는 다음 코드에서 나타난 대로 all_images 사전의 이미지별 카테고리와 영역 넓이 정보를 사용해 더 넓은 영역을 차지하는 카테고리가 앞으로 오도록 정렬한다. 다시 말해 이 반복문을 실행하면 사전의 값은 이미지에서 주요한 순으로 정렬한 카테고리 리스트가 된다.

```
for image_id in all_images:
  areas = list(all_images[image_id].values())
  categories = list(all_images[image_id].keys())
  sorted_areas = sorted(areas, reverse=True)
  sorted_categories = []
  for area in sorted_areas:
    sorted_categories.append(categories[areas.index(area)])
  all_images[image_id] = sorted_categories
```

다른 블록의 두 번째 루프는 category_dict에 저장된 4개의 범주의 이미지를 순회하면서 all_images 사전에 저장된 정보를 사용해 이미지에서 가장 두드러지는 COUNT_PER_CATORY개의 부분만 필터링한다.

반복문은 그림 7.9의 결과를 출력한다.

```
Processing category 4
  Added 1000 images at prominence_index 0 out of 2134 images
  Completed filtering of total 1000 images of category 4
Processing category 5
  Added 1000 images at prominence_index 0 out of 2707 images
  Completed filtering of total 1000 images of category 5
Processing category 22
  Added 1000 images at prominence_index 0 out of 1981 images
  Completed filtering of total 1000 images of category 22
Processing category 43
  Added all 30 images at prominence_index 0
  Added 970 images at prominence_index 1 out of 2621 images
  Completed filtering of total 1000 images of category 43
Processed all categories. Number of filtered images is 4000
```

그림 7.9 이미지 필터링 코드 출력

캡션 필터링

노트북의 다음 셀에서 captions_train2017.json 메타 데이터 파일에 저장된 캡션을 처리한다. 다음 코드에서처럼 이전 노트북 셀에서 추출한 이미지에 대한 캡션을 분리한다.

```
filtered_annotations = []
for annotation in captions['annotations']:
  if annotation['image_id'] in filtered_images:
    filtered_annotations.append(annotation)
captions['annotations'] = filtered_annotations
```

JSON 파일에서 캡션은 annotations라는 이름의 배열에 저장돼 있다. 캡션의 형태는 다음과 같다.

```
{"image_id": 173799, "id": 665512, "caption": "Two men herding a pack of
elephants across a field."}
```

캡션의 image_id가 filtered_images에 있는 캡션을 분리한다.

캡션 JSON 파일에는 images라는 배열도 있다. 다음 반복문에서 필터링한 이미지만 갖도록 이미지 배열을 변경한다.

```
images = []
filtered_image_file_names = set()
for image in captions['images']:
  if image['id'] in filtered_images:
    images.append(image)
    filtered_image_file_names.add(image['file_name'])
captions['images'] = images
```

필터링한 캡션을 coco_data/cations.json이라는 새로운 파일에 저장하고 필터링한 이미지 파일을 copyfile 함수로 coco_data/images라는 새로운 폴더에 복사한다.

```
Number of filtered annotations is 20007
Expected number of filtered images is 4000, actual number is 4000
```

그림 7.10 이미지 필터링 코드 출력

데이터 정리 단계가 끝나 4개 카테고리에서 4,000개 이미지와 20,000개 캡션 학습 데이터 세트를 준비했다.

이미지 크기 조정

COCO 데이터 세트는 모두 컬러 이미지이지만 크기가 제각각이다. 모든 이미지는 $3 \times 256 \times 256$의 균일한 크기로 변환해서 images라는 폴더에 저장한다. 다음 코드는 Assembling_the_data.ipynb 노트북의 resize_images 함수에서 가져왔다.

```python
def resize_images(input_path, output_path, new_size):
  if not os.path.exists(output_path):
    os.makedirs(output_path)
  image_files = os.listdir(input_path)
  num_images = len(image_files)


  for i, img in enumerate(image_files):
    img_full_path = os.path.join(input_path, img)
    with open(img_full_path, 'r+b') as f:
      with Image.open(f) as image:
        image = image.resize(new_size, Image.ANTIALIAS)
        img_sv_full_path = os.path.join(output_path, img)
        image.save(img_sv_full_path, image.format)
    if (i+1) % 100 == 0 or (i+1) == num_images:
      print("Resized {} out of {} total images.".format(i+1, num_images))
```

resize_images 함수에 다음 인자를 전달한다.

- input_path: 4,000개의 필터링한 이미지를 저장한 coco_data/images 폴더
- output_path: coco_data/resized_images 폴더
- new_size: [256 x 256]

코드에서 input_path의 모든 이미지를 순회하면서 resize 메소드를 사용해 이미지의 크기를 조정한다. 조정한 이미지를 output_path 폴더에 저장한다.

그림 7.11은 resize_images 함수의 출력 메시지다.

```
Resized 2900 out of 4000 total images.
Resized 3000 out of 4000 total images.
Resized 3100 out of 4000 total images.
Resized 3200 out of 4000 total images.
Resized 3300 out of 4000 total images.
Resized 3400 out of 4000 total images.
Resized 3500 out of 4000 total images.
Resized 3600 out of 4000 total images.
Resized 3700 out of 4000 total images.
Resized 3800 out of 4000 total images.
Resized 3900 out of 4000 total images.
Resized 4000 out of 4000 total images.
```

그림 7.11 이미지 크기 조정 출력

같은 노트북 셀에서 다음 명령어를 사용해 크기를 변환한 이미지를 coco_data/images 폴더로 옮긴다.

```
!rm -rf ./coco_data/images
```
```
!mv ./coco_data/resized_images ./coco_data/images
```

이미지 크기를 조정한 후에 사전을 구축한다.

사전 만들기

Assembling_the_data.ipynb 노트북의 마지막 셀에서 필터링한 COCO 이미지의 캡션을 build_vocabulary 함수를 사용해 처리한다. build_vocabulary 함수는 Vocabulary 클래스의 인스턴스를 생성한다. Vocabulary 클래스는 vocabulary.py라는 별도의 파일에 정의돼 있기 때문에 훈련과 예측 단계에서 재사용할 수 있다. 그렇기 때문에 이 노트북의 첫 셀에서 from vocabulary import Vocabulary 문을 추가했다.

다음 코드는 vocabulary.py 파일에 정의된 Vocabulary 클래스를 나타낸다.

```python
class Vocabulary(object):
  def __init__(self):
    self.token_to_int = {}
    self.int_to_token = {}
    self.current_index = 0

  def __call__(self, token):
    if not token in self.token_to_int:
      return self.token_to_int['<unk>']
    return self.token_to_int[token]

  def __len__(self):
    return len(self.token_to_int)

  def add_token(self, token):
    if not token in self.token_to_int:
      self.token_to_int[token] = self.current_index
      self.int_to_token[self.current_index] = token
      self.current_index += 1
```

캡션에서 사용한 각각의 **단어**(토큰)를 정수에 매핑한다. Vocabulary 객체에는 토큰에 대응하는 정수를 반환하는 token_to_int 사전과 정수에 대응하는 토큰을 반환하는 int_to_token 사전이 있다.

build_vocabulary 함수의 정의를 나타낸다.

```python
def build_vocabulary(json_path, threshold):
  with open(json_path) as json_file:
    captions = json.load(json_file)
  counter = Counter()
  i = 0
  for annotation in captions['annotations']:
    i = i + 1
    caption = annotation['caption']
    tokens = nltk.tokenize.word_tokenize(caption.lower())
    counter.update(tokens)
    if i % 1000 == 0 or i == len(captions['annotations']):
      print("Tokenized {} out of total {} captions.".format(i,
len(captions['annotations'])))

  tokens = [tkn for tkn, i in counter.items() if i >= threshold]

  vocabulary = Vocabulary()
  vocabulary.add_token('<pad>')
  vocabulary.add_token('<start>')
  vocabulary.add_token('<end>')
  vocabulary.add_token('<unk>')

  for i, token in enumerate(tokens):
    vocabulary.add_token(token)
```

```
    return vocabulary


vocabulary = build_vocabulary(json_path='coco_data/captions.json', threshold=4)
vocabulary_path = './coco_data/vocabulary.pkl'
with open(vocabulary_path, 'wb') as f:
    pickle.dump(vocabulary, f)
print("Total vocabulary size: {}".format(len(vocabulary)))
```

캡션 JSON 파일의 경로(coco_data/captions.json)을 json_path의 인자로 전달하고
threshold 인자에 4를 지정했다.

json.load로 JSON 파일을 불러온다. nltk는 Natural Language Toolkit을 줄임말이다.
NLTK의 tokenize.word_tokenize 메소드로 캡션 문장을 단어와 구두점으로 분리한다.
collections.Counter를 사용해 각 토큰이 등장한 횟수를 집계한다. 모든 캡션을 for 반
복문으로 처리하고 threshold보다 적게 등장한 토큰은 제거한다.

Vocabulary 객체를 인스턴스화하고 특수 토큰을 추가한다. <start>와 <end>는 문장의 시
작과 끝을 의미하고, <pad>는 패딩을, <unk>는 __call__ 메소드를 호출했을 때 token_
to_int에 대응하는 토큰이 없을 때 사용된다. 그리고 나서 for 반복문을 통해 나머지 토
큰을 Vocabulary에 추가한다.

> **중요사항**
>
> ⟨pad⟩ 토큰을 다른 토큰보다 먼저 추가해야 한다. 그래야 해당 토큰에 0 값이 할당되기
> 때문이다. coco_collate_fn은 패딩이 추가된 캡션을 생성할 때 torch.zeros() 메소드를
> 사용하는데, 그 때 값과 통일성을 가지려면 ⟨pad⟩에 0이 할당돼야 한다.

vocabulary는 coco_data 폴더에 pickle.dump 메소드를 통해 저장한다.

build_vocabulary 함수를 실행하면 그림 7.12와 같이 출력된다.

```
Tokenized 12000 out of total 20012 captions.
Tokenized 13000 out of total 20012 captions.
Tokenized 14000 out of total 20012 captions.
Tokenized 15000 out of total 20012 captions.
Tokenized 16000 out of total 20012 captions.
Tokenized 17000 out of total 20012 captions.
Tokenized 18000 out of total 20012 captions.
Tokenized 19000 out of total 20012 captions.
Tokenized 20000 out of total 20012 captions.
Tokenized 20012 out of total 20012 captions.
Total vocabulary size: 1687
```

그림 7.12 토크나이징 출력

이 단계를 마치면, 모델을 학습할 준비가 끝났다.

> **중요사항**
>
> 데이터 세트를 다운로드하고 정리하는 작업은 일회성 작업이다. 모델 학습을 재개하거나
> 재시작하는 경우 이 단계를 반복할 필요는 없고 다음 단계를 수행하면 된다.

모델 학습하기

모델 학습을 설명한다. 모델 학습 단계에는 torch.utils.data.Dataset과 torch.utils.data.DataLoader 클래스를 사용해 데이터를 불러오고, pytorch_lightning.LightningModule 클래스를 사용해 모델을 정의한다. 학습 구성을 설정하고 파이토치 라이트닝의 Trainer를 사용해 학습을 시작한다. 여기서는 Training_the_model.ipynb 노트북과 model.py 파일을 사용한다.

Training_the_model.ipynb 노트북의 첫 셀에서 필요한 패키지를 불러온다.

```
import os
import json
import pickle
```

```
import nltk
from PIL import Image
import torch
import torch.utils.data as data
import torchvision.transforms as transforms
import pytorch_lightning as pl
from model import HybridModel
from vocabulary import Vocabulary
```

데이터 세트

torch.utils.data.Dataset 클래스를 확장해 CocoDataset 클래스를 정의한다. CocoData
set은 map 스타일의 데이터 세트로 __getitem__과 __len__ 메소드를 정의한다. __len__
메소드는 데이터 세트의 샘플 개수를 반환하고 __getitem__ 메소드는 주어진 인덱스(idx)
의 샘플을 반환한다.

```
class CocoDataset(data.Dataset):
  def __init__(self, data_path, json_path, vocabulary, transform=None):
    self.image_dir = data_path
    self.vocabulary = vocabulary
    self.transform = transform
    with open(json_path) as json_file:
      self.coco = json.load(json_file)
      self.image_id_file_name = dict()
    for image in self.coco['images']:
      self.image_id_file_name[image['id']] = image['file_name']

  def __getitem__(self, idx):
    annotation = self.coco['annotations'][idx]
```

```
caption = annotation['caption']

tkns = nltk.tokenize.word_tokenize(str(caption).lower())

caption = []

caption.append(self.vocabulary('<start>'))

caption.extend([self.vocabulary(tkn) for tkn in tkns])

caption.append(self.vocabulary('<end>'))


image_id = annotation['image_id']

image_file = self.image_id_file_name[image_id]

image_path = os.path.join(self.image_dir, image_file)

image = Image.open(image_path).convert('RGB')

if self.transform is not None:

    image = self.transform(image)

return image, torch.Tensor(caption)


def __len__(self):

    return len(self.coco['annotations'])
```

__init__은 이미지 폴더 경로(coco_data/images)를 data_path의 인자로, 캡션 JSON 파일 경로(coco_data/captions.json)를 json_path의 인자로 받는다. 또한 Vocabulary 객체도 받는다. 캡션 JSON 파일은 json.load로 불러와 self.coco 변수에 저장한다. __init__ 내부의 for 반복문에서는 이미지 ID와 파일 이름을 매핑하는 self.image_id_file_name 사전을 생성한다.

__len__ 메소드는 앞에서 나타난 것처럼 데이터 세트의 총 길이를 반환한다.

> **중요사항**
>
> COCO 데이터 세트에는 이미지당 5개의 캡션이 있다. 7장의 모델은 각 이미지-캡션 쌍을 처리하기 때문에 데이터 세트의 길이는 이미지 수가 아니라 캡션 수와 같다.

__getitem__ 메소드는 주어진 인덱스의 이미지-캡션 쌍을 반환한다. idx 인덱스에 대응하는 캡션을 찾아서 토큰화하고 사전을 통해 토큰을 대응하는 정수로 변환한다. 그리고 나서 idx에 대응하는 이미지 ID를 찾아 self.image_id_file_name 사전에서 이미지 파일의 이름을 얻고 파일을 불러와 transforms의 매개변수에 기반해 이미지를 변환한다.

CocoDataset 객체를 DataLoader의 인자로 전달한다. 하지만 DataLoader는 콜레이트 함수collate function가 필요한데 다음 절에서 설명한다.

콜레이트 함수

Training_the_model.ipynb 노트북의 다음 셀에서 coco_collate_fn()라는 이름의 콜레이트collate function 함수를 정의한다. 다음의 코드에서 볼 수 있듯이, coco_collate_fn() 함수는 data_batch라는 이름의 이미지와 캡션 배치를 입력으로 받는다. 배치의 캡션에 패딩을 추가한다.

```
def coco_collate_fn(data_batch):
  data_batch.sort(key=lambda d: len(d[1]), reverse=True)
  imgs, caps = zip(*data_batch)
  imgs = torch.stack(imgs, 0)
  cap_lens = [len(cap) for cap in caps]
  padded_caps = torch.zeros(len(caps), max(cap_lens)).long()
  for i, cap in enumerate(caps):
    end = cap_lens[i]
    padded_caps[i, :end] = cap[:end]
  return imgs, padded_caps, cap_lens
```

data_batch를 캡션의 길이 내림차순으로 정렬하고 이미지와 캡션을 각각 imgs와 caps 목록으로 분리한다.

imgs 목록의 길이를 <batch_size>로 표현하자. 이미지 배열에는 $3 \times 256 \times 256$ 차원의 이

미지가 있다. 배열은 torch.stack( ) 함수를 통해 <batch_size>×3×256×256 크기의 단일 텐서로 바뀐다.

비슷하게 caps 배열은 <batch_size>개의 캡션이 있는데, 캡션의 길이는 다양하다. 배치 안에서 가장 긴 캡션의 길이를 <max_caption_length>라고 하자. for 반복문으로 caps 목록을 <batch_size>×<max_caption_length> 크기의 단일 텐서로 변경하고 padded_caps 변수로 저장한다. <max_caption_length> 보다 짧은 캡션은 0으로 패딩한다.

함수는 imgs, padded_caps와 cap_lens를 반환한다. cap_lens 목록은 패딩하지 않은 캡션 길이를 갖고 있다.

CocoDataset 객체와 coco_collate_fn 함수를 DataLoader의 인자로 전달한다.

데이터 로더

Training_the_model.ipynb 노트북의 다음 셀에서 get_loader 함수를 정의한다.

```python
def get_loader(data_path, json_path, vocabulary, transform, batch_size,
shuffle, num_workers=0):
  coco_ds = CocoDataset(data_path=data_path,
    json_path=json_path,
    vocabulary=vocabulary,
    transform=transform)
  coco_dl = data.DataLoader(dataset=coco_ds,
    batch_size=batch_size,
    shuffle=shuffle,
    num_workers=num_workers,
    collate_fn=coco_collate_fn)
  return coco_dl
```

함수에서는 CocoDataset을 coco_ds라는 변수명으로 인스턴스화하고, coco_collate_fn

과 coco_ds를 coco_dl이라는 이름으로 torch.utils.data.DataLoader 클래스를 인스턴
스화할 때 인자로 전달한다.

하이브리드 CNN-RNN 모델

모델은 model.py 파일에 별도로 정의돼 있어 예측 단계에서 코드를 재사용할 수 있다.
model.py 파일에서 볼 수 있듯이, 필요한 패키지를 불러온다.

```
import torch

import torch.nn as nn

from torch.nn.utils.rnn import pack_padded_sequence as pk_pdd_seq

import torchvision.models as models

import pytorch_lightning as pl
```

항상 그렇듯이 HybridModel 클래스는 LightningModule을 확장한다. 이어서 CNN과 RNN
레이어, 옵티마이저 설정, 학습률, 학습 손실, 배치 크기 등을 설명한다.

CNN 및 RNN 레이어

모델은 CNN 모델과 RNN 모델의 하이브리드 형태다. 2개의 모델의 순차 레이어를 Hybrid
Model 클래스의 __init__ 메소드 부분에 정의한다.

```
def __init__(self, cnn_embdng_sz, lstm_embdng_sz, lstm_hidden_lyr_sz, lstm_
vocab_sz, lstm_num_lyrs, max_seq_len=20):

  super(HybridModel, self).__init__()

  resnet = models.resnet152(pretrained=False)

  module_list = list(resnet.children())[:-1]

  self.cnn_resnet = nn.Sequential(*module_list)

  self.cnn_linear = nn.Linear(resnet.fc.in_features, cnn_embdng_sz)
```

```
self.cnn_batch_norm = nn.BatchNorm1d(cnn_embdng_sz, momentum=0.01)

self.lstm_embdng_lyr = nn.Embedding(lstm_vocab_sz, lstm_embdng_sz)


self.lstm_lyr = nn.LSTM(lstm_embdng_sz,

    lstm_hidden_lyr_sz,

    lstm_num_lyrs,

    batch_first=True)


self.lstm_linear = nn.Linear(lstm_hidden_lyr_sz, lstm_vocab_sz)

self.max_seq_len = max_seq_len

self.save_hyperparameters()
```

CNN 부분에서는 ResNet-152 아키텍처를 사용한다. 이때 쉽게 사용할 수 있는 torch vision.models.resnet152 모델을 사용한다. 하지만 CNN 모델의 출력으로 이미지가 코끼리나 비행기 같은 클래스에 속할 확률 예측을 받고 싶지 않다. 대신, 이미지의 학습된 표현을 CNN 모델의 출력으로 받아서 RNN 모델의 입력으로 전달할 것이다.

그러기 위해 list(resnet.children())[:-1]을 사용해 마지막 **완전연결층**의 소프트맥스 레이어를 제거하고 모든 레이어를 nn.Sequential()을 사용해 다시 연결한다. 그리고 self.cnn_batch_norm이라는 배치 정규화 레이어 다음에 self.cnn_linear라는 이름의 선형 레이어를 추가한다. 배치 정규화는 모델 레이어를 더 안정적으로 만들고 과적합을 방지하는 정규화 기법으로 활용된다.

> **중요사항**
>
> 앞의 코드에서 torchvision.models.resnet152 모델을 불러올 때 pretrained=False로 설정했다. 사전 학습 ResNet-152 모델은 COCO 데이터 세트가 아닌 이미지넷 데이터로 학습됐기 때문이다(https://pytorch.org/vision/stable/models.html#id10 참조). pretrained=True 옵션을 사용해 모델의 정확도를 살펴볼 수 있다. 3장에서 본 것처럼, 이미지넷에서 학습한 모델도 일부 클래스를 추출할 수 있지만 두 데이터 세트의 이미지 복잡도가 상당히 다르기 때문에 정확도가 저하될 수 있다. 여기서는 pretrained=False로 설정해서 모델을 처음부터 학습하기로 결정했다.

RNN 부분의 __init__에서 LSTM 레이어를 정의한다. LSTM 레이어는 CNN 모델로부터 인코딩된 이미지 표현을 입력으로 받아 단어 배열(최대 self.max_seq_len 길이의 문장)을 결과로 반환한다. max_seq_len 매개변수에는 20을 기본값으로 사용한다.

다음으로 model.py의 HybridModel 클래스에서 정의한 학습 구성을 설명한다.

옵티마이저 설정

코드에서 표시된 대로 torch.optim.Adam 옵티마이저가 HybridModel 클래스의 configure_optimizers 메소드에서 반환된다.

```
def configure_optimizers(self):
  params = list(self.lstm_embdng_lyr.parameters()) + \
    list(self.lstm_lyr.parameters()) + \
    list(self.lstm_linear.parameters()) + \
    list(self.cnn_linear.parameters()) + \
    list(self.cnn_batch_norm.parameters())
  optimizer = torch.optim.Adam(parameters, lr=0.0003)
  return optimizer
```

아담 옵티마이저를 인스턴스화할 때 lr=0.0003으로 설정했다. lr은 **학습률**을 나타낸다.

> **중요사항**
>
> 사용할 수 있는 옵티마이저의 종류는 수십 가지가 있다. 옵티마이저의 설정은 매우 중요한 하이퍼파라미터로 모델 학습에 큰 영향을 준다. 지역 최소에 갇히는 문제는 자주 발생하는데, 이때 시도할 수 있는 첫 번째 방법이 옵티마이저의 변경이다. 사용 가능한 모든 옵티마이저 목록은 다음 링크에서 확인할 수 있다(https://pytorch.org/docs/stable/optim.html).

RMSprop 옵티마이저로 변경

다음 코드와 같이 이전 코드의 아담 옵티마이저를 RMSprop으로 변경할 수 있다.

```
optimizer = torch.optim.RMSprop(parameters, lr=0.0003)
```

RMSprop은 모델 같은 시퀀스 생성 모델과 특별한 관계가 있다. 제프리 힌튼의 'RNN을 통한 시퀀스 생성Generating Sequences With Recurrent Neural Networks'(https://arxiv.org/pdf/1308.0850v5. pdf)에서 중요하게 사용돼 캡션 생성과 같은 문제에서 좋은 결과를 보여줬다. 이런 종류의 모델에서 지역 최솟값을 잘 피하도록 한다. 기울기 평균에 제곱근을 취하고 epsilon을 더하는 방식으로 구현한다.

한 옵티마이저가 다른 옵티마이저보다 더 잘 작동하는지의 이유에 관한 문제는 딥러닝에서 여전히 미스터리다. 7장에서는 연습을 위해 Adam과 RMSprop 옵티마이저를 모두 사용해 학습을 구현했다. 나중에 다양한 옵티마이저를 시도하려고 한다면 지금의 연습이 도움이 될 것이다.

학습 손실

교차 엔트로피 손실을 사용해 학습 손실을 정의한다. 다음 코드에서 볼 수 있듯이, HybridModel 클래스의 training_step() 메소드에서 torch.nn.CrossEntropyLoss를 사용해 손실을 계산한다.

```
def training_step(self, batch, batch_idx):
  loss_criterion = nn.CrossEntropyLoss()
  imgs, caps, lens = batch
  outputs = self(imgs, caps, lens)
  targets = pk_pdd_seq(caps, lens, batch_first=True)[0]
  loss = loss_criterion(outputs, targets)
  self.log('train_loss', loss, on_epoch=True)
```

```
    return loss
```

training_step() 메소드의 batch 매개변수는 앞서 살펴본 coco_collate_fn의 반환값이다. 이 값들은 outputs = self(imgs, caps, lens) 문에서 볼 수 있듯이 forward 메소드의 입력으로 전달돼 출력을 생성한다. 손실을 계산하기 위해 targets 변수를 사용한다.

파이토치 라이트닝 프레임워크의 로깅 기능을 self.log를 통해 사용해 손실을 기록한다. 이때 기록한 값을 활용해 나중에 학습 과정에서 손실 곡선을 그릴 수 있다.

> **중요사항**
> 텐서보드가 어떻게 손실 곡선을 시각화하는지에 대한 자세한 내용은 10장을 참조할 수 있다.

학습률

학습률(lr)을 configure_optimizers()에서 다음 코드처럼 바꿀 수 있다.

```
optimizer = torch.optim.Adam(params, lr=0.0003)
```

> **중요사항**
> 다음 링크(https://pytorch.org/docs/stable/generated/torch.optim.Adam.html#torch.optim.Adam)에서 확인할 수 있듯이 Adam 옵티마이저의 기본 학습률은 0.001이다. 우리는 더 잘 수렴하도록 이 값을 0.0003으로 변경했다.

배치 크기

배치 크기를 키우면 더 큰 학습률을 사용해서 학습 시간을 줄일 수 있다. 배치 크기는 Training_the_model.ipynb 노트북의 get_loader() 함수에서 다음 코드처럼 변경할 수 있다.

```
coco_data_loader = get_loader('coco_data/images',
 'coco_data/captions.json',
 vocabulary,
 transform,
 256,
 shuffle=True,
 num_workers=4)
```

앞의 코드에서 배치 크기는 256이다.

HybridModel을 훈련하고 나면 LSTM 모델의 출력인 문장은 CNN 모델에 입력한 이미지를 설명한다. 다음 절에서 파이토치 라이트닝 프레임워크에서 제공하는 Trainer를 사용해 어떻게 모델 학습을 시작하는지 설명한다. 또한 어떻게 coco_data_loader가 Trainer에 인자를 전달하는지 살펴본다.

모델 학습 시작

앞에서 HybridModel 클래스가 정의된 model.py 파일에서 작업했다. 다시 Training_the_model.ipynb 노트북으로 돌아와, 노트북의 마지막 셀에서 작업한다.

```
transform = transforms.Compose([
 transforms.RandomCrop(224),
 transforms.RandomHorizontalFlip(),
 transforms.ToTensor(),
 transforms.Normalize((0.485, 0.456, 0.406),
 (0.229, 0.224, 0.225))])

with open('coco_data/vocabulary.pkl', 'rb') as f:
```

```
    vocabulary = pickle.load(f)


coco_data_loader = get_loader('coco_data/images',

  'coco_data/captions.json',

  vocabulary,

  transform,

  128,

  shuffle=True,

  num_workers=4)


hybrid_model = HybridModel(256, 256, 512, len(vocabulary), 1)

trainer = pl.Trainer(max_epochs=5)

trainer.fit(hybrid_model, coco_data_loader)
```

학습 중에는 transform 변수를 통해 사전 학습된 ResNet CNN 모델에 적용됐던 이미지 전처리와 정규화를 수행한다. 앞에서 transform 변수는 get_loader( ) 함수의 인자로 전달했다.

pickle로 저장했던 Vocabulary를 coco_data/vocabulary.pkl 파일에서 불러온다.

다음으로 get_loader 함수를 호출해 DataLoader 객체를 coco_data_loader에 저장한다.

hybrid_model 변수로 HybridModel 인스턴스를 생성하고 trainer.fit( ) 함수를 통해 모델 학습을 시작한다. 앞의 코드에서 볼 수 있듯이, hybrid_model과 coco_data_loader를 fit 메소드의 인자로 전달한다. 그림 7.13을 통해 파이토치 라이트닝이 학습 중에 생성하는 출력을 확인할 수 있다.

```
coco_data_loader = get_loader('coco_data/images', 'coco_data/captions.json', vocabulary,
                              transform, 128,
                              shuffle=True, num_workers=4)

hybrid_model = HybridModel(256, 256, 512, len(vocabulary), 1)
trainer = pl.Trainer(max_epochs=5)
trainer.fit(hybrid_model, coco_data_loader)

GPU available: False, used: False
TPU available: False, using: 0 TPU cores
IPU available: False, using: 0 IPUs

   | Name            | Type        | Params
--------------------------------------------------
0  | cnn_resnet      | Sequential  | 58.1 M
1  | cnn_linear      | Linear      | 524 K
2  | cnn_batch_norm  | BatchNorm1d | 512
3  | lstm_embdng_lyr | Embedding   | 441 K
4  | lstm_lyr        | LSTM        | 1.6 M
5  | lstm_linear     | Linear      | 885 K
--------------------------------------------------
61.6 M     Trainable params
0          Non-trainable params
61.6 M     Total params
246.292    Total estimated model params size (MB)
Epoch 0: 64%                              100/157 [31:03<17:31, 18.45s/it, loss=3.7, v_num=0]
```

그림 7.13 학습 출력

> **중요사항**
>
> 앞의 코드에서 pl.Trainer를 인스턴스화할 때 max_epochs=5로 설정해서 5 에포크만
> 학습하도록 했다. 현실적인 결과를 얻으려면 GPU 장비에서 수천 에포크 동안 모델을 학
> 습해야 한다.

학습 진행

모델 학습 속도를 높이기 위해 GPU를 사용하고 16비트 정밀도 학습 설정을 사용한다.
만약 GPU를 사용할 수 있다면 devices=n, accelerator='gpu' 옵션을 통해 GPU를 사
용할 수 있다. 이때 n은 사용할 수 있는 GPU의 수다. 모든 GPU를 사용하고자 한다면
devices=-1로 설정하면 된다.

```
trainer = pl.Trainer(max_epochs=50000, precision=16, accelerator='gpu',
devices=-1)
```

낮은 학습률을 사용하면 모델 학습을 잘 하는데 도움이 되지만, 학습 시간이 오래 걸린다. 그림 7.14는 lr=0.0003을 사용했을 때의 손실 곡선(검정 화살표)과 lr=0.001을 사용했을 때의 곡선이다.

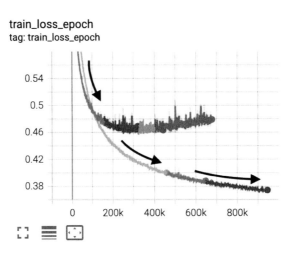

그림 7.14 학습 속도가 다른 손실 곡선 – 낮을수록 더 우수함

RMSprop 옵티마이저를 사용해 학습하면 그림 7.15처럼 손실률이 훌륭하게 감소한다.

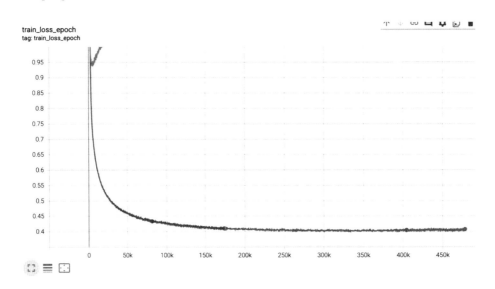

그림 7.15 RMSprop을 사용한 학습 손실

캡션 생성하기

model.py의 HybridModel 정의에는 예측에서 사용하기 위해 필요한 몇 가지 세부적인 구현 사항이 있다. 특성을 먼저 알아보고 Generating_the_caption.ipynb 노트북을 통해 코드를 설명한다.

HybridModel 클래스에는 get_caption 메소드가 있다. 이미지에 대한 캡션을 생성할 때 호출한다. get_caption 메소드는 이미지를 입력으로 받고 CNN 모델은 LSTM 모델의 입력 피처를 생성한다. LSTM 모델은 탐욕 탐색greedy search를 통해 가장 높은 확률로 예측되는 캡션을 생성한다.

```python
def get_caption(self, img, lstm_sts=None):
    """CNN"""
    features = self.forward_cnn_no_batch_norm(img)
    """LSTM: Generate captions using greedy search."""
    token_ints = []
    inputs = features.unsqueeze(1)
    for i in range(self.max_seq_len):
        hddn_vars, lstm_sts = self.lstm_lyr(inputs, lstm_sts)
        model_outputs = self.lstm_linear(hddn_vars.squeeze(1))
        _, predicted_outputs = model_outputs.max(1)
        token_ints.append(predicted_outputs)
        inputs = self.lstm_embdng_lyr(predicted_outputs)
        inputs = inputs.unsqueeze(1)
    token_ints = torch.stack(token_ints, 1)
    return token_ints
```

CNN의 순방향 로직을 HybridModel 클래스의 forward_cnn_no_batch_norm( )이라는 메소드에 분리해서 정의했다. forward_cnn_no_batch_norm( ) 메소드는 get_caption에서 CNN의 출력을 LSTM의 입력으로 받아 캡션을 생성하기 위해 사용한다. CNN의 예측에서는 cnn_batch_norm 모듈을 사용하지 않기 때문에 별도로 정의한다.

```python
def forward_cnn_no_batch_norm(self, input_images):
    with torch.no_grad():
        features = self.cnn_resnet(input_images)
    features = features.reshape(features.size(0), -1)
    return self.cnn_linear(features)
```

이후는 Genreating_the_caption.ipynb 노트북으로 작업한다. 노트북의 첫 번째 셀에서
필요한 패키지를 불러온다.

```python
import pickle
import numpy as np
from PIL import Image
import matplotlib.pyplot as plt
import torchvision.transforms as transforms
from model import HybridModel
from vocabulary import Vocabulary
```

노트북의 두 번째 셀에서 load_image 함수를 통해 이미지를 불러오고 변환하며 화면에
표시한다.

```python
def load_image(image_file_path, transform=None):
    img = Image.open(image_file_path).convert('RGB')
    img = img.resize([224, 224], Image.LANCZOS)
    plt.imshow(np.asarray(img))
    if transform is not None:
        img = transform(img).unsqueeze(0)
    return img
```

```
# 이미지 준비
image_file_path = 'sample.png'
transform = transforms.Compose([
    transforms.ToTensor(),
    transforms.Normalize((0.485, 0.456, 0.406), (0.229, 0.224, 0.225))])
img = load_image(image_file_path, transform)
```

체크포인트를 HybridModel.load_from_checkpoint( )에 전달해서 HybridModel 인스턴스를 생성한다.

```
hybrid_model = HybridModel.load_from_checkpoint("lightning_logs/version_0/
checkpoints/epoch=4-step=784.ckpt")
token_ints = hybrid_model.get_caption(img)
token_ints = token_ints[0].cpu().numpy()


# 정수를 토큰으로 변환
with open('coco_data/vocabulary.pkl', 'rb') as f:
    vocabulary = pickle.load(f)
predicted_caption = []
for token_int in token_ints:
    token = vocabulary.int_to_token[token_int]
    predicted_caption.append(token)
    if token == '<end>':
        break
predicted_sentence = ' '.join(predicted_caption)


# 생성한 캡션 출력
print(predicted_sentence)
```

변환한 이미지를 모델의 get_caption 메소드에 전달한다. get_caption 메소드는 캡션의 토큰에 해당하는 정수를 반환한다. 그래서 캡션 문장을 구성하는 토큰을 얻기 위해 사전을 사용한다. 마지막으로 캡션을 출력한다.

이미지 캡션 예측

학습 데이터 세트에 없었던 이미지를 입력으로 넣어 모델로 캡션을 생성해 본다. 모델이 생성한 문장은 아직 불완전하지만(모델 수렴을 위해서는 수 만 에포크가 필요하다) caption. json 파일을 훑어보면, 모델이 스스로 문장을 만들었다는 것을 확인할 수 있다. 그 문장은 모델 학습에 사용했던 캡션이 아니다.

중간 결과

모델은 이미지의 클래스를 이해한 다음 LSTM 모델을 통해 해당 클래스와 하위 클래스 행동에 대한 텍스트를 생성한다. 초기 예측에서는 약간의 노이즈가 있다는 점을 확인할 수 있다. 그림 7.16은 200 에포크 학습 이후의 결과다.

그림 7.16 200 에포크 학습 후 결과

1,000 에포크 학습 후 결과는 그림 7.17과 같다.

<start> 빌딩 옆에 있는 큰 비행기와 트럭 <end>

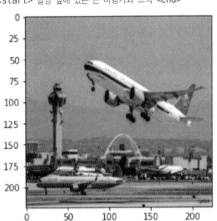

그림 7.17 1,000 에포크 학습 이후의 결과

2,000 에포크 학습 이후의 결과는 그림 7.18과 같다.

머리에 흑백 무늬가 있는 어린 코끼리가 또다른 작은 코끼리 앞에 있다. <end>

그림 7.18 2,000 에포크 학습 이후 결과

결과

10,000 에포크를 학습하고 나면, 캡션을 인간이 생성한 듯한 느낌을 받을 것이다. 에포크 수를 늘리면 결과는 점점 좋아진다. 하지만 이 모델이 4,000개 이미지 데이터로만 학

습했다는 것을 잊으면 안 된다. 데이터를 제한했기 때문에 모델이 학습할 수 있는 맥락과 어휘가 제한된다. 만약 수백 만 개의 이미지로 학습시키면 보지 않은 데이터에 대한 결과가 훨씬 좋아진다.

GPU 서버로 모델을 학습했고 완료하는 데 4일이 넘게 걸렸다. 그림 7.19는 배치 크기 256, 학습률 0.001에서 RMSprop으로 7,000 에포크 학습한 이후의 캡션 샘플이다.

<start> 제트기가 날고 있다 <unk> 하늘을 배경으로. <end>

<start> 남자가 테니스 볼을 향해 테니스 라켓을 휘두르고 있다. <end>

그림 7.19 RMSprop을 사용해 7,000 에포크 학습한 결과

같은 설정으로 10,000 에포크를 학습한 결과는 그림 7.20과 같다.

<start> 라켓을 들고 있는 여자 이미지 <end>

그림 7.20 10,000 에포크 이후의 결과

많은 에포크를 학습할수록 인상적인 결과를 얻을 수 있다는 점을 확인했다. 이제 사람이 하는 것처럼 기계에 캡션을 생성하도록 요청할 수 있다.

다음 단계

기계가 이미지에 대한 캡션을 생성하는 방법을 살펴봤으므로 추가로 다음과 같은 것을 시도해 볼 수 있다.

- 다양한 학습 매개변수 조합을 시도해본다. 다른 옵티마이저, 학습률, 에포크 등을 사용해 보자.
- CNN 아키텍처를 ResNet-152에서 ResNet-50, AlexNet, VGGNet 같은 다른 아키텍처로 변경해 보자.
- 다른 데이터 세트로 프로젝트를 진행해 보자. 제조업 분야나 의료 분야 등에서 준지도 학습을 시도해 볼 수 있는 데이터 세트가 있다.
- 준지도 학습에서 언급한 대로, 평서문으로 캡션을 생성하는 대신 시나 셰익스피

어의 문장과 같은 다른 스타일로 생성하도록 할 수 있다. 모델을 해당 문장으로 학습하고 스타일 전이style transfer 메커니즘을 사용해 캡션을 생성하면 된다. 결과를 재생성하기 위해서 가사 데이터 세트로 학습하고 기계가 시 형식을 모방하도록 한다.

- 시야를 더 넓히기 위해 다른 모델을 조합해 볼 수 있다. 오디오도 시퀀스의 한 형태이기 때문에, 주어진 이미지에 대해 음성 해설을 생성하는 모델을 만들어 볼 수 있다.

▌ 요약

7장에서 파이토치 라이트닝이 제공하는 많은 기능을 통해 준지도 학습 모델을 생성하는 방법을 알아봤다. 이미지에 대해 사람이 작성하는 것처럼 캡션을 생성하는 실습을 진행했다. 또한 CNN과 RNN 아키텍처를 조합하는 고급 신경망 아키텍처의 코드 구현을 살펴봤다.

기계학습 알고리듬으로 예술 작품을 생성하는 것은 딥러닝 분야의 새로운 가능성을 열어준다. 이 프로젝트에서 한 일은 최근에 딥러닝 분야에서 개발된 알고리듬을 다른 분야에 확장하는 간단한 예시였다. 텍스트 생성에서 자주 언급되는 문제는 맥락의 정확도인데, '생성한 텍스트가 요청에 잘 부합하는가?', 인간이 납득할 만한가'를 의미한다. 이런 모델의 정확도를 측정하기 위한 기술적인 기준을 제시하는 것은 딥러닝 분야에서 매우 중요한 연구 과제다.

멀티모달 학습 개념은 비디오나 오디오로도 확장할 수 있다. 화면에서 나타나는 행동(싸움, 로맨스, 폭력, 코미디)은 배경 음악과도 관계가 깊다. 특히 멀티모달 학습을 시청각 영역으로 확장해서 짧은 영상에 대한 배경 음악을 예측하거나 생성하도록 할 수 있다(찰리 채플린 영화의 배경 음악을 생성할 수도 있다!).

8장에서는 **자기 지도 학습**이라는 최신의 발전된 학습 방법을 살펴본다. 자기 지도 학습 방식은 기계학습이 스스로 생성한 레이블을 통해 레이블이 없는 데이터에서도 학습을 수행할 수 있도록 함으로써 딥러닝 분야에서 새로운 길을 열고 있다. 파이토치 라이트닝은 자기 지도 학습 모델을 쉽게 사용할 수 있도록 제공하는 첫 프레임워크로 8장에서 활용 방법을 익힌다.

08

자기 지도 학습

머신러닝은 초창기부터 지도 학습과 비지도 학습^{unsupervised learning}의 두 진영으로 깔끔하게 나뉘었다. 지도 학습^{supervised learning}은 레이블이 있는 데이터 세트가 필요하고 레이블이 없다면 비지도 학습을 사용해야 했다. 학습에 레이블이 필요 없다는 점은 매우 매력적이지만, 클러스터링 같은 비지도 학습 방법은 제약이 많았다. 또 비지도 학습 방법의 정확성을 평가하기도 어려웠다.

물체 인식, 주가 및 매출 예측, 영화 추천 등 머신러닝 응용 사례 대부분은 지도 학습에 속한다. 지도 학습은 잘 분류된 고품질의 레이블이 필요하다는 문제가 있다. 데이터 세트는 레이블이 없는데 레이블을 만들려면 많은 시간과 비용이 들고 때로는 완전히 불가능하기도 하다. 대표적인 딥러닝 데이터 세트인 이미지넷^{ImageNet}은 1,400만 개의 이미지와 그 이미지에 있는 물체를 나타내는 레이블이 있다. 짐작할 수 있겠지만, 원본 이미지에는 레이블이 없었다. 149,000명의 참여자(대부분 대학원생)가 19개월 동안 아마존의 Mechanical Turk 앱을 사용해 레이블을 만들었다.

레이블 만들기가 사실상 불가능한 데이터 세트도 많다. X선 촬영이나 CT와 같은 의학 이미지에 레이블을 만들려면 훈련된 의사가 필요한데, 모든 이미지를 레이블링할 만큼의 의사를 구할 수 없다.

그렇다면 비지도 학습처럼 많은 레이블 데이터가 필요 없으면서도 지도 학습처럼 좋은 성능을 보일 수 있는 새로운 방식은 없을까? 이것이 바로 자기 지도 학습이 가진 가치다.

자기 지도 학습은 머신러닝에서 최신의 패러다임이고 최전방의 분야다. 이론적으로는 몇 년 전부터 존재했지만 실제로 지도 학습과 견줄 만한 결과를 내면서 머신러닝의 미래로 각광받는 것은 최근의 일이다. 이미지에 대한 자기 지도 학습의 기반은 레이블이 없이도 기계가 진정한 표현을 학습하게 만들 수 있다는 것이다. 적은 수의 레이블(데이터 세트의 약 1%)만으로도 지도 학습 만큼의 좋은 성능을 낼 수 있다. 이로 인해 레이블이 없어 사용하지 못했던 수많은 데이터 세트를 활용할 길이 열리고 있다.

8장에서는 자기 지도 학습을 소개하고 이미지 인식을 위한 자기 지도 학습에서 가장 많이 사용하는 아키텍처인 **대조 표현 학습**contrastive representative learning을 살펴본다. 8장에서는 다음 주제를 다룬다.

- 자기 지도 학습 시작하기
- 대조 학습
- SimCLR 아키텍처
- 이미지 인식을 위한 SimCLR 대조 학습 모델

▋ 기술 요구사항

8장에서는 주로 다음의 파이썬 모듈을 사용한다.

- NumPy(버전: 1.22.4)
- torch (버전: 2.0.1)
- torchvision (버전: 0.15.2)
- PyTorch Lightning (버전: 2.0.2)

코드를 실행하기 전에 패키지 버전이 올바른지 확인하자.

파이토치 라이트닝 2.0.2와 에러가 발생하지 않고 의존성을 맞추기 위해 특정 버전의 torch, torchvision를 사용했다. 서로 호환되는 최신 버전의 파이토치 라이트닝과 파이토치를 사용해도 무방하다. 자세한 내용은 다음 깃허브 링크에서 확인할 수 있다.

- https://github.com/PacktPublishing/Deep-Learning-with-PyTorch-Lightning

```
!pip install torch==2.0.1 torchvision==0.15.2 --quiet
!pip install pytorch-lightning==2.0.2 --quiet
```

8장의 실습 예제는 다음 깃허브에 있다.

- https://github.com/PacktPublishing/Deep-Learning-with-PyTorch-Lightning/tree/ main/Chapter08

STL-10 원본 데이터 세트는 다음 링크에서 확인할 수 있다.

- https://cs.stanford.edu/~acoates/stl10/

그림 8.1 STL-10 데이터 세트의 샘플

STL-10 데이터 세트는 자기 지도 학습 알고리듬을 개발하기 위한 이미지 인식 데이터 세트다. CIFAR-10과 유사하지만 매우 중요한 차이점이 있다. CIFAR-10보다 레이블된 데이터가 적고 이미지 표현을 학습하기 위한 레이블이 없는 데이터가 매우 많다.

▌ 자기 지도 학습 시작하기

최근 몇 년간 CNN이나 RNN 같은 딥러닝 방식이 성공을 거두면서 머신러닝의 미래가 무엇인지는 뜨거운 논쟁거리였다. 이미지 인식에서는 CNN이 뛰어나고 RNN은 텍스트를 생성할 수 있고 더 발전된 자연어 처리 방법인 트랜스포머가 엄청난 성능을 보였지만, 모든 방법은 인간 지능과 비교할 때 심각한 한계가 있다. 추론이나 이해와 같은 작업에서는 인간이 비할 바가 아니었다. 또한 그 방법들은 이미지 인식 같은 단순한 작업을 수행하기 위해서도 수많은 레이블된 데이터가 필요하다.

그림 8.2 어린이는 매우 적은 레이블로도 분류하는 방법을 배운다

사람은 그렇게 배우지 않는다. 그림 8.2와 같이 어린이는 물체를 인식하기 위해 수백만 개의 레이블된 이미지가 필요 없다. 사람의 뇌가 적은 양의 초기 정보로도 새로운 레이블을 생성하는 놀라운 능력은 지금까지의 머신러닝으로는 흉내내지 못했다.

AI의 잠재력을 확장하기 위해서 여러 방법을 시도했다. 인간에 가까운 지능 성능을 달성하기 위한 연구는 **강화 학습**과 **자기 지도 학습**이라는 두 가지 방법으로 이어졌다.

강화 학습에서는 게임과 유사한 환경을 만들어 기계가 명시적인 지시 없이도 환경을 탐색하는 방법을 학습하는 데 중점을 둔다. 각 시스템은 보상 함수를 최대화하도록 설정돼 있고, 에이전트는 이전 게임에서 했던 실수를 다음 게임에서는 줄이도록 천천히 학습해간다. 그렇게 하기 위해서는 모델이 수백만 사이클 동안 학습돼야 하는데, 이를 사람의 시간으로 바꾸면 수천 년의 시간에 해당한다. 바둑과 같은 매우 어려운 게임에서 인간을 이기고 기계 지능에서 새로운 기록을 세웠지만 이 방법은 인간이 배우는 방식은 아니다. 인간은 게임을 플레이하기 위해 수천 년 동안 연습하지 않는다. 또 너무 많은 실험이 필요하기 때문에 산업 현장에서 사용하기에는 지나치게 느리다.

자기 지도 학습은 자신만의 레이블을 만들고 적응적으로 학습하는 것처럼 인간과 비슷한 방식으로 기계가 배우도록 하는 데 집중한다. **자기 지도 학습**이라는 용어는 딥러닝의 기반을 다진 공로로 튜링상(컴퓨터 분야의 노벨상)을 수상한 얀 르쿤이 만들었다. 그는 자기 지도 학습의 토대를 마련하고 에너지 모델링 방법을 사용해 많은 연구를 수행했다.

그림 8.3 미래는 '자기 지도 학습'에 있다

얀 르쿤은 AI의 미래가 지도 학습이나 강화 학습에 있지 않고 자기 지도 학습에 있다고 주장했다. 자기 지도 학습이 머신러닝에 관한 지식을 바꿔버릴 수 있는 잠재력이 있는 가장 중요한 분야 라는 점은 분명하다.

자기 지도의 의미

자기 지도는 다차원의 데이터를 학습할 수 있다는 의미다. 지도 학습에서는 데이터(x)와 레이블(y)이 있고 이를 이용해 예측, 분류, 물체 인식 등 다양한 작업을 할 수 있다. 하지만 비지도 학습에서는 데이터(x)만 있고 클러스터링 유형의 작업만 할 수 있다. 비지도 학습은 레이블 작업에 시간과 비용을 들일 필요가 없지만 그만큼 할 수 있는 일도 제한된다. 비지도 학습 방식으로 시작해서 데이터에서 어떤 방식으로든 레이블(y)을 만들어 지도 학습으로 넘어간다면 어떨까?

다시 말해, 기계가 스스로 레이블을 생성하도록 만든다면 어떨까? CIFAR-10 같은 데이터 세트는 10개의 클래스(새, 비행기, 개, 고양이 등)로 65,000개 이상의 레이블이 있다. 기계가 10개의 클래스를 인식하려면 이 정도 양의 레이블이 필요한 것이다. 65,000개의 레이블을 제공하는 대신 클래스 마다 1개씩 총 10개의 레이블을 제공하고 기계가 각 클래스와 유사한 이미지에 레이블을 달 수 있다면 어떨까? 그렇게 할 수 있다면 기계가 학습 과정에서 스스로 지도하게 되고 이전에는 풀 수 없었던 문제를 해결할 수 있을 것이다.

지금 설명한 내용은 자기 지도 학습에 대한 단순한 정의다. 얀 르쿤은 자기 지도 학습을 **에너지 모델링**의 관점에서 'forward', 'backward' 에서만 배우는 것이 아니라 어느 방향에서나 배울 수 있는 모델로 정의한다. 에너지 모델링은 딥러닝 커뮤니티에서 활발한 연구 분야다. 이미지의 콘셉트와 레이블을 함께 학습한다는 **개념 학습**Concept Learning과 같은 아이디어는 미래에 혁신을 일으킬 것이다.

익히 써 본 적이 있는 자기 지도 학습 애플리케이션이 있다. GPT3나 트랜스포머 같은 자연어 처리 모델은 레이블이 없이 학습됐고 어느 다운스트림 태스크를 위해서든 미세 조정할 수 있다. 생각해보면 언어는 일반적으로 한쪽 방향으로 진행하기(뒤에서 앞, 글을 왼쪽에서 오른쪽 읽는 방식) 때문에 아무 레이블이 없이도 언어의 구조를 학습할 수 있다는 점을 이해할 수 있다.

이미지나 정형 데이터와 같은 다른 분야에서는 레이블 없이 또는 매우 적은 레이블로 학습한다는 것이 어려운 과제다. 8장에서 집중적으로 살펴볼 분야는 최근 놀라운 성과를 내고 있는 **대조 학습**contrastive learning이다. 레이블이 없이도 다른 이미지들 사이에서 비슷한 이미지를 찾을 수 있다.

> **중요사항**
> 에너지 모델링에 관심이 있다면 에너지 모델링을 집중적으로 다룬, 얀 르쿤의 '에너지 모델링 튜토리얼(A Tutorial on Energy-Based Learning)' 온라인 강의를 참고하자.
> * https://training.incf.org/lesson/energy-based-models-i

▎대조 학습

이미지를 이해한다는 건 무엇일까? 개를 예로 들면, 특정 종의 이미지로부터 종이 갖는 공통적인 표현이나 구조를 통해 다른 모든 개를 인식하는 것을 의미한다. 아직 말을 못하고 이해하지 못하는 2살 미만의 아기에게 개를 보여주고 여러 장의 동물 사진 중에 개와 비슷한 사진이 무엇인지 물어보면 아이는 쉽게 개가 나온 사진을 고를 수 있다. 아이는 심지어 그 동물이 '개'라는 사실이나 레이블이 없이도 개와 비슷한 동물 카드를 쉽게 고른다.

아이는 모든 종류의 개를 하나의 레이블과 예시만으로 배운 것이다! 기계도 비슷하게 기능할 수 있다면 멋지지 않을까? 대조 학습은 바로 이 방식을 빌려온다.

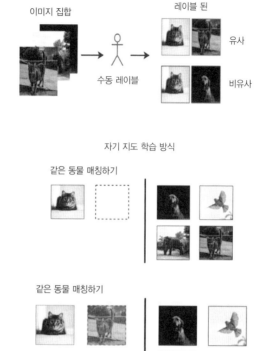

그림 8.4 대조 학습과 지도 학습의 차이(출처: https://amitness.com/2020/03/illustrated-simclr/)

대조 학습은 **표현 학습**representation learning의 한 유형이다. 사실, 대조 학습의 전체 이름은 **대조 표현 학습**이다. 아이는 개가 특정 유형의 표현(꼬리, 4개의 다리, 눈 등)을 갖는다는 것을 이해하고 유사한 표현을 찾을 수 있다. 놀랍게도 사람의 뇌는 매우 적은 데이터로도 이걸 할 수 있다(심지어는 1개의 이미지로도 새로운 개념을 가르칠 수 있다).

아동 발달 이론에 따르면 아이는 생후 몇 개월부터 엄마, 아빠를 비롯해 다른 익숙한 물체를 실루엣과 같은 어렴풋한 표현만으로도 구분할 수 있다고 한다. 그것은 아이가 새로운 시각적 데이터를 받아들이고 인식하고 분류하는 과정을 시작하는 핵심적인 발달 단계다. 시각적 능력은 인간의 인지 발달에도 매우 중요하다. 마찬가지로 기계가 레이블 없이도 이미지 사이의 유사성을 학습하도록 만들 수 있는 능력은 AI의 발달에 중요한 단계다.

대조 학습을 위해 다양한 아키텍처가 제안됐다. 유명한 아키텍처로는 SimCLR, CPC, YADIM, NOLO가 있다. 8장에서는 대조 학습에서 빠르게 표준으로 자리잡은 SimCLR 아키텍처를 살펴본다.

▌ SimCLR 아키텍처

SimCLR은 **단순 대조 학습 아키텍처**Simple Contrastive Learning Architecture의 약자다. SimCLR 아키텍처는 제프리 힌튼과 구글 팀이 발표한 〈시각적 표현의 대조 학습을 위한 간단한 프레임워크A Simple Framework for Contrastive Learning of Visual Representations〉 논문에 기반을 두고 있다. 제프리 힌튼은 얀 르쿤과 마찬가지로 딥러닝을 발전시킨 공로로 튜링상을 공동 수상했다. SimCLR과 SimCLR2가 있는데 SimCLR2는 SimCLR보다 크고 밀도가 높은 네트워크다. 이 책을 쓸 때는 SimCLR2가 최고의 아키텍처인데, 독자가 읽는 시점에는 SimCLR3가 발표됐을 수도 있다.

SimCLR 아키텍처는 이미지넷 데이터 세트에서 1%의 레이블만으로도 93%의 정확도를 달성할 수 있음을 보여줬다. 이는 이미지넷 데이터 세트의 레이블을 만드는 데 14만 명 이상의 사람이 참여했고 2년 이상의 시간이 들었다는 점을 고려하면 놀라운 결과다. 레이블링은 세계적인 규모로 수행된 대규모 작업이었다. 레이블링 작업에 걸리는 시간 외에도 구글 같은 대기업의 지원 없이는 그런 노력을 투자하기는 어렵다. 그렇기 때문에 많은 데이터 세트가 레이블이 없어 사용되지 못하고 있었다. 1%의 레이블 만으로도 비슷한 결과를 얻을 수 있다면 이전에는 열 수 없었던 수많은 가능성의 문을 열 수 있게 된다.

SimCLR의 작동 방식

SimCLR이 어떻게 작동하는지 간략히 살펴보자. 자세한 내용이 궁금하다면 논문('시각적 표현의 대조 학습을 위한 간단한 프레임워크' – 제프리 힌튼)을 읽기를 추천한다.

대조 학습의 기본 아이디어는 유사한 이미지를 그룹 지으면서 유사하지 않은 이미지들은 구별하는 것이다. 이 과정은 레이블이 없는 이미지에서 수행한다.

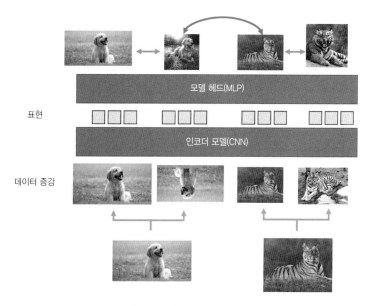

그림 8.5 SimCLR 작동 방식(참고: 아키텍처는 아래에서 위로 실행됨)

아키텍처는 다음과 같은 방식으로 진행된다.

1. 임의의 이미지 그룹에 **데이터 증강**을 수행하는 단계 – 다양한 데이터 증강 작업을 수행하는데, 그중 일부는 이미지 회전, 자르기, 흑백으로 색상 바꾸기처럼 표준적인 방법이고 가우스 흐림 효과 $^{Gaussian\ Blur}$와 같은 복잡한 방법도 사용한다. 나중에 살펴보겠지만 복잡하고 정교한 증강 방법이 모델 학습에 더 도움이 된다. 모델이 진정한 표현을 안정적이고 일관되게 학습하도록 하기 위해 데이터 증강 단계는 매우 중요하다. 데이터 세트에 레이블이 없이 때문에 데이터 증강 작업은

더욱 중요하다. 레이블이 없기 때문에 어떤 이미지가 유사하고 혹은 그렇지 않은 지 알 방법이 없는데, 이미지 하나에서 데이터 증강으로 여러 이미지를 생성하면 '진정한' 유사 이미지를 만들 수 있다.

2. 유사하거나 다른 이미지를 포함하는 이미지 배치를 만드는 단계 – 비유하자면 배치에는 양이온과 음이온이 있는데 마법 자석(SimCLR)을 사용해 이를 분류하려 는 것이다.

3. CNN 아키텍처인 인코더를 거치는 단계 – 보통 ResNet-18이나 ResNet-50 같 은 **ResNet** 아키텍처를 이 작업에 사용한다. 여기서 마지막 층을 제거하고 평균 풀 층을 통과한 결과를 사용한다. 인코더는 이미지 표현을 학습하는 데 도움이 된다. 다음으로 MLP 모델인 헤더 모듈(프로젝션 헤드^{projection head})을 통과한다.

4. 헤더 모듈은 이전 단계에서 만든 표현이 적용되는 공간에 대조 손실을 매핑하는 데 사용한다. **MLP** 모델은 SimCLR에서처럼 단일층 신경망일 수 있고 SimCLR2 에서처럼 3층 네트워크일 수 있다. 또는 더 큰 신경망으로 실험해도 된다. 정렬 (유사한 이미지를 가까이 두기)과 균일성(이미지의 정보 보존)의 균형을 맞추기 위해 사 용되는 과정이다.

5. 대조 예측에 사용하는 대조 손실 함수를 사용하는 단계– 대조 손실 함수는 데이 터 세트에서 다른 유사 이미지를 찾는 역할을 한다. 이 작업을 위한 특화된 손실 함수는 **NT-Xent**(the normalized temperature-scaled, cross-entropy loss)다. NT-Xent 손실 함수는 시스템이 어떻게 학습하고 있는지 측정하는 데 도움이 된다.

다섯 단계는 SimCLR 아키텍처를 설명하는데, 이때 레이블이 없는 이미지에서 작동한다. SimCLR의 마법은 아키택처를 이미지 분류와 같은 다운스트림 작업에 미세 조정할 때 나타난다. SimCLR 아키텍처는 표현을 학습하고 사용자는 그 표현을 어느 작업에서든지 사용할 수 있다.

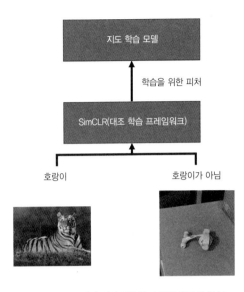

그림 8.6 관련 이미지를 찾기 위한 준지도 방식

이미지가 특정 목표와 관련이 있는지 여부를 판단하는 작업을 거치기도 한다. 이미지 인식 모델을 만들어서 여러 이미지 중에 호랑이 이미지만 저장해야 한다고 해보자. 카메라에는 다른 동물이나 전혀 관련 없는 물체가 촬영돼 있다. 그리고 모든 이미지에 레이블이 있는 것은 아니다. 레이블이 매우 적더라도 SimCLR 아키텍처 다음에 지도 학습 분류기를 오도록 함으로써 **준지도 학습**Semi-Supervised 모델을 만들 수 있다. 이것은 SimCLR 모델이 학습한 표현과 파라미터를 분류기가 사용된다는 점에서 전이 학습으로 볼 수도 있다.

SimCLR 아키텍처를 활용해 매우 적은 레이블과 피처만으로 이미지 분류를 학습하는 사례도 있다. '얼마나 적게까지 가능한가?'하는 궁금증이 생길 텐데, 실험에 따르면 10% 또는 심지어 1%의 레이블만 있어도 거의 95%의 정확도를 달성한다.

이미지 인식을 위한 SimCLR 모델

SimCLR은 다음과 같은 일을 할 수 있다.

- 비슷한 이미지를 가깝게 하고 다른 이미지를 멀게 하면서 표현을 학습한다.
- **정렬**(비슷한 이미지를 가깝게)과 **균일성**(정보를 최대한 보존) 사이에 균형을 유지한다.
- 레이블이 없는 데이터로 학습한다.

주요 과제는 레이블이 없는 데이터(레이블이 있는 데이터와 비슷하지만 분포는 다른)로부터 유용한 모델을 학습해서 레이블이 없는 데이터의 레이블을 생성하는 것이다. 그림 8.7을 통해 구현할 아키텍처를 살펴보자.

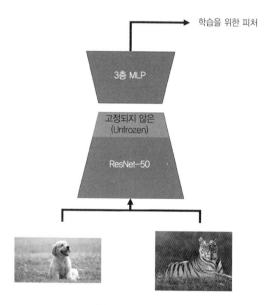

그림 8.7 SimCLR 아키텍처

ResNet-50을 **인코더**로 사용하고 3층 MLP를 프로젝션 헤드로 사용한다. 그런 다음 로지스틱 회귀나 MLP를 분류기로 사용해 정확도를 측정한다. SimCLR 아키텍처 구현에는 다음 단계를 거친다.

1. 데이터 세트 수집하기
2. 데이터 증강 설정하기
3. 데이터 세트 불러오기
4. 학습 구성하기
5. 모델 학습하기
6. 모델 평가하기

데이터 세트 수집하기

8장에서는 다음 링크에서 STL-10 데이터 세트를 사용한다.

- https://cs.stanford.edu/~acoates/stl10/

데이터 세트 웹페이지에서 설명하는 것처럼 STL-10 데이터 세트는 자기 지도 학습 알고리듬 개발을 위한 이미지 인식 데이터 세트다. 이미지 인식 데이터 세트의 구성요소는 다음과 같다.

- 10개의 클래스: 비행기, 새, 자동차, 고양이, 사슴, 개, 말, 원숭이, 배, 트럭
- 컬러 이미지로 해상도는 96×96 픽셀이다.
- 클래스당 500개의 학습 이미지와 800개의 테스트 이미지가 있다.
- 비지도 학습을 위한 100,000개의 레이블이 없는 이미지가 있다. 유사하지만 더 광범위한 이미지 그룹에서 뽑은 이미지들이다. 레이블 있는 데이터에는 없는 다른 유형의 동물(곰, 토끼 등), 탈 것(기차, 버스 등)도 있다.

바이너리 파일은 다음과 같은 접미사를 가진 데이터와 레이블 파일로 구분된다.

(train_X.bin, train_y.bin, test_X.bin, and test_y.bin)

다음 링크에서 바이너리 파일을 다운로드할 수 있다.

- http://ai.stanford.edu/~acoates/stl10/stl10_binary.tar.gz

클라우드에서 작업하는 경우 다음 링크에 있는 파이썬 코드를 사용할 수 있다.

- https://github.com/mttk/STL10

STL-10 데이터 세트는 torchvision의 데이터 모듈에서도 사용할 수 있다.

- https://pytorch.org/vision/stable/datasets

STL-10 데이터 세트는 이미지넷에서 뽑은 데이터이기 때문에 이미지넷으로 학습된 가중치를 활용하면 빠르게 학습할 수 있다.

SimCLR 모델은 파이토치(torch), 토치비전(torchvision), 파이토치 라이트닝(pytorch_lightning) 패키지에 의존한다. 첫 시작으로 필요한 패키지를 설치한다. 설치가 끝나면 패키지를 임포트한다.

```
import os
import urllib.request
from copy import deepcopy
from urllib.error import HTTPError


import matplotlib
import matplotlib.pyplot as plt
import pytorch_lightning as pl
import seaborn as sns
import torch
import torch.nn as nn
import torch.nn.functional as F
import torch.optim as optim
import torch.utils.data as DataLoader
```

```
from IPython.display import set_matplotlib_formats
from pytorch_lightning.callbacks import LearningRateMonitor, ModelCheckpoint
from pytorch_lightning.callbacks import ModelCheckpoint
from pytorch_lightning.callbacks import Callback


import torchvision
from torchvision import transforms
import torchvision.models as models
from torchvision import datasets
from torchvision.datasets import STL10
from tqdm.notebook import tqdm


from torch.optim import Adam


import numpy as np
from torch.optim.lr_scheduler import OneCycleLR
import zipfile
from PIL import Image
import cv2
```

필요한 패키지를 불러왔다면 STL-10 형식으로 이미지를 수집해야 한다. 스탠포드의 저장소에서 로컬 경로에 다운로드하고 추가적인 처리를 수행한다. STL-10 데이터를 다운로드한 폴더 경로를 추가해야 한다.

데이터 증강 설정하기

데이터 증강 모듈을 만들어야 한다. SimCLR 아키텍처에서 매우 중요한 단계로 여기에서 얼마나 다양한 변환을 사용하느냐가 최종 결과에 큰 영향을 준다.

목표는 긍정 데이터 세트(유사 데이터 세트)을 만드는 것인데, 주어진 이미지에 대해 여러 복사본을 만들고 여러 증강 기법을 적용해서 만들 수 있다. 첫 번째 단계로 원하는 만큼의 이미지 복사본을 만들 수 있다.

```python
class DataAugTransform:
  def __init__(self, base_transforms, n_views=4):
    self.base_transforms = base_transforms
    self.n_views = n_views
  def __call__(self, x):
    return [self.base_transforms(x) for i in range(self.n_views)]
```

코드에서 같은 이미지의 복사본 4개를 만든다.

각각에 네 가지 주요 변환을 적용한다. 원본 논문과 추가 연구에 따르면 이미지 크기 변환과 자르기는 모델의 성능을 높이는 핵심적인 변환이다.

```python
augmentation_transforms = transforms.Compose(
  [
    transforms.RandomHorizontalFlip(),
    transforms.RandomResizedCrop(size=96),
    transforms.RandomApply([
```

```
    transforms.ColorJitter(brightness=0.8, contrast=0.8, saturation=0.8,
hue=0.1)], p=0.8),

    transforms.RandomGrayscale(p=0.2),

    transforms.ToTensor(),

    transforms.Normalize((0.5,), (0.5,)),

  ]

)
```

코드에서 다음 변환을 통해 이미지를 증강한다.

- 랜덤 크기 조정 및 자르기
- 랜덤 수평 뒤집기
- 랜덤 색상 변형(jitter)하기
- 랜덤 흑백화

상당히 큰 데이터 세트의 경우 데이터 증강 단계에 상당한 시간이 걸리기도 한다.

> **중요사항**
>
> SimCLR 논문에서 사용했지만 여기서는 수행하지 않은 더 무거운 변환 중 하나는 가우스 흐림(Gaussian Blur)이다. 이 방법은 가우스 함수를 이용해 이미지에 노이즈를 추가하는데, 외곽 부분보다는 중앙 부분에 더 많은 가중치를 준다. 최종적인 효과는 이미지의 세부 정보를 줄이는 것이다. 원한다면 STL-10 이미지에도 가우스 흐림 변환을 수행할 수 있다. 새로운 버전의 토치비전에서 다음의 옵션을 사용할 수 있다.
>
> ```
> transforms.GaussianBlur(kernel_size=9)
> ```

데이터 세트 불러오기

데이터 세트를 다운로드할 경로를 설정하고 데이터를 수집한다.

```
DATASET_PATH = os.environ.get("PATH_DATASETS", "bookdata/")
CHECKPOINT_PATH = os.environ.get("PATH_CHECKPOINT", "booksaved_models/")
```

코드에서 데이터 세트와 체크포인트의 경로를 정의했다.

STL-10 데이터 세트에 변환을 적용해서 두 가지 형태를 만든다.

```
unlabeled_data = STL10(
    root=DATASET_PATH,
    split="unlabeled",
    download=True,
    transform=DataAugTransform(augmentation_transforms, n_views=2),
)

train_data_contrast = STL10(
    root=DATASET_PATH,
    split="train",
    download=True,
    transform=DataAugTransform(augmentation_transforms, n_views=2),
)
```

데이터 증강 절차를 통해 이미지를 모델 학습을 위한 파이토치 텐서로 변환한다. 일부 이미지를 시각화해서 프로세스의 결과를 확인할 수 있다.

```
pl.seed_everything(96)
NUM_IMAGES = 20
imgs = torch.stack([img for idx in range(NUM_IMAGES) for img in unlabeled_
data[idx][0]], dim=0)
img_grid = torchvision.utils.make_grid(imgs, nrow=8, normalize=True, pad_
value=0.9)
```

322

```
img_grid = img_grid.permute(1, 2, 0)

plt.figure(figsize=(20, 10))
plt.imshow(img_grid)
plt.axis("off")
plt.show()
```

코드에서는 원본 이미지와 증강된 이미지를 함께 출력한다. 그림 8.8과 같은 결과가 표시된다.

그림 8.8 STL-10 증강 이미지

그림 8.8에서 볼 수 있듯이 다양한 이미지 변환이 성공적으로 적용됐다. 같은 이미지의 여러 복사본이 모델 학습을 위한 긍정 데이터 세트로 사용된다.

학습 구성하기

모델 학습을 위한 하이퍼파라미터, 손실 함수 및 인코더와 같은 설정을 해본다.

하이퍼파라미터 설정

모델 훈련에 필요한 다양한 하이퍼파라미터를 전달하기 위해 YAML 파일을 사용한다. YAML 파일을 사용하면 다양한 실험을 쉽게 수행할 수 있다.

```python
import yaml # 설정 파일을 불러오는 데 사용
# 설정 파일 불러오기
config = '''
batch_size: 128
epochs: 100
weight_decay: 10e-6
out_dim: 256

dataset:
  s: 1
  input_shape: (96,96,3)
  num_workers: 4

optimizer:
  lr: 0.0001

loss:
  temperature: 0.05
  use_cosine_similarity: True

lr_schedule:
```

```
  max_lr: .1
  total_steps: 1500


model:
  out_dim: 128
  base_model: "resnet50"
'''


config = yaml.full_load(config)
```

코드에서 YAML 파일을 불러오고 다음의 하이퍼파라미터를 설정한다.

- batch_size: 학습에 사용할 배치 크기다.
- Epochs: 학습을 실행할 에포크 수다.
- out_dim: 임베딩 층의 출력 차원 수다.
- s: 색상 변환의 밝기, 대비, 채도 및 색상 수준hue level이다.
- input_shape: 최종 이미지 변환 후 모델에 대한 입력 모양이다. 원본 이미지는 (H, W, 색상 채널 수) 형태로 변환한다.
- num_workers: 데이터 로더에 사용할 프로세스 수다. 데이터를 미리 가져와pre-fetch 학습 속도를 높일 수 있다.
- lr: 초기 학습률이다.
- temperature: 손실 함수의 확률을 평활화smooth하기 위한 온도 파라미터다.
- use_cosine_similarity: 손실 함수에서 코사인 유사도를 사용할지 여부를 나타낸다.
- max_lr: 1사이클 학습률 스케줄러의 최대 학습 속도다.
- total_steps: 1사이클 학습률 스케줄러의 총 학습 단계 수다.

> **배치 크기에 대한 중요사항**
>
> 배치 크기는 대조 학습에서 매우 중요한 역할을 한다. 관찰 결과 SimCLR에서 배치 크기가 크면 더 나은 결과가 나타났다. 하지만 배치 크기를 키우려면 훨씬 더 많은 GPU 컴퓨팅이 필요하다.

손실 함수 정의

손실 함수는 긍정 쌍과 부정 쌍을 구별하는 데 도움을 주려는 것이 목적이다. 원문에서는 NTXent 손실 함수를 설명한다. 손실 함수를 코딩해 보자.

```python
class NTXentLoss(torch.nn.Module):
  def __init__(self, device, batch_size, temperature, use_ cosine_similarity):
    super(NTXentLoss, self).__init__()
    self.batch_size = batch_size
    self.temperature = temperature
    self.device = device
    self.softmax = torch.nn.Softmax(dim=-1)
    self.mask_samples_from_same_repr = self._get_correlated_mask().type(torch.
bool)
    self.similarity_function = self._get_similarity_function(use_cosine_
similarity)
    self.criterion = torch.nn.CrossEntropyLoss(reduction="sum").cuda()

  def _get_similarity_function(self, use_cosine_similarity):
    if use_cosine_similarity:
      self._cosine_similarity = torch.nn.CosineSimilarity(dim=-1)
      return self._cosine_simililarity
    else:
      return self._dot_simililarity
```

```python
    def _get_correlated_mask(self):
        diag = np.eye(2 * self.batch_size)
        l1 = np.eye((2 * self.batch_size), 2 * self.batch_size, k=-self.batch_size)
        l2 = np.eye((2 * self.batch_size), 2 * self.batch_size, k=self.batch_size)
        mask = torch.from_numpy((diag + l1 + l2))
        mask = (1 - mask).type(torch.bool)
        return mask.to(self.device)

    @staticmethod
    def _dot_simililarity(x, y):
        v = torch.tensordot(x.unsqueeze(1), y.T.unsqueeze(0),dims=2)
        return v

    def _cosine_simililarity(self, x, y):
        v = self._cosine_similarity(x.unsqueeze(1), y.unsqueeze(0))
        return v

    def forward(self, zis, zjs):
        representations = torch.cat([zjs, zis], dim=0)

        similarity_matrix = self.similarity_function(representations,
representations)
        # 긍정 샘플의 점수를 걸러낸다
        l_pos = torch.diag(similarity_matrix, self.batch_size)
        r_pos = torch.diag(similarity_matrix, -self.batch_size)
        positives = torch.cat([l_pos, r_pos]).view(2 * self.batch_size, 1)

        negatives = similarity_matrix[self.mask_samples_from_same_repr].view(2 *
self.batch_size, -1)

        logits = torch.cat((positives, negatives), dim=1)
        logits /= self.temperature
```

```
    labels = torch.zeros(2 * self.batch_size).to(self.device).long()

    loss = self.criterion(logits, labels)

    return loss / (2 * self.batch_size)
```

코드에서 긍정 쌍에 대한 손실을 계산하는 NTXent 손실 함수를 구현했다. 모델의 목적이 긍정 쌍 사이의 손실을 최소화하는 것임을 기억하자.

인코더 정의

꼭 특정 인코더를 쓸 필요는 없고 모든 인코더 아키텍처(VGGNet, AlexNet, ResNet 등)를 사용할 수 있다. 원본 논문에서 ResNet을 사용했기 때문에 여기서도 ResNet을 사용한다.

```
class ResNetSimCLR(nn.Module):
  def __init__(self, base_model, out_dim, freeze=True):
    super(ResNetSimCLR, self).__init__()
    # 마지막 선형 레이어에 들어가는 입력의 피처 수
    num_ftrs = base_model.fc.in_features
    # ResNet의 마지막 레이어 제거
    self.features = nn.Sequential(*list(base_model.children())[:-1])
    if freeze:
      self._freeze()
```

코드에서 ResNet의 마지막 소프트맥스 레이어를 제거하고 피처를 다음 모듈의 입력으로 전달한다. 다음에는 MLP 모델로 만든 투영 헤드가 온다. SimCLR1은 단층의 MLP를 사용하고 SimCLR2는 3층의 MLP를 사용하는데 여기서는 3층의 MLP를 사용한다. 2층의 MLP 모델로도 좋은 결과를 얻을 수 있다(다음 코드는 앞의 코드와 같은 클래스에 있다).

```
# SimCLR을 위한 MLP 투영 헤드
self.l1 = nn.Linear(num_ftrs, 2*num_ftrs)
```

```python
        self.l2_bn = nn.BatchNorm1d(2*num_ftrs)

        self.l2 = nn.Linear(2*num_ftrs, num_ftrs)

        self.l3_bn = nn.BatchNorm1d(num_ftrs)

        self.l3 = nn.Linear(num_ftrs, out_dim)


    def _freeze(self):

        num_layers = len(list(self.features.children())) # 9개 레이어 중 마지막 2개를 제외하고 고정

        current_layer = 1

        for child in list(self.features.children()):

            if current_layer > num_layers-2:

                for param in child.parameters():

                    param.requires_grad = True

            else:

                for param in child.parameters():

                    param.requires_grad = False

            current_layer += 1


    def forward(self, x):

        h = self.features(x)

        h = h.squeeze()


        if len(h.shape) == 1:

            h = h.unsqueeze(0)


        x_l1 = self.l1(h)

        x = self.l2_bn(x_l1)

        x = F.selu(x)

        x = self.l2(x)
```

```
x = self.l3_bn(x)
```

```
x = F.selu(x)
```

```
x = self.l3(x)
```

```
return h, x_l1, x
```

코드에서 ResNet의 컨볼루션 레이어를 정의하고 일부 레이어의 파라미터를 고정했다. 컨볼루션 레이어에서 나온 피처를 3층 MLP인 투영 헤드 모델의 입력으로 사용한다.

ResNet과 3층 MLP 모델에서 모두 피처를 뽑을 수 있고, 이 피처는 모델이 학습한 이미지의 표현으로 사용할 수 있다.

> **중요사항**
>
> ResNet을 이용한 SimCLR을 STL-10 데이터에 대해 사전 학습한 모델을 바로 사용할 수 있지만 다음의 코드를 활용하면 새로운 데이터 세트를 학습할 수 있다.

SimCLR 파이프라인

SimCLR 아키텍처를 만들기 위한 재료들을 모두 만들었으므로 SimCLR 파이프라인을 구축해 보자.

```python
class simCLR(pl.LightningModule):


    def __init__(self, model, config, optimizer=Adam, loss=NTXentLoss):

        super(simCLR, self).__init__()

        self.config = config

        # 옵티마이저

        self.optimizer = optimizer


        # 모델
```

```
    self.model = model

    # 손실
    self.loss = loss(self.config['batch_size'], **self.config['loss'])


# 예측/추론
def forward(self, x):
    return self.model(x)


# 옵티마이저 설정
def configure_optimizers(self):
    optimizer = self.optimizer(self.parameters(), **self.config['optimizer'])
    scheduler = OneCycleLR(optimizer, **self.config["lr_schedule"])
    return [optimizer], [scheduler]
```

코드에서 설정 파일(사전 형태)을 각 모듈(optimizer, loss, lr_schedule)의 파라미터로 전달한다. Adam 옵티마이저를 사용하고 앞에서 만들었던 NTXent 손실 함수를 호출한다.

같은 클래스에서 학습 단계와 검증 단계를 추가한다.

```
# 학습 루프
def training_step(self, batch, batch_idx):
    x, y = batch
    xis, xjs = x
    ris, _, zis = self(xis)
    rjs, _, zjs = self(xjs)

    zis = F.normalize(zis, dim=1)
    zjs = F.normalize(zjs, dim=1)
```

```python
    loss = self.loss(zis, zjs)
    return loss


# 검증 단계
def validation_step(self, batch, batch_idx):
    x, y = batch
    xis, xjs = x
    ris, _, zis = self(xis)
    rjs, _, zjs = self(xjs)

    zis = F.normalize(zis, dim=1)
    zjs = F.normalize(zjs, dim=1)

    loss = self.loss(zis, zjs)
    self.log('val_loss', loss)
    return loss

def test_step(self, batch, batch_idx):
    loss = None
    return loss

def _get_model_checkpoint():
    return ModelCheckpoint(
        filepath=os.path.join(os.getcwd(),"checkpoints","best_ val_models"),
        save_top_k = 3,
        monitor="val_loss"
    )
```

코드에서 다음의 입력을 받는 모델 클래스를 만들었다.

- 설정 파일의 하이퍼파라미터
- 손실 함수인 NTXent
- Adam 옵티마이저
- 인코더(원하는 경우 ResNet 이외의 모델로 변경 가능)

손실을 계산하는 학습 및 검증 루프를 정의했고 마지막으로 모델 체크포인트를 저장하는 부분을 구현했다.

> **중요사항**
>
> 콜백(callback) 클래스를 정의해서 모델 체크포인트를 저장하고 해당 체크포인트에서 학습을 이어서 하는 것이 좋다. 또한 미리 구성된 인코더의 가중치를 전달하는 데에도 유용하다. 자세한 내용은 10장과 깃허브를 참조하자.

모델 학습하기

모델 구성을 정의했으므로 모델 학습으로 넘어갈 수 있다.

데이터 로더를 사용해 데이터를 불러온다.

```
train_loader = DataLoader.DataLoader(
    unlabeled_data,
    batch_size=128,
    shuffle=True,
    drop_last=True,
    pin_memory=True,
    num_workers=NUM_WORKERS,
)

val_loader = DataLoader.DataLoader(
```

```
    train_data_contrast,

    batch_size=128,

    shuffle=False,

    drop_last=True,

    pin_memory=True,

    num_workers=NUM_WORKERS,

)
```

ResNet-50 아키텍처를 인코더로 사용한다. ResNet-18이나 ResNet-152 같은 다른 ResNet 아키텍처를 시도해서 결과를 비교해 볼 수 있다.

```
resnet = models.resnet50(weights=models.ResNet50_Weights.DEFAULT)
simclr_resnet = ResNetSimCLR(base_model=resnet, out_dim=config['out_dim'])
```

코드에서 ResNet CNN 모델을 불러올 때 pretrained=True라는 설정을 사용해 사전 학습한 가중치를 가져오기 때문에 학습 속도를 빠르게 할 수 있다. 파이토치의 ResNet 모델은 이미지넷 데이터 세트로 학습했고, STL-10 데이터 세트는 이미지넷에서 수집한 데이터이므로 사전 학습 가중치를 사용하는 것은 합리적인 선택이다.

학습 프로세스를 시작해 보자.

```
model = simCLR(config=config, model=simclr_resnet)
trainer = pl.Trainer()
```

사용하는 하드웨어에 따라 그림 8.9와 같은 정보가 표시된다.

```
GPU available: True, used: False
TPU available: False, using: 0 TPU cores
IPU available: False, using: 0 IPUs
```

그림 8.9 모델 학습에 사용할 수 있는 하드웨어

코드에서 정의했던 아키텍처를 활용해 SimCLR 모델을 만들고 trainer를 사용해 데이터 로더의 데이터 세트를 전달한다.

```
trainer.fit(model, train_loader, val_loader)
```

다음과 같이 학습 과정이 시작된다.

그림 8.10 SimCLR 학습 과정

눈썰미가 좋은 독자는 NTXent 손실 함수를 사용했다는 사실을 눈치챘을 것이다.

> **중요사항**
>
> 사용할 수 있는 하드웨어에 따라 파이토치 라이트닝의 여러 옵션을 사용해 학습 속도를 높일 수 있다. 7장 준지도 학습에서 본 것처럼 GPU를 사용한다면 accelerator='gpu' 옵션과 혼합 모드(mixed-mode)를 사용해 16비트 정밀도로 학습을 수행할 수 있다. 10장에서 규모 확장을 위한 더 자세한 옵션을 참조할 수 있다.

모델 학습이 끝나면 가중치를 저장할 수 있다.

```
torch.save(model.state_dict(), 'weights_only.pth')
torch.save(model, 'entire_model.pth')
```

모델 가중치는 'weights_only.pth'에 모델 전체는 'entire_model.pth'에 저장된다.

모델 평가하기

SimCLR 모델이 레이블이 없는 이미지에서 학습하기 때문에 표현을 얼마나 잘 학습했는지 평가할 방법이 필요하다. 평가를 위해 STL-10 데이터 세트의 레이블 있는 데이터로 학습한 지도 학습 분류기를 사용한다. 이후 SimCLR 모델이 이미지 표현 학습을 통해 학습한 모델 평가는 세 단계로 이뤄진다.

1. SimCLR 모델에서 피처 추출
2. 분류기 정의
3. 정확도 측정

500~5,000개(또는 1~10%) 정도의 매우 제한된 레이블 이미지로도 성능을 비교할 수 있다. 또한 100%의 레이블로 지도 학습한 분류기와도 결과를 비교할 수 있다. 이를 통해 레이블 없는 이미지로 자기 지도 학습한 모델이 얼마나 표현을 잘 학습할 수 있는지 확인 가능하다.

SimCLR 모델에서 피처 추출

모델에서 학습한 피처를 추출해야 한다. 이를 위해 모델을 불러온다.

```
def _load_resnet_model(checkpoints_folder):
    model = torch.load('entire_model.pth')
    model.eval()
    state_dict = torch.load(os.path.join(checkpoints_folder, 'weights_only.pth'),
    map_location=torch.device(device))
    model.load_state_dict(state_dict)
    model = model.to(device)
    return model
```

코드는 사전 학습한 SimCLR 모델 가중치를 `weights_only.pth`에서, 전체 모델을 `entire_` model.pth에서 불러온다.

학습 데이터 세트와 테스트 데이터 세트를 학습에 활용할 수 있는 데이터 로더로 만든다.

```python
def get_stl10_data_loaders(download, shuffle=False, batch_size=128):
    train_dataset = datasets.STL10('./data', split='train',
        download=download,
        transform=transforms.ToTensor())
    train_loader = DataLoader.DataLoader(train_dataset, batch_size=batch_size,
        num_workers=4, drop_last=False, shuffle=shuffle)

    test_dataset = datasets.STL10('./data', split='test',
        download=download,
        transform=transforms.ToTensor())
    test_loader = DataLoader.DataLoader(test_dataset, batch_size=batch_size,
        num_workers=4, drop_last=False, shuffle=shuffle)
    return train_loader, test_loader
```

코드에서는 학습 및 테스트 데이터 세트를 인스턴스로 만든다.

피처 추출기feature extractor 클래스를 정의한다.

```python
class ResNetFeatureExtractor(object):
    def __init__(self, checkpoints_folder):
        self.checkpoints_folder = checkpoints_folder
        self.model = _load_resnet_model(checkpoints_folder)

    def _inference(self, loader):
        feature_vector = []
        labels_vector = []
        for batch_x, batch_y in loader:
```

```
        batch_x = batch_x.to(device)

        labels_vector.extend(batch_y)

        features, _ = self.model(batch_x)

        feature_vector.extend(features.cpu().detach().numpy())


    feature_vector = np.array(feature_vector)

    labels_vector = np.array(labels_vector)


    print("Features shape {}".format(feature_vector.shape))

    return feature_vector, labels_vector


def get_resnet_features(self):

    train_loader, test_loader = get_stl10_data_loaders(download=True)

    X_train_feature, y_train = self._inference(train_loader)

    X_test_feature, y_test = self._inference(test_loader)

    return X_train_feature, y_train, X_test_feature, y_test
```

코드에서는 학습시켰던 ResNet 모델에서 피처를 뽑는다. 데이터의 형태를 출력해서 이를 확인할 수 있다.

```
checkpoints_folder = ''

resnet_feature_extractor = ResNetFeatureExtractor(checkpoints_folder)

X_train_feature, y_train, X_test_feature, y_test = resnet_feature_extractor.
get_resnet_features()
```

다음과 같이 학습 및 테스트 파일의 형태를 확인할 수 있다.

```
Files already downloaded and verified

Features shape (5000, 2048)

Features shape (8000, 2048)
```

지도 학습 분류기를 만들어 **자기 지도** 학습 SimCLR에서 추출한 피처로 학습해 본다.

지도 학습 분류기

자기 지도 학습에서 추출한 피처로 학습시키는 작업에서는 MLP나 로지스틱 회귀 같은 어떠한 분류기도 사용할 수 있다. 여기서는 로지스틱 회귀를 선택한다. 사이킷런^{scikit-learn} 모듈을 사용해 로지스틱 회귀를 구현한다.

`LogisticRegression` 클래스를 정의하는 것으로 시작한다.

```python
import torch.nn as nn


class LogisticRegression(nn.Module):
  def __init__(self, n_features, n_classes):
    super(LogisticRegression, self).__init__()
    self.model = nn.Linear(n_features, n_classes)
  def forward(self, x):
    return self.model(x)
```

클래스 정의 단계에서는 클래스를 인스턴스로 만든다. 이어서 로지스틱 회귀 모델에 대한 설정을 진행한다.

```python
class LogiticRegressionEvaluator(object):

  def __init__(self, n_features, n_classes):
    self.log_regression = LogisticRegression(n_features, n_classes).to(device)
    self.scaler = preprocessing.StandardScaler()

  def _normalize_dataset(self, X_train, X_test):
    print("Standard Scaling Normalizer")
```

```python
        self.scaler.fit(X_train)
        X_train = self.scaler.transform(X_train)
        X_test = self.scaler.transform(X_test)
        return X_train, X_test

    def _sample_weight_decay():
        weight_decay = np.logspace(-7, 7, num=75, base=10.0)
        weight_decay = np.random.choice(weight_decay)
        print("Sampled weight decay:", weight_decay)
        return weight_decay

    def eval(self, test_loader):
        correct = 0
        total = 0
        with torch.no_grad():
            self.log_regression.eval()
            for batch_x, batch_y in test_loader:
                batch_x, batch_y = batch_x.to(device), batch_y.to(device)
                logits = self.log_regression(batch_x)
                predicted = torch.argmax(logits, dim=1)
                total += batch_y.size(0)
                correct += (predicted == batch_y).sum().item()

        final_acc = 100 * correct / total
        self.log_regression.train()
        return final_acc
```

코드에서 로지스틱 회귀 매개변수를 정의한다.

- 데이터 세트를 정규화normalization 한다.

- 10^{-7}과 10^7 사이를 같은 로그 간격으로 나눠 L2 정규화regularization 매개변수를 정의한다. 설정은 조정할 수 있다.

- eval 메소드에서 정확도를 측정하는 방법을 정의하고 final_acc 변수에 그 값을 저장한다.

분류기에 데이터 로더를 제공하고 모델을 선택하도록 할 수 있다.

```
def create_data_loaders_from_arrays(self, X_train, y_train, X_test, y_test):
  X_train, X_test = self._normalize_dataset(X_train, X_test)
  train = torch.utils.data.TensorDataset(torch.from_numpy(X_train),
  torch.from_numpy(y_train).type(torch.long))
  train_loader = torch.utils.data.DataLoader(train, batch_ size=128,
shuffle=False)
  test = torch.utils.data.TensorDataset(torch.from_numpy(X_test),
  torch.from_numpy(y_test).type(torch.long))
  test_loader = torch.utils.data.DataLoader(test, batch_size=128,
shuffle=False)
  return train_loader, test_loader
```

train_loader를 정의한 것처럼 test_loader를 정의한다. 옵티마이저를 설정한다.

```
def train(self, X_train, y_train, X_test, y_test):
  train_loader, test_loader = self.create_data_loaders_from_arrays(X_train, y_
train, X_test, y_test)
  weight_decay = self._sample_weight_decay()
  optimizer = torch.optim.Adam(self.log_regression.parameters(), 3e-4, weight_
decay=weight_decay)
  criterion = torch.nn.CrossEntropyLoss()
  best_accuracy = 0
  for e in range(200):
```

```
for batch_x, batch_y in train_loader:
    batch_x, batch_y = batch_x.to(device), batch_y.to(device)
    optimizer.zero_grad()
    logits = self.log_regression(batch_x)
    loss = criterion(logits, batch_y)
    loss.backward()
    optimizer.step()

epoch_acc = self.eval(test_loader)
if epoch_acc > best_accuracy:
    #print("Saving new model with accuracy {}".format(epoch_acc))
    best_accuracy = epoch_acc
    torch.save(self.log_regression.state_dict(), 'log_regression.pth')
```

코드에서 Adam 옵티마이저와 크로스 엔트로피 손실을 손실 함수로 사용해 로지스틱 회귀 모델을 학습하고 최고 정확도의 모델만 저장한다. 모델 평가를 수행할 준비가 끝났다.

정확도 측정

로지스틱 회귀 모델을 사용해 정확도를 측정한다.

```
log_regressor_evaluator = LogiticRegressionEvaluator(n_features=X_train_
feature.shape[1], n_classes=10)
log_regressor_evaluator.train(X_train_feature, y_train, X_test_feature, y_test)
```

로지스틱 회귀 모델은 자기 지도 학습 모델에서 나온 피처를 통해 얼마나 정확히 분류할 수 있는지 알려준다.

```
Standard Scaling Normalizer
Sampled weight decay: 5.623413251903491e-06
---------------
Done training
Best accuracy: 73.5375
```

그림 8.11 정확도 결과

로지스틱 회귀 모델의 정확도는 약 73%이다.

레이블 없이 완전히 비지도 방식으로 학습한 모델에서 나온 피처를 사용한 정확도다. 학습한 피처를 사용해 레이블이 있는 것처럼 전통적인 분류기를 사용했다.

일부 레이블을 사용해 레이블 있는 데이터 세트로 학습한 것과 비슷한 성능을 달성할 수 있다. 앞서 설명한 대로 더 큰 학습 용량training capacity에서 논문의 내용처럼 1%의 레이블 만으로 95%의 성능을 달성한다.

레이블이 있는 데이터의 양을 다양하게 변경해 보면서 전체 레이블이 있는 데이터로 학습한 모델과 여러 번 성능 평가를 수행해 보길 추천한다. 자기 지도 학습의 엄청난 힘을 이해하는 데 도움이 될 것이다.

다음 단계

SimCLR 모델에서 나온 피처를 활용하는 지도 학습 분류기를 구축했는데, SimCLR을 활용하는 방법은 이 방식에 국한되지 않는다. 레이블 없는 이미지에서 학습한 표현을 다양한 방식으로 활용할 수 있다.

- 차원 축소 기법으로 학습한 피처를 비교할 수 있다. **주성분 분석**PCA, Principal Component Analysis을 사용하면 피처를 더 고차원의 공간에 매핑하고 비교할 수 있다.
- 단일 클래스 SVMOne-Class Support Vector Machine으로 이미지 이상치outliers 탐지를 수행할 수 있다.

두 가지 방법 외에도 SimCLR 아키텍처 코드를 수정해 새로운 모델을 만들 수 있다. 아키텍처를 수정하는 몇 가지 방법을 소개한다.

- MLP과 같은 다른 지도 학습 분류기를 시도해 보고 결과를 비교한다.
- ResNet-18, ResNet-152나 VGG와 같은 다른 인코더 아키텍처로 모델을 훈련해보고 더 표현 학습을 잘하는지 확인한다.
- 처음부터 학습을 시켜본다. 특히 다른 데이터 세트로 학습을 시도해 보자. 레이블이 없는 이미지 데이터 세트를 찾기는 어렵지 않다. 사용하려는 데이터 세트에 이미지넷과 유사한 클래스가 있다면 해당 레이블을 활용할 수 있고 아니라면 직접 몇 개를 레이블링하고 결과를 확인할 수 있다.
- 현재 SimCLR 아키텍처는 NTXent 손실 함수를 사용한다. 자신감이 생겼다면 다른 손실 함수를 사용해 보자.
- **적대적 생성 신경망**GAN, Generative Adversarial Networks의 손실 함수를 사용해서 GAN과 자기 지도 학습을 혼합하는 것은 흥미로운 연구 프로젝트가 될 것이다.

SimCLR은 많은 대조 학습 아키텍처 중 하나일 뿐이라는 점을 잊지 말자. 파이토치 라이트닝은 CPC, SWAV, BYOL 같은 다른 아키텍처도 지원한다. 다른 아키텍처도 시험해 보고 SimCLR의 결과와 비교해 보는 것도 좋다.

▌ 요약

자연이나 산업에 존재하는 이미지 데이터 세트는 대부분 레이블이 없다. 진단 의학에서 생성되는 X선 촬영 이미지, MRI나 치아 스캔을 생각해 보면 된다. 아마존 리뷰나 구글 거리 뷰에서 생성되는 사진, 이베이EBay와 같은 이커머스 사이트의 이미지 역시 거의 레이블이 없다. 페이스북, 인스타그램, 왓츠앱WhatsApp 이미지도 태그나 레이블이 없다. 현재의 모델링 기술은 수동 레이블이 상당량 필요하기 때문에 많은 데이터 세트가 쓰이지 못해 잠재력을 드러내지 못하고 있다. **자기 지도 학습**은 레이블이 있는 큰 데이터 세트의 필요성을 줄여서 AI를 활용할 수 있는 영역을 넓히고 있다.

8장에서 대조 학습과 같은 자기 지도 학습 모델을 만드는 데 파이토치 라이트닝을 어떻게 사용하는지 살펴봤다. 사실 파이토치 라이트닝은 즉시 사용할 수 있는 자기 지도 학습 모델을 지원한 최초의 프레임워크다. 여기서 텐서플로나 파이토치로 직접 구현하려면 많은 노력이 필요한 SimCLR 아키텍처를 파이토치 라이트닝을 이용해 쉽게 만들었다. 또한 적은 수의 레이블로도 꽤 좋은 성능이 나오는 것을 확인했다. 1% 정도의 적은 레이블 데이터로도 100% 레이블을 사용한 것과 견줄 만한 결과를 얻었다. 레이블이 없는 이미지를 순전히 표현 학습을 통해 서로 구별할 수 있었다. 이 표현 학습 방법을 통해 데이터 세트에서 이상이 있는 이미지를 찾거나 자동으로 클러스터링하는 추가적인 방법이 가능하다. SimCLR과 같은 자기 지도 학습 방법은 현재 가장 발전한 딥러닝 방식 중 하나다.

지금까지 CNN에서 시작해 GAN, 준지도 학습, 자기 지도 학습에 이르기까지 딥러닝에서 유명한 아키텍처들을 모두 살펴봤다. 이제 모델을 학습하고 배포하는 쪽으로 초점을 옮기려고 한다. 9장에서는 모델을 어떻게 운영환경으로 가져가는지 살펴보고 모델을 배포하고 성능을 평가하는 기법을 익힌다.

심화 과정

분산 학습을 사용해 대량의 데이터에 대해 딥러닝 모델을 교육하거나 배포하고 점수를 매길 필요가 있는 고급 사용자에 초점을 맞춰 설명한다. 파이토치 라이트닝으로 새로운 알고리듬을 구축하려는 연구원들의 요구에 부응할 만한 내용이라 생각한다.

3부는 다음과 같이 구성된다.

- **9장.** 모델 배포 및 예측 수행
- **10장.** 훈련 확장 및 관리

09

모델 배포 및 예측 수행

생활 속에서 알지 못한 채로 이 책에서 다룬 모델을 경험했을 수도 있다. 자동으로 얼굴을 인식하거나 특정 인물의 사진이 그룹지어진 사진 앱을 사용했던 기억을 떠올려 보자. 내부적으로는 CNN^{Convolutional Neural Networks}과 같은 이미지 인식 딥러닝 모델이 작동하고 있을 것이다. 또 알렉사^{Alexa}가 사용자의 음성을 인식하거나 구글의 검색창에서 지원된 자동 완성 기능도 그러하다. 그 배경에는 자연어 처리^{NLP} 기반 딥러닝 모델이 작동하고 있다. 이커머스 앱이나 소셜미디어 사이트에서 제품을 추천하는 경우를 본 적이 있을 텐데, 그 뒤에는 준지도 학습이 작동 중이다. 그렇다면 파이썬 주피터 노트북^{Jupyter notebook}에서 개발한 모델을 어떻게 사람들이 사용할 수 있도록 모바일 장치, 스피커, 휴대폰, 앱, 사이트에 넣을 수 있을까? 애플리케이션과 연동되지 않는다면 학습한 모델은 그저 효용이 없는 통계 계산기에 불과하다.

모델이 운영환경에서 소비되려면 모델이 다양한 사용자 애플리케이션과 통합될 수 있도록 만들어야 한다. 모델을 사용하는 일반적인 방법은 REST API 엔드포인트를 사용하는 것이다.

API 엔드포인트를 한 번 만들면 모델을 모든 애플리케이션 서버에 연결해서 다양한 애플리케이션과 에지 장치edge devices에서 쓸 수 있다. 모델의 배포에는 모델을 객체 파일로 변환하고 예측 수행을 위해 해당 파일을 불러오는 기능을 포함한다. 예측을 수행한다는 것은 주어진 입력에 대해 모델의 결과를 얻는 것을 의미한다. 예측을 수행하려면 모델을 애플리케이션과 통합(배포)해야 한다. 9장에서 먼저 파이토치 라이트닝 프레임워크로 이런 작업을 수행하는 방법을 이해하고 파이토치 라이트닝 모델을 운영환경에 쉽게 적용하는 방법을 익힌다. 여기서는 모델 배포를 위한 간단한 API 엔드포인트 제작에 플라스크Flask라는 유명한 웹 개발 프레임워크를 사용한다.

모델을 사용하려고 할 때 생기는 과제는 모델 학습에 사용할 수 있는 프레임워크가 너무 다양하다는 것이다(파이토치 라이트닝, 텐서플로 등). 프레임워크는 각각의 파일 포맷이 있는데 데이터 과학자들은 자주 여러 프레임워크의 모델 결과를 결합해야 한다.

운영환경에 배포할 때 모델을 프레임워크에 관계없이 사용할 수 있도록 만들어야 한다. 9장에서는 체크포인트를 이용해 파이토치 라이트닝 자체 방식으로 배포하는 방법과 포맷을 통일해 여러 프레임워크에서 딥러닝 모델을 사용할 수 있도록 만드는 ONNXOpen Neural Network eXchange 방법을 비교해 본다.

9장에서 다루는 주제는 다음과 같다.

- 파이토치 라이트닝 방식으로 모델 배포 및 예측하기
- ONNX 방식으로 모델 배포 및 예측하기

▎ 기술 요구사항

9장의 코드는 아나콘다를 사용하는 맥OS나 구글 코랩에서 개발하고 테스트했다. 다른 환경을 사용한다면 환경 변수를 적절히 변경해야 한다. 코드를 실행하기 전에 올바른 버전을 설치했는지 확인해 보자. 9장에서는 주로 다음의 파이썬 모듈과 버전을 사용한다.

- pytorch-lightning(버전: 2.0.2)
- torch(버전: 2.0.1)
- requests(버전: 2.31.0)
- torchvision(버전: 0.15.2)
- flask(버전: 2.3.2)
- pillow(버전: 9.5.0)
- numpy(버전: 1.22.4)
- json(버전: 2.0.9)
- onnxruntime(버전: 1.15.0))

9장의 예제 코드는 다음 깃허브 링크에 있다.

- https://github.com/PacktPublishing/Deep-Learning-with-PyTorch-Lightning/tree/main/Chapter09

파이토치 라이트닝 2.0.2 버전과 호환성 문제가 없도록 특정 버전의 torch, torchvision, torchtext, torchaudio를 사용했다. 최신 버전의 파이토치 라이트닝과 그와 호환되는 torch를 사용해도 무방하다. 더 자세한 사항은 다음 깃허브 링크를 확인하자.

- https://github.com/PacktPublishing/Deep-Learning-with-PyTorch-Lightning

```
!pip install torch==2.0.1 torchvision==0.15.2 --quiet
!pip install pytorch-lightning==2.0.2 --quiet
```

데이터 세트 링크는 다음과 같다.

- https://www.kaggle.com/c/histopathologic-cancer-detection

데이터는 2장에서 사용한 데이터 세트와 같다. 데이터 세트에는 암 종양 이미지와 양성 또는 음성을 식별한 레이블이 있다. 림프절 스캔에서 96×96 픽셀 크기로 추출한 327,680 개의 컬러 이미지로 구성됐다.

원본 데이터 세트의 링크는 다음과 같다.

- https://github.com/basveeling/pcam

9장에서는 중복 데이터를 제거한 캐글 사이트의 데이터 세트를 사용한다.

▌ 파이토치 라이트닝 방식으로 모델 배포 및 예측하기

딥러닝 모델 학습이 끝나면, 모델에는 아키텍처의 구조와 가중치 등 모든 정보가 들어있다. 나중에 운영환경에서 새로운 데이터에 대해 이 모델을 사용하려면 모델을 적절한 형식으로 저장해야 한다. 모델 객체를 메모리에 저장할 수 있는 형식으로 변환하는 과정을 **직렬화**serialization라고 한다. 모델을 직렬화하고 나면 다른 개발 환경(스테이징 또는 운영)이나 다른 운영체제로 전송할 수 있다. 하지만 모델이 운영환경으로 전달되면 모델 파라미터를 원래 형식으로 복원하는 재구성 과정이 필요하다. 재구성 과정을 **역직렬화**de-serialization라고 한다.

머신러닝 모델을 활용하는 다른 방법도 있지만, 가장 일반적으로 사용하는 방법은 학습한 모델을 어떤 형태로 직렬화하고 운영환경에서 역직렬화하는 것이다.

직렬화한 모델은 JSON, pickle, ONNX, PMML Predictive Model Markup Language과 같은 다양한

파일 형식으로 저장할 수 있다. PMML은 SPSS 시절 데이터 과학을 위한 모델을 서비스화하는 아마도 가장 오래된 파일 형식이다. 하지만 최근에는 pickle이나 ONNX를 더 널리 사용한다.

9장에서는 이들 중 일부를 실제로 사용해 본다.

pickle(.PKL) 모델 파일 형식

모델 훈련의 대부분 파이썬 환경에서 진행되기 때문에 pickle은 모델을 직렬화하는 쉽고 빠른 형식이다. 또한 거의 모든 프레임워크에서 기본적으로 사용할 수 있다. 사이킷런과 같은 많은 프레임워크에서 pickle 파일 형식을 기본 저장 형식으로 사용한다. 모델을 사람이 읽을 수 없는 바이트 형식으로 변환하고 객체 지향 방식의 특수한 형태로 저장한다.

머신러닝 커뮤니티에서는 종종 pickle 포맷으로의 직렬화를 **피클링**pickling, 역직렬화를 **언피클링**un-pickling이라고 한다. 불린Boolean, 정수, 소수, 복소수, 문자열, 튜플, 리스트, 집합sets, 사전dictionary, 클래스 및 함수와 같은 데이터 타입을 pickle 형식으로 저장할 수 있다. 언피클링은 바이트 데이터를 파이썬 타입으로 변환해 모델을 사용할 수 있게 된다.

pickle은 장점이 많다. 직렬화한 객체를 추적하거나 역직렬화를 빠르고 쉽게 만드는 많은 파이썬 내장 메소드를 사용할 수 있고 클래스를 별도로 저장하고 쉽게 불러올 수 있는 기능이 있다.

반면 파이썬만의 형식이어서 다른 언어를 지원하지 않는다는 단점이 있다. 심지어 다른 버전(2.x와 3.x) 사이에서도 일어나는 호환성 문제가 있다.

딥러닝 모델 배포하기

2장에서 처음으로 딥러닝 모델을 살펴봤다. CNN 아키텍처를 사용해 이미지 인식 모델을 만들었다. 3개의 컨볼루션 레이어와 5개의 완전연결층으로 된 모델이었고 Adam 옵티마이저를 사용했다. 모델은 다음의 깃허브 페이지에서 찾을 수 있다.

- https://github.com/PacktPublishing/Deep-Learning-with-PyTorch-Lightning/tree/main/Chapter02

사용했던 데이터 세트는 조직병리학적 암 탐지 데이터 세트로 모델은 이진 분류기를 통해 이미지에 전이 암^{metastatic cancer}이 포함돼 있는지 예측한다.

모델을 학습하고 나면 다음으로 모델을 운영환경에 적용하고 애플리케이션에 통합하는 방법을 이해해야 한다. 지난 번에 모델 학습을 완료했던 곳에서부터 시작해 어떻게 모델을 배포하고 예측을 수행할지 알아본다.

모델 체크포인트 저장 및 불러오기

딥러닝 모델을 학습할 때 각 에포크 동안 모델 파라미터를 계속 업데이트한다. 즉 모델의 상태는 학습하는 동안 계속 변한다. 학습이 진행되는 동안 파라미터는 메모리에 있지만 파이토치 라이트닝은 자동으로 모델 상태를 일정 주기마다 **체크포인트**로 저장한다. 어떤 이유로 학습이 중단됐을 때 저장한 체크포인트에서 모델 학습을 재개할 수 있으므로 중요한 기능이다. 또한 모델 학습이 끝난 이후에는 마지막 체크포인트를 사용해 모델의 마지막 상태를 불러와 예측을 수행할 수 있다. 이때 LightningModule 클래스의 load_from_checkpoint 메소드를 사용한다.

기본 설정으로 파이토치 라이트닝 프레임워크는 에포크가 있을 때마다 이후에 현재 폴더의 lightning_logs/version_<number> 경로에 체크포인트를 저장한다. 기본 체크포인트 파일의 이름은 epoch=<number>-step=<number>.ckpt 형식이고 lightning_logs/version_<number>/checkpoints 디렉토리에 저장된다.

여기서는 Cancer_Detection.ipynb를 실행해서 모델을 재학습한다.

파일은 다음 링크에 있고 구글 코랩을 통해 학습할 수 있다.

- https://github.com/PacktPublishing/Deep-Learning-with-PyTorch-Lightning/tree/main/Chapter09

그림 9.1 CNNImageClassifier의 학습 결과

모델 학습이 끝나면 다음 코드에서 인자로 넣어준 경로와 동일한 구글 드라이브 디렉토리에서 모델을 찾을 수 있다.

```python
ckpt_dir = "/content/gdrive/MyDrive/Colab Notebooks/cnn"
ckpt_callback = pl.callbacks.ModelCheckpoint(every_n_epochs=25)
model = CNNImageClassifier()
trainer = pl.Trainer(
  default_root_dir=ckpt_dir,
  accelerator='gpu',
  devices=-1,
  callbacks=[ckpt_callback],
  log_every_n_steps=25,
  max_epochs=500)
trainer.fit(model, train_dataloaders=train_dataloader)
```

코드에서 '/Colab Notebooks/cnn' 디렉토리에서 모델 체크포인트를 확인할 수 있다. 이 폴더를 다운로드해서 로컬 디렉토리에 저장하고 9장의 작업을 수행한다.

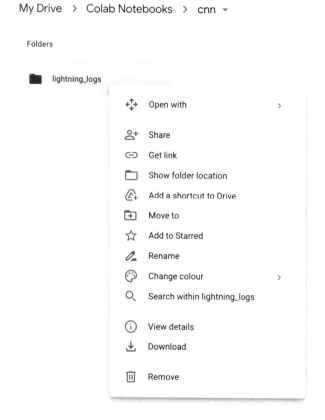

그림 9.2 체크포인트 디렉토리

다운로드가 끝나면 Chapter09 디렉토리에 저장하고 이어지는 절에서 모델을 불러올 때 체크포인트의 정확한 경로를 설정한다. 예를 들면 다음과 같다.

```
model = CNNImageClassifier.load_from_checkpoint("./lightning_logs/version_0/
checkpoints/epoch=499-step=15499.ckpt")
```

다음 불러오기 블록을 활용해 `CNNImageClassifier` 모델을 로컬 디렉토리로 불러올 수 있다.

```
from image_classifier import CNNImageClassifier
```

플라스크를 사용해 배포 및 예측하기

플라스크는 인기 있는 웹 개발 프레임워크다. 플라스크를 통해 predict라는 이름의 API로 모델에 접근할 수 있는 간단한 웹 애플리케이션을 만들어 본다. API는 HTTP POST 메소드를 사용한다. 이 애플리케이션은 두 가지 주요 구성요소로 이뤄진다.

- 조직병리학적 스캔의 입력 이미지를 가져와 이미지를 변환하고 예측을 수행해 종양 조직을 갖고 있는지에 대한 응답을 반환하는 플라스크 서버
- 조직병리학적 스캔을 서버에 보내고 서버에서 받은 응답을 표시하는 플라스크 클라이언트

1. 서버의 구현 세부 사항을 설명한다. 먼저 필요한 모든 툴을 불러온다.

```
import torch.nn.functional as functional
import torchvision.transforms as transforms


from PIL import Image
from flask import Flask, request, jsonify
from image_classifier import CNNImageClassifier
```

torch.nn.functional 모듈에서 SoftMax 함수를 가져와 확률 분포를 얻는 데 사용하고 torchvision.transforms 모듈은 이미지 변환을 위해 사용한다. PIL

은 **파이썬 이미지 라이브러리**^{Python Imaging Library}의 약자인데 클라이언트로부터 받은 이미지를 불러오는 데 사용한다. 앞서 언급한 대로 서버 애플리케이션 구현을 위해 플라스크를 사용한다. HTTP 요청을 처리하는 기능을 제공하는 request를 불러오고, 응답을 보낼 때 JSON 형식으로 제공하는 jsonify를 불러온다. CNNImageClassifier 클래스는 image_classifier.py에 정의돼 있으므로 이 클래스도 가져온다.

> **중요사항**
>
> 이미지 사이즈 변경과 가운데 부분 자르기(center-crop)에 사용하는 torchvision. transforms의 함수는 PIL 이미지를 입력으로 받기 때문에 PIL 모듈을 사용해 이미지를 불러온다.

2. 다음으로 학습한 CNN 모델을 불러온다.

```
model = ImageClassifier.load_from_checkpoint("./lightning_logs/
version_0/checkpoints/epoch=499-step=15499.ckpt")
```

모델을 API 정의 외부에서 인스턴스화해서 매번 API가 호출될 때마다 모델을 불러오지 않고 처음 한 번만 불러오도록 한다.

3. API 구현에 사용할 도우미 함수^{helper function}를 정의한다.

```
IMAGE_SIZE = 32
def transform_image(img):
  transform = transforms.Compose([
    transforms.Resize(IMAGE_SIZE),
    transforms.CenterCrop(IMAGE_SIZE),
    transforms.ToTensor()
  ])
  return transform(img).unsqueeze(0)
```

```
def get_prediction(img):
  result = model(img)
  return functional.softmax(result, dim=1)[:, 1].tolist()[0]
```

transform_image 함수는 img라는 이름의 이미지를 입력으로 받는다. 사이즈 변환과 가운데 자르기를 통해 32의 크기(IMAGE_SIZE 변수에서 지정된 값)으로 만든다. 그런 다음 이미지를 텐서로 변환하고 CNN 모델이 요구하는 형태를 맞추기 위해 unsqueeze(0)을 사용해 0번 위치에 1차원을 추가한다.

get_prediction 함수는 변환한 이미지를 입력으로 받는다. 이 이미지를 모델에 넣어 결과를 받고 functional.softmax를 통해 그 확률을 얻는다.

4. Flask 클래스를 인스턴스화하고 predict라는 이름의 POST API를 정의한다.

```
app = Flask(__name__)
@app.route("/predict", methods=["POST"])
def predict():
  img_file = request.files['image']
  img = Image.open(img_file.stream)
  img = transform_image(img)
  prediction = get_prediction(img)
  if prediction >= 0.5:
    cancer_or_not = "cancer"
  else:
    cancer_or_not = "no_cancer"
  return jsonify({'cancer_or_not': cancer_or_not})
```

predict 함수는 다음의 작업을 순차적으로 실행한다. 요청에서 이미지 파일을 추출하고 이미지를 가져와서 변환하고 예측을 수행한다. 클라이언트는 predict API에 image라는 이름의 파일을 업로드해야 한다. 그러면 서버에서는 request.

files['image']를 통해 파일을 추출할 수 있다. 모델에서 예측 결과를 받은 후 cancer과 no_cancer의 확률적 임계값으로 0.5를 사용한다(애플리케이션의 요구 사항에 따라 임계값을 변경할 수 있다). jsonify는 사전 데이터를 JSON 형식으로 변환하고 클라이언트에게 HTTP 응답을 전송한다.

5. 플라스크 애플리케이션을 실행한다.

```
if __name__ == '__main__':
  app.run()
```

기본적으로 플라스크 서버는 다음 출력에 나타난 것처럼 localhost의 5000포트로 전송된 요청을 수신하기 시작한다.

```
* Serving Flask app 'server_ckpt' (lazy loading)
* Environment: production
  WARNING: This is a development server. Do not use it in a production deployment.
  Use a production WSGI server instead.
* Debug mode: off
* Running on http://127.0.0.1:5000/ (Press CTRL+C to quit)
```

그림 9.3 플라스크 서버 시작

6. 클라이언트를 구현하는 방법을 설명한다. 클라이언트는 localhost의 5000 포트에 있는 서버에 HTTP POST 요청을 보낸다. 여기서는 client.ipynb를 통해 작업한다.

```
import requests
server_url = 'http://localhost:5000/predict'
path = './00006537328c33e284c973d7b39d340809f7271b.tif'
files = {'image': open(path, 'rb')}
resp = requests.post(server_url, files=files)
print(resp.json())
```

서버의 URL을 server_url 변수에 지정했고 파일의 경로는 path라는 변수에 지정했다.

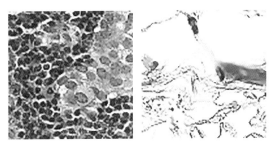

그림 9.4 모델 예측에 사용한 이미지(캐글 데이터 세트에서)

그림 9.4에서 2개의 이미지는 데이터 세트에서 깃허브 저장소로 복사했기 때문에 캐글에서 전체 데이터 세트를 다운로드할 필요는 없다.

서버 API 구현에서 기대하는 대로 image를 키 이름으로 해서 불러온 이미지 파일을 files 사전으로 정의한다. 서버에 HTTP POST 요청을 보내고 JSON 응답을 표시한다.

그림 9.5는 클라이언트 출력을 보여준다.

```
▷ ▶☰ M↓
    import requests

▷ ▶☰ M↓
    server_url = 'http://localhost:5000/predict'
    path = './00006537328c33e284c973d7b39d340809f7271b.tif'
    files = {'image': open(path, 'rb')}
    resp = requests.post(server_url, files=files)
    print(resp.json())
{'cancer_or_not': 'cancer'}
```

그림 9.5 JSON 응답 출력

서버의 출력에는 성공적으로 처리했다는 의미인 200 상태 코드와 /predict API에 요청을 받고 처리한 시간이 표시된다.

```
127.0.0.1 - - [<timestamp>] "POST /predict HTTP/1.1" 200 —
```

cURL$^{client URL}$ 같은 명령줄 도구나 **포스트맨**^{Postman} 같은 API 테스트 도구를 사용해 서버에 요청을 보낼 수도 있다. 다음 코드는 예시 curl 명령이다.

```
curl -F 'image=@000020de2aa6193f4c160e398a8edea95b1da598.tif' http://
localhost:5000/predict -v
```

명령의 출력은 그림 9.6과 같다.

```
*   Trying ::1...
* TCP_NODELAY set
* Connection failed
* connect to ::1 port 5000 failed: Connection refused
*   Trying 127.0.0.1...
* TCP_NODELAY set
* Connected to localhost (127.0.0.1) port 5000 (#0)
> POST /predict HTTP/1.1
> Host: localhost:5000
> User-Agent: curl/7.64.1
> Accept: */*
> Content-Length: 28172
> Content-Type: multipart/form-data; boundary=------------------------8d6c0537f5ecef88
> Expect: 100-continue
>
< HTTP/1.1 100 Continue
* We are completely uploaded and fine
* HTTP 1.0, assume close after body
< HTTP/1.0 200 OK
< Content-Type: application/json
< Content-Length: 30
< Server: Werkzeug/2.0.2 Python/3.9.7
< Date: Wed, 23 Mar 2022 15:45:27 GMT
<
{"cancer_or_not":"no_cancer"}
* Closing connection 0
```

그림 9.6 curl 요청의 결과

그림 9.6에서 출력의 대부분은 curl 명령의 작동에 대한 것인데, 이는 -v 옵션(자세한 내용을 보여주는 verbose)을 사용했기 때문이다. 서버의 응답은 출력 마지막 부분에 나타나 있다.

362

ONNX 방식으로 모델 배포 및 예측하기

데이터 과학자가 사용할 수 있는 딥러닝 프레임워크는 매우 많다. 파이토치 라이트닝은 텐서플로와 파이토치, 더 이전에 있었던 카페^{Caffe}나 토치^{Torch} 같은 프레임워크 계열의 최신 프레임워크일 뿐이다. 각 데이터 과학자는 처음 연구한 내용이나 편안한 정도에 따라 일반적으로 하나의 프레임워크를 나머지보다 선호한다. 일부 프레임워크는 파이썬 기반이고 다른 프레임워크는 C++ 기반이다. 하나의 부서, 회사는 말할 것도 없고 프로젝트에서도 프레임워크를 표준화하기가 어려울 정도다. 파이토치 라이트닝으로 모델을 학습한 이후에 카페나 텐서플로로 새로 고쳐야 하는 경우도 충분히 생길 수 있다. 그래서 다른 프레임워크 사이에 모델을 전달하거나 여러 프레임워크에서 모두 사용할 수 있는 모델과 언어가 꼭 필요하다. ONNX는 이런 목적으로 설계된 형식 중 하나다.

ONNX 형식으로 상호 이동성$^{inter-portability}$을 달성하는 방법을 알아본다.

ONNX 형식과 중요성

ONNX는 마이크로소프트와 페이스북이 2007년 처음 소개한 산업 간$^{cross-industry}$ 모델 형식이다. ONNX의 목적은 프레임워크에 구애받지 않는 하드웨어와 딥러닝을 발전시키고 상호운용성$^{inter-operability}$을 증진하는 것이다. 이 형식은 파이토치나 카페 같은 프레임워크에서 점점 더 많이 채택되고 있다. 그림 9.7은 ONNX 형식을 지원하는 최신 프레임워크를 보여준다.

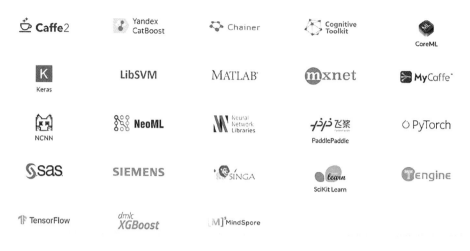

그림 9.7 ONNX를 지원하는 딥러닝 프레임워크

ONNX가 다른 모델 형식에 비해 뛰어난 점은 전통적인 모델도 지원하긴 하지만 딥러닝 모델을 위해 특별히 설계됐다는 점이다. 확장 가능한 계산 그래프 모델에 대한 정의와 내장 연산을 갖고 있다. ONNX는 데이터 과학자가 단일 프레임워크에 갇히지 않도록 하는 것을 목표로 한다. 모델이 ONNX 형식이라면 그것이 엔비디아^{NVIDIA} 제품이건 인텔^{Intel} 제품이건 관계없이 플랫폼, 하드웨어, 장치(GPU 또는 CPU)에서 작동할 수 있다.

ONNX는 머신러닝 엔지니어링 팀이 해당 프레임워크가 특정 하드웨어를 지원하는지 확인해야 하는 부담을 줄여 서비스화 과정을 단순하게 만든다. 또한 리눅스, 윈도, 맥OS 등 모든 운영체제에서 동작하고 파이썬, C, 자바 API를 지원해서 진정으로 모든 플랫폼에서 작동하도록 통합된 모델 프레임워크다. 그런 이유로 ONNX는 최근 몇 년간 유명해졌고 파이토치 라이트닝에도 내장 기능으로 ONNX를 지원한다. 많은 프레임워크가 ONNX를 지원 중이며 빠르게 발전 중이다.

ONNX 모델 저장 및 불러오기

파이토치 라이트닝은 모델의 상태를 체크포인트 파일로 저장한다. 체크포인트는 파이토치 특화된 배포 및 모델 로드 방식인데, 그렇다고 모델을 배포하는 유일한 방법은 아니다. 모델의 to_onnx 메소드를 통해 모델을 ONNX 형식으로 내보낼 수 있다.

1. torch 모듈과 CNNImageClassifier가 정의돼 있는 image_classifier를 가져온다.

```
import torch
from image_classifier import CNNImageClassifier
```

2. 학습한 CNN 모델을 불러온다.

```
model = ImageClassifier.load_from_checkpoint("./lightning_logs/
version_0/checkpoints/epoch=499-step=15499.ckpt")
```

모델을 불러오기 위한 체크포인트 경로가 올바른지 확인해 보자. 경로는 체크포인트 폴더의 이름과 위치에 따라 달라진다.

3. to_onnx 메소드는 ONNX 파일을 생성할 경로(코드의 filepath)와 샘플 입력(input_sample)이 필요하다. 학습한 CNN 모델은 (1, 3, 32, 32) 사이즈의 입력을 기대하므로 torch.randn을 사용해 샘플을 만든다.

```
filepath = "model.onnx"
input_sample = torch.randn((1, 3, 32, 32))
model.to_onnx(filepath, input_sample, export_params=True)
```

그러면 현재 디렉토리에 model.onnx라는 이름의 파일에 모델을 저장한다.

4. onnxruntime을 사용해 모델을 불러온다. onnxruntime.InferenceSession은 모델을 불러와 session 객체를 만든다.

```
session = onnxruntime.InferenceSession("model.onnx", None)
```

ONNX 모델을 불러오는 방법과 모델을 예측에 사용하는 방법을 살펴본다.

플라스크를 사용해 ONNX 모델 배포 및 예측하기

여기서 사용하는 플라스크 클라이언트-서버 애플리케이션은 체크포인트 형식에서 사용했던 것과 매우 유사하다.

1. 필요한 모든 툴을 가져온다.

```
import onnxruntime
import numpy as np

import torchvision.transforms as transforms
from PIL import Image

from flask import Flask, request, jsonify
```

파이토치 모델을 ONNX 형식으로 변환해 저장했기 때문에 image_classifier를 불러올 필요가 없다.

2. onnxruntime을 이용해 model.onnx 파일을 불러오고 session 객체를 만든다.

```
session = onnxruntime.InferenceSession("model.onnx", None)
input_name = session.get_inputs()[0].name
output_name = session.get_outputs()[0].name
```

input_name과 output_name은 예측을 수행할 때 필요하다.

세션을 인스턴스화하고 input_name과 output_name을 정의하는 작업을 API 정의 외부에서 수행해서 API를 호출할 때마다 실행되지 않고 처음 한 번만 수행하도록 한다.

3. API 구현에 사용할 도우미 함수를 정의한다.

```
IMAGE_SIZE = 32
def transform_image(img):
```

```
transform = transforms.Compose([
  transforms.Resize(IMAGE_SIZE),
  transforms.CenterCrop(IMAGE_SIZE),
  transforms.ToTensor()
])
return transform(img).unsqueeze(0)
```

transform_image 함수는 img라는 이름의 이미지를 입력으로 받는다. 사이즈 변환과 가운데 자르기를 통해 사이즈를 32(IMAGE_SIZE 변수로 지정한)로 만든다. 이미지를 텐서로 변환하고 이미지가 1개뿐이므로 unsqueeze(0)을 사용해 0번째 위치에 1차원을 추가한다.

```
def get_prediction(img):
  result = session.run([output_name], {input_name: img})
  result = np.argmax(np.array(result).squeeze(), axis=0)
  return result
```

get_prediction 함수는 변환된 이미지를 입력으로 받는다. 입력을 모델에 전달해 결과를 얻는다. 결과는 두 클래스에 대한 로짓logit 배열이다. 예측 클래스를 결정하기 위해 두 값 중 가장 큰 값과 그 값이 속한 클래스를 찾는다. 이를 위해 넘파이numpy의 argmax 함수를 사용한다. 최대 로짓을 가진 클래스를 반환하는데 이 값을 다시 result 변수에 저장한다.

> **중요사항**
>
> torchvision.transforms는 파이토치 특화 함수이지만 학습에서 사용한 방법이기 때문에 ONNX 예제에서도 계속 사용한다. OpenCV 같은 다른 이미지 처리 라이브러리를 사용할 수 없는데, 라이브러리마다 각각의 특성이 있어 그런 라이브러리로 변환하면 학습에서 사용한 변환과 완벽히 똑같지 않다.

ONNX는 넘파이 배열을 입력으로 받지만 학습에서 이미지 정규화^{normalization}에 사용한 transforms.ToTensor( )를 계속 사용한다. 공식 문서에 따르면 transforms.ToTensor는 [0, 255] 범위인 (H x W x C) 형태의 PIL 이미지나 넘파이 배열을 [0.0, 1.0] 범위인 (C x H x W) 형태의 torch.FloatTensor로 변환한다. torchvision.transforms의 함수는 PIL 이미지를 입력으로 기대하기 때문에 다음에 설명한 것처럼 PIL 모듈을 사용해 이미지를 불러온다.

4. Flask 클래스를 인스턴스화하고 predict라는 이름의 POST API를 정의한다.

```
app = Flask(__name__)


@app.route("/predict", methods=["POST"])
def predict():
  img_file = request.files['image']
  img = Image.open(img_file.stream)
  img = transform_image(img)
  prediction = get_prediction(img.numpy())
  if prediction == 0:
    cancer_or_not = "no_cancer"
  elif prediction == 1:
    cancer_or_not = "cancer"
  return jsonify({'cancer_or_not': cancer_or_not})
```

predict 함수는 다음의 작업을 순차적으로 실행한다. 요청에서 이미지 파일을 추출하고 이미지를 가져와서 변환하고 예측을 수행한다. 클라이언트는 predict API에 image라는 이름의 파일을 업로드해야 한다. 그러면 서버에서는 request.files['image']를 통해 파일을 추출할 수 있다.

transform_image 함수에서 반환한 텐서를 넘파이 배열로 변환하기 위해 img.numpy( )를 사용한다.

모델로부터 이미지 클래스에 대한 예측을 받은 후 예측이 0이면 no_cancer 클래스에 속하고 1이면 cancer 클래스에 속한다는 규칙을 정의한다. jsonify는 사전 데이터를 JSON 형식으로 변환하고 클라이언트에게 HTTP 응답을 전송한다.

5. 플라스크 애플리케이션을 실행한다.

```
if __name__ == '__main__':
    app.run()
```

이전 예제에서 언급한 것처럼 플라스크 서버는 localhost의 5000 포트에 전송된 요청을 수신하기 시작한다.

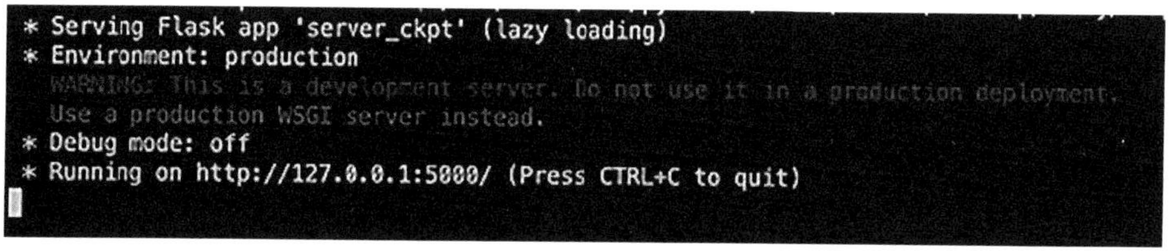

```
* Serving Flask app 'server_ckpt' (lazy loading)
* Environment: production
  WARNING: This is a development server. Do not use it in a production deployment.
  Use a production WSGI server instead.
* Debug mode: off
* Running on http://127.0.0.1:5000/ (Press CTRL+C to quit)
```

그림 9.8 플라스크 서버 실행

> **중요사항**
>
> ONNX 서버 실행 전에 앞의 예제에서 체크포인트를 사용한 서버를 종료했는지 확인해야 한다. 그렇지 않으면 새로운 서버를 시작할 때 'Address already in use'라는 5000 포트를 이미 사용하고 있다는 에러 메시지가 발생한다.

클라이언트 코드는 앞의 예제와 완전히 같은데(client.ipynb) 클라이언트는 서버의 내부 구현이 ONNX를 사용하든 체크포인트를 사용하든 전혀 관련이 없기 때문이다.

그림 9.9는 클라이언트 출력을 보여준다.

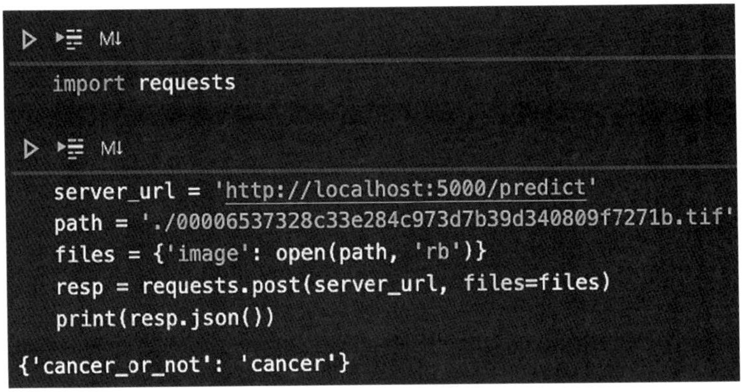

```
▷ ▶☰ M↓
import requests

▷ ▶☰ M↓
server_url = 'http://localhost:5000/predict'
path = './00006537328c33e284c973d7b39d340809f7271b.tif'
files = {'image': open(path, 'rb')}
resp = requests.post(server_url, files=files)
print(resp.json())
{'cancer_or_not': 'cancer'}
```

그림 9.9 모델 예측

예제에서 설명한 것과 유사하게 서버 출력은 HTTP POST 요청을 처리한 시간과 성공적으로 처리했음을 의미하는 상태 코드 200을 표시한다.

```
127.0.0.1 - - [<timestamp>] "POST /predict HTTP/1.1" 200 —
```

당연히 cURL 명령줄 도구를 통해서도 요청을 보낼 수 있다.

```
curl -X POST -F
'image=@00006537328c33e284c973d7b39d340809f7271b.tif' http://localhost:5000/
predict -v
```

▌ 다음 단계

모델을 배포하고 예측하는 방법을 살펴봤으므로 모델을 사용할 때 발생하는 다른 어려움을 자유롭게 알아보자.

- 초당 100만 개의 예측을 제공하는 등 대규모 예측을 어떻게 수행할 수 있을까?

- 예측 처리량과 예측 시간을 어떻게 관리해야 할까? 요청을 받은 시간과 응답 시간이 20밀리초(ms)를 넘지 말아야 할 수 있다. 배치 추론과 양자화quantization 같은 딥러닝 모델 배포 최적화를 고려해 볼 수 있다.
- 헤로쿠Heroku는 배포에 많이 사용하는 서비스다. 간단한 ONNX 모델은 헤로쿠에서 무료 체험을 통해 배포할 수 있다. 프론트엔드가 없거나 파일을 업로드하는 최소한의 프론트엔드로도 모델을 배포할 수 있다. 더 나아가서 유비콘Uvicorn, 구니콘Gunicorn 또는 웨이트리스Waitress와 같은 운영 서버를 사용해 모델을 배포해 볼 수 있다.
- 모델을 .pt 파일로 저장하고 JIT를 사용해 모델을 스크립팅한 다음 추론을 수행하는 것도 가능하다. 이 방법을 사용해 성능을 비교해 보자.

배포 과제들은 클라우드 엔지니어의 도움을 받아 주로 머신러닝 엔지니어링 팀에서 처리한다. 여기에는 들어오는 요청에 따라 자동으로 서버를 확장하기 위해 복제 시스템을 생성하는 기능도 포함한다.

▌ 읽을거리

ONNX와 ONNX 런타임을 더 알고 싶다면 다음 링크를 참조하자.

- https://onnx.ai
- https://onnxruntime.ai

▌ 요약

데이터 과학자는 종종 모델 배포와 예측에서 지원자 역할을 한다. 하지만 프로젝트가 작거나 MLOps 팀이 완전히 갖춰지지 않은 회사에서는 데이터 과학자가 배포를 주도해야 할 때도 있다. 9장은 테스트나 실험적인 배포 뿐만 아니라 사용자 애플리케이션과의 통합에 도움이 되는 내용을 다뤘다.

9장에서 파이토치 라이트닝을 쉽게 배포하고 플라스크 애플리케이션을 활용해서 REST API로 간단하게 예측을 수행하는 방법을 살펴봤다. 파이토치 자체적인 체크포인트 파일과 호환성이 있는 ONNX 형식 두 가지로 나눠 배포 방법을 확인했다. 여러 팀이 모델 학습에 다양한 프레임워크를 사용하고 있을 때 ONNX 같은 파일 형식이 실제 운영 상황에서 배포를 얼마나 쉽게 만드는지도 알 수 있었다.

첫 번째 딥러닝 모델을 만들어 보는 것을 시작으로 다양한 작업을 수행하기 위해 GAN, 준지도 학습, 자기 지도 학습 같은 점점 더 발전된 알고리듬을 살펴봤다.

대규모의 딥러닝 모델 학습이 필요한 일부 과제를 사전 학습 모델이나 라이트닝 플래시 Flash의 준비된 모델로 해결하는 방법도 익혔다.

10장에서는 딥러닝 작업에서 생기는 문제를 해결할 때 도움이 되는 중요한 팁을 정리하고 대규모 학습에 대응할 수 있도록 안내할 것이다.

10

훈련 확장 및 관리

여기까지, **딥러닝** 분야를 흥미진진하게 탐험했다. 이미지를 인식하고 새로운 이미지나 텍스트를 생성하고 전체 레이블이 없이도 기계를 학습하는 방법을 알아봤다. 딥러닝 모델에서 좋은 결과를 얻으려면 엄청난 양의 컴퓨팅이 필요하고 이를 위해 GPU^{Graphics Processing} ^{Unit}의 도움이 필요하다는 사실은 잘 알려져 있다. 딥러닝 초기에는 데이터 과학자가 수동으로 각 노드의 GPU에 학습을 분산시켜야 했지만 지금은 이 또한 많은 발전을 이뤘다. 파이토치 라이트닝은 하드웨어를 관리하거나 GPU에서 학습을 수행하는 것과 관련된 대부분의 복잡성을 추상화한다.

9장까지 직접 학습을 수행했다. 다만 직접 학습을 시키는 것은 대규모 데이터로 대형 학습 작업을 처리해야 할 때는 실용적이지 않다. 10장에서는 규모 있게 학습하고 또 학습을 관리하는 부분에서 생기는 과제에 조금은 다른 관점을 취할 것이다. 일반적인 함정과 팁을 비롯한 요령을 알아본다. 실험을 세팅하는 방법, 하드웨어에서 발생하는 이슈에 탄력적으로 학습을 진행하는 방법, 학습 효율을 높이도록 하드웨어를 이용하는 방법 등을 살펴본다. 복잡한 학습 요구사항에 대응할 수 있도록 연습하는 장이 될 것이다.

10장에서는 딥러닝 모델 학습에 도움이 되는 다음 주제를 다룬다.

- 학습 관리
- 학습 확장
- 학습 통제

기술 요구사항

10장에서는 파이토치 라이트닝 버전 2.0.2를 사용한다. 아래 명령을 통해 해당 버전을 설치하자.

```
!pip install pytorch-lightning==2.0.2
```

학습 관리

딥러닝 모델 학습을 관리할 때 발생하는 일반적인 문제를 다룬다. 여기에는 모델 파라미터를 저장하고 모델을 효율적으로 디버깅할 때의 문제를 해결하는 방법도 포함된다.

모델 하이퍼파라미터 저장

모델 하이퍼파라미터를 저장해야 할 때가 있다. 하이퍼파라미터에 매우 민감하고 재현성, 일관성 등을 위해 하이퍼파라미터가 필요한 아키텍처도 있다.

LightningModule 클래스의 load_from_checkpoint 메소드가 오류를 내고 실패하면서 체크포인트에서 모델을 불러올 수 없는 경우를 만나게 될 수도 있다.

해결책

체크포인트는 모델의 상태를 저장한 것에 불과하다. 체크포인트에는 모델이 사용하는 파라미터의 정확한 값이 포함돼 있다. 하지만 __init__ 메소드에 들어가는 하이퍼파라미터는 기본적으로 체크포인트에 저장되지 않는다. LightningModule의 __init__ 메소드 내부에서 self.save_hyperparameters를 호출하면 인자의 이름과 값을 체크포인트에 함께 저장한다.

LightningModule 클래스의 __init__ 메소드에서 학습률과 같은 추가적인 인자를 전달하고 있는지 확인해 보자. 만약 그렇다면, 그런 인자의 값은 체크포인트에 저장돼야 한다. 이를 위해 self.save_hyperparameters를 LightningModule 클래스의 __init__ 메소드 안에서 호출해야 한다.

다음 코드는 7장에서 만들었던 CNN-RNN 모델에서 self.save_hyperparameters를 어떻게 사용했는지 보여준다.

```python
def __init__(self, cnn_embdng_sz, lstm_embdng_sz, lstm_hidden_lyr_sz, lstm_
vocab_sz, lstm_num_lyrs, max_seq_len=20):
  super(HybridModel, self).__init__()
  """CNN"""
  resnet = models.resnet152(pretrained=False)
  module_list = list(resnet.children())[:-1]
  self.cnn_resnet = nn.Sequential(*module_list)
  self.cnn_linear = nn.Linear(resnet.fc.in_features, cnn_embdng_sz)
  self.cnn_batch_norm = nn.BatchNorm1d(cnn_embdng_sz, momentum=0.01)


  """LSTM"""
```

```
self.lstm_embdng_lyr = nn.Embedding(lstm_vocab_sz, lstm_embdng_sz)

self.lstm_lyr = nn.LSTM(lstm_embdng_sz, lstm_hidden_lyr_sz, lstm_num_lyrs,
batch_first=True)

self.lstm_linear = nn.Linear(lstm_hidden_lyr_sz, lstm_vocab_sz)

self.max_seq_len = max_seq_len

self.save_hyperparameters()
```

__init__의 마지막 줄에서 self.save_hyperparameters를 호출한다.

효율적인 디버깅

파이토치로 작성한 딥러닝 모델로 실험하고 디버깅하는 작업은 시간이 많이 드는데, 다음
과 같은 이유 때문에 그렇다.

- 딥러닝 모델은 대량의 데이터로 학습한다. 학습 과정은 고성능의 GPU나 TPU[Tensor Processing Unit]를 사용해도 몇 시간에서 며칠이 걸린다. 학습은 여러 배치와 에포크 동안 반복적으로 수행한다. 학습-검증-테스트로 이어지는 사이클로 인해 버그 를 뒤늦게 발견할 수도 있다.
- 파이썬은 컴파일 언어가 아니라 인터프리터 언어다. C나 C++ 같은 컴파일 언어 와 달리 오타나 라이브러리 임포트와 같은 문법 에러를 사전에 발견하지 못한다. 그런 에러는 해당 줄의 코드가 파이썬 가상 머신에서 실행될 때 발생한다.

반복적으로 수정하고 다시 실행하면서 낭비되는 시간을 줄일 수 있도록 파이토치 라이트
닝이 프로그래밍 에러를 빠르게 발견하는 데 도움이 될 수 없을까?

해결책

파이토치 라이트닝 프레임워크는 디버깅 시간을 줄일 수 있도록 Trainer 모듈에 전달할
수 있는 다양한 인자가 있다. 대표적으로 다음과 같은 인자가 있다.

- `limit_train_batches`: 이 인자는 Trainer에 전달할 수 있고, 학습 에포크에 사용하는 데이터의 양을 조절한다. 다음의 예시 코드를 살펴보자.

```python
import pytorch_lightning as pl
# 10%의 학습 데이터만 사용
trainer = pl.Trainer(limit_train_batches=0.1)
# 10개의 배치 데이터만 사용
trainer = pl.Trainer(limit_train_batches=10)
```

앞의 설정은 학습 에포크 이후에 발생하는 문제를 디버깅하는 데 유용하다. 학습 에포크에 필요한 시간을 대폭 줄여서 디버깅을 빠르게 하도록 돕는다. 검증 데이터와 테스트 데이터에서도 각각 `limit_val_batches`와 `limit_test_batches`를 통해 비슷하게 설정할 수 있다.

- `fast_dev_run`: 버그를 빠르게 확인하기 위해 학습, 검증, 테스트 배치 수를 제한하는 인자다. `limit_train/val/test_batches`와 달리, 체크포인트, 콜백, 로거 등을 비활성화하고 한 에포크만 학습을 수행하는 인자이기도 하다. 이름에서 알수 있듯이 `fast_dev_run` 인자는 개발 단계에서 디버깅을 위해서만 활용해야 한다. 어떻게 작동하는지 다음 코드를 통해 확인할 수 있다.

```python
import pytorch_lightning as pl
...
# 5개의 배치만큼만 학습, 검증, 테스트 데이터로 학습하고 종료한다.
trainer = pl.Trainer(fast_dev_run=5)
# 1개의 배치만큼만 학습, 검증, 테스트 데이터로 학습하고 종료한다.
trainer = pl.Trainer(fast_dev_run=True)
```

- `max_epochs`: 에포크 수를 제한해서 설정한 값에 도달하면 학습을 종료하는 인자다. 다음 코드는 `max_epochs` 인자를 활용해서 CNN 모델의 학습을 100 에포크로 제한하는 방법을 보여준다.

```
trainer = pl.Trainer(max_epochs=100, devices=-1)
```

텐서보드를 활용한 학습 손실 모니터링

학습 과정 동안 국소 최솟값에 갇히지 않으면서 학습 손실이 수렴하는지 확인해야 한다. 수렴하지 않으면, 학습률, 배치 크기, 옵티마이저 등의 설정을 변경하고 다시 시작해야 한다. 손실 곡선을 시각화하고 손실이 지속적으로 감소하고 있는지 모니터링하는 방법은 무엇일까?

해결책

기본적으로 파이토치 라이트닝은 학습 손실과 같은 지표를 시각화하고 추적할 수 있는 텐서보드 프레임워크를 지원한다. 각 배치나 에포크에서 계산한 손실을 log( ) 메소드를 호출해서 저장할 수 있다. 가령 다음의 코드는 7장의 model.py에서 HybridModel 클래스의 training_step 메소드를 정의할 때 손실을 등록하는 방법을 보여준다.

```
def training_step(self, batch, batch_idx):
  loss_criterion = nn.CrossEntropyLoss()
  imgs, caps, lens = batch
  outputs = self(imgs, caps, lens)
  targets = pk_pdd_seq(caps, lens, batch_first=True)[0]
  loss = loss_criterion(outputs, targets)
  self.log('train_loss', loss, on_epoch=True)
return loss
```

self.log를 호출하면 내부적으로 손실 값을 저장하는데, 앞서 이야기한 대로 파이토치 라이트닝은 텐서보드 프레임워크를 기본으로 사용한다. 손실 지표에 train_loss라는 이름을 붙였다. on_epoch를 참으로 설정해서 각 배치마다 저장할 뿐만 아니라 에포크가 종료

될 때도 손실을 저장한다.

손실값을 저장하는 방법 다음으로는 손실을 시각화하는 방법을 설명한다. tensorboard. ipynb 노트북 내용으로 진행할 텐데, 텐서보드가 파이토치 라이트닝 프레임워크가 모델 학습 과정에서 생성한 lightning_logs 폴더를 바라보도록 설정하면 된다. tensorboard. ipynb 노트북을 lightning_logs의 부모 폴더에서 실행한다. 그리고 다음과 같이 시각화 를 수행한다.

```
%load_ext tensorboard
%tensorboard --logdir "./lightning_logs"
```

코드에서 먼저 텐서보드 확장 명령어를 불러오고, --logdir 명령 인자를 활용해 lightning_logs의 위치를 입력한다.

노트북 셀을 실행하면 다음 그림 10.1과 같이 셀 하단에 텐서보드 프레임워크가 실행된다.

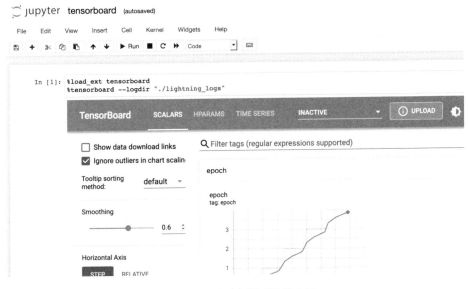

그림 10.1 손실 시각화를 위한 텐서보드

코드의 training_step 메소드에서 self.log를 호출하면서 train_loss로 이름 붙였던 손실을 확인하면, 텐서보드는 2개의 손실 차트를 표시한다. 그림 10.2를 참고해 텐서보드 화면을 내려서 epoch와 hp_metric 아래에 있는 train_loss_epoch와 train_loss_step 탭을 열자.

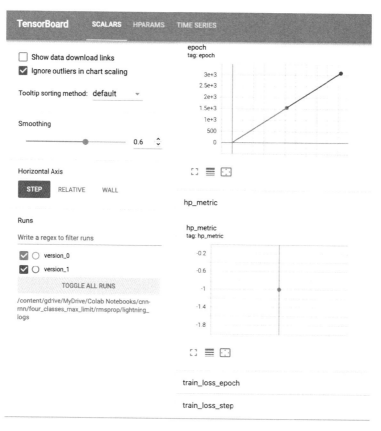

그림 10.2 텐서보드 손실 차트 탭

파이토치 라이트닝은 코드에서 제공했던 train_loss라는 이름에 배치와 에포크 손실을 구분하기 위해 자동으로 _epoch 또는 _step이라는 이름을 추가한다. 앞의 코드에서 배치 손실 이외에도 에포크 손실을 기록하도록 on_epoch=True 인자를 self.log에 전달했기 때문이다.

그림 10.3은 2개의 손실 차트를 보여준다.

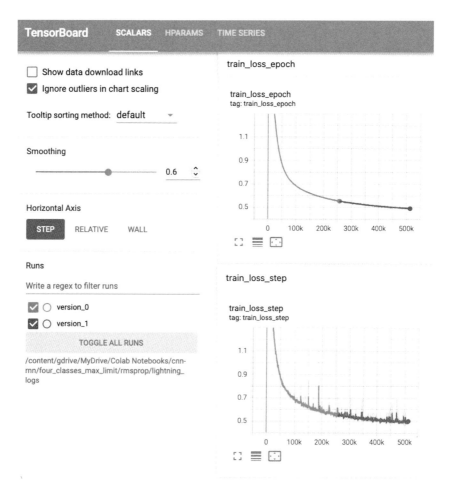

그림 10.3 텐서보드 손실 차트

다른 버전은 자동으로 다른 색상으로 구분해서 표시한다. 그림 10.3에서 왼쪽의 주황은 version_0를 나타내고 파랑은 version_1을 나타낸다. 학습이 여러 버전에 걸쳐서 진행된 경우, 하나 이상의 버전의 지표를 나타내도록 버전 숫자 옆의 라디오 버튼이나 체크박스를 선택할 수 있다.

가령 다음 그림 10.4의 학습은 8개 버전으로 진행했다. 버전 0~5까지는 학습률을 0.001로 진행했고, 학습이 수렴하지 않아서 학습률을 0.0003으로 낮추고 다시 실행하자 이후 버전이 생성됐다. 버전 6, 7, 8을 선택해서 학습률을 0.0003으로 했을 때의 손실 곡선을 시각화했다.

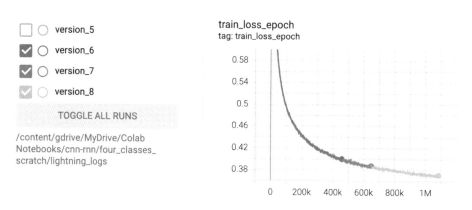

그림 10.4 텐서보드에서 버전 선택

▌ 훈련 규모 확장

훈련 규모를 확장하려면 큰 데이터에 대한 학습 속도를 높이고 GPU와 TPU를 더 잘 활용해야 한다. 훈련 규모를 확장시키기 위해 파이토치 라이트닝을 효율적으로 사용할 수 있는 팁을 소개한다.

여러 워커를 사용한 모델 학습 속도 향상

파이토치 라이트닝 프레임워크를 사용해 어떻게 모델 학습 속도를 높일 수 있을까? 유용한 인자 중 하나는 num_workers라는 파이토치에서 사용하는 인자로, 파이토치 라이트닝은 파이토치 기반이기 때문에 num_workers를 설정할 수 있다.

해결책

파이토치 라이트닝은 모델 학습을 빠르게 할 수 있는 여러 설정을 제공한다.

- num_workers 인자에 0이 아닌 값을 설정하여 모델 학습 속도를 높일 수 있다. 다음 코드를 확인해 보자.

```
import torch.utils.data as data

...

dataloader = data.DataLoader(num_workers=4, ...)
```

최적의 num_workers 값은 배치 크기와 사용하는 하드웨어의 스펙에 따라 다르다. 일반적으로는 장치에 있는 CPU 코어 수에서 시작하도록 권장한다. "num_workers를 천천히 높이다가 더이상 학습 속도가 향상되지 않으면 멈추는 것이 가장 좋다."

파이토치 라이트닝은 데이터 로더의 num_workers를 1로 설정하고 실행하면 다음 그림 10.5와 같이 num_workers를 높이도록 권장한다.

```
6.4 M     Trainable params
0         Non-trainable params
6.4 M     Total params
25.643    Total estimated model params size (MB)
/usr/local/lib/python3.7/dist-packages/pytorch_lightning/trainer/data_loading.py:106: UserWarning: The dataloader, train
  f"The dataloader, {name}, does not have many workers which may be a bottleneck."
```

그림 10.5 num_workers=1 인수로 실행했을 때 출력

그림 10.5에서 강조한 부분에서 프레임워크는 경고를 하고 있다. 다음은 그림 10.5 이후에 나타나는 전체 텍스트 내용이다.

"사용자 경고: 데이터 로더(학습 데이터 로더)의 워커 개수가 적어 병목이 될 수 있다. 성능을 높이기 위해 num_workers 인자를 높여(이 장치의 CPU 코어 수가 4이므로 4로 시도해보자) DataLoader를 실행하는 방법을 고려해볼 수 있다."

구글 코랩, 아마존 세이지메이커, IBM 왓슨 스튜디오와 같은 주피터 노트북 환경은 주피터 노트북이 사용하는 하드웨어를 설정할 수 있도록 허용하고 있다.

가령 구글 코랩은 '런타임 유형 변경^{Change Runtime Type setting}'에서 표준 설정^{Standard} 대신 고성능 램^{High-RAM}을 설정하면 num_workers 설정을 더 높일 수 있다.

GPU/TPU 학습

CPU로는 모델 학습에 필요한 속도를 내기 어려울 때가 많다. GPU를 사용하는 방법이 한 가지 옵션이다. 구글 클라우드나 코랩과 같은 노트북 기반 서비스를 사용한다면 TPU도 옵션이 될 수 있다. TPU는 딥러닝 모델을 위해 특별히 설계된 처리 장치다. 파이토치 라이트닝 프레임워크로 어떻게 GPU/TPU 하드웨어를 이용할 수 있는지 살펴보자.

해결책

주피터 노트북이 실행되는 장치에 GPU나 TPU가 있다면 학습 속도를 높이기 위해 활용하는 것이 좋다. 파이토치 라이트닝은 Trainer에 전달하는 인자를 변경해서 GPU/TPU로 연산 장치를 쉽게 변경하도록 지원한다. 다음 코드는 GPU/TPU 학습을 사용하는 예시 코드다.

```
import pytorch_lightning as pl
...
```

```
# GPU 2개 사용
trainer = pl.Trainer(devices=2, accelerator='gpu')
# 모든 GPU 사용
trainer = pl.Trainer(devices=-1, accelerator='gpu')
```

Trainer에 accelerator='gpu'와 devices 인자를 사용해서 GPU 수를 지정할 수 있다. -1
로 설정하면 사용할 수 있는 모든 GPU를 사용한다. accelerator='gpu'와 devices 인자
를 사용해 CNN 모델의 학습을 설정한 예시 코드다.

```
trainer = pl.Trainer(max_epochs=100, devices=-1, accelerator='gpu')
```

TPU 학습의 경우 accelerator='tpu'와 devices 인자를 사용한다.

```
# TPU 코어 1개 사용
trainer = Trainer(accelerator='tpu', devices=1)
# TPU 코어 4개 사용
trainer = Trainer(accelerator='tpu', devices=4)
```

구글 코랩에서 런타임 유형을 바꿔 하드웨어 가속기를 None 대신 GPU 또는 TPU로 설
정할 수 있다. 그림 10.6은 노트북에서 하드웨어 가속기를 설정하는 팝업창을 보여준다.

이렇게 하면 구글 코랩에서 GPU를 사용할 수 있다.

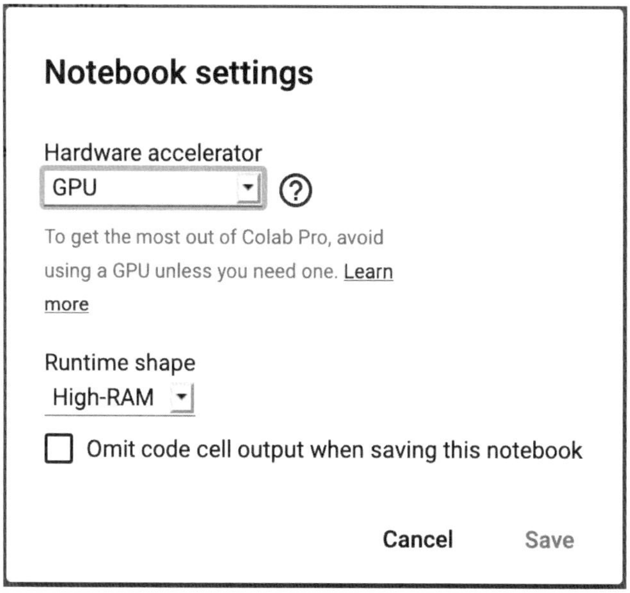

그림 10.6 구글 코랩의 노트북 설정

혼합 정밀도 학습/16비트 정밀도 학습

CNN과 같은 딥러닝 모델은 이미지 같은 고차원 객체를 텐서 같은 저차원 객체로 변환한다. 즉 엄밀한 계산이 필요하지 않은데, 약간의 정확도를 희생하면서 속도를 엄청나게 개선할 수 있다. 이 개념을 이용하면 TPU 성능을 향상시킬 수 있다. 하지만 TPU 환경이 아닐 때는 사용할 수 없는 방법이다.

GPU나 다중 CPU와 같은 더 나은 처리 장치를 사용하면 학습 속도를 크게 개선할 수 있다. 그러면 프레임워크를 통해 낮은 정밀도를 활용할 수는 없을까? 파이토치 라이트닝을 사용하면 간단히 Trainer 모듈에 precision이라는 이름의 인자를 전달하는 방식으로 혼합 정밀도를 사용할 수 있다.

해결책

혼합 정밀도 학습은 두 가지 종류의 부동 소수점 숫자를 사용한다. 32비트의 높은 정밀도와 16비트의 낮은 정밀도다. 이를 통해 모델 학습에서 메모리 사용량을 줄이고 학습 속도를 높인다.

파이토치 라이트닝은 CPU, GPU, TPU의 혼합 정밀도 학습을 지원한다. 다음은 GPU 환경에서 precision 옵션을 활용하는 방법을 보여준다.

```
import pytorch_lightning as pl
...
trainer = pl.Trainer(accelerator='gpu', devices=-1, precision=16)
```

GPU 환경에서 precision 옵션을 활용하는 기능을 통해 학습 속도를 빠르게 할 수 있는데, 거의 에포크 수를 절반으로 줄인 정도의 시간 단축이 가능하다. 7장에서 16비트 정밀도 학습을 사용하면 CNN 모델의 학습 시간을 3~40% 줄일 수 있음을 확인했다.

▌ 학습 제어

학습 과정에서 감사, 균형 및 제어 메커니즘이 필요한 경우가 많다. 1,000 에포크 동안 모델을 훈련하는데, 500 에포크 후에 네트워크 문제로 학습이 중단된다고 상상해 보자. 어떻게 하면 진행한 학습 상황을 전혀 잃지 않으면서 학습을 다시 재개하거나 클라우드 환경에 모델 체크포인트를 저장할 수 있을까? 엔지니어가 만날 수밖에 없는 실질적인 문제를 다루는 방법을 알아보자.

클라우드 사용 시 모델 체크포인트 저장

구글 코랩과 같은 클라우드 환경에서 호스팅되는 노트북은 리소스 제한 및 대기 시간 초과 기간이 있다. 모델 개발 중 이런 제한을 초과하면 노트북이 비활성화된다. 클라우드 환경의 탄력적인 특성(클라우드가 제공하는 중요 가치 중 하나) 때문에 노트북이 비활성화되면 기본 컴퓨팅 및 스토리지 리소스가 해제된다. 비활성화된 노트북 창을 새로고침하면 일반적으로 노트북은 새로운 컴퓨팅, 스토리지 리소스에서 재시작한다.

클라우드 환경에서 호스팅되던 노트북이 리소스 제한이나 대기 시간 초과로 비활성화되면 더는 체크포인트 폴더나 파일에는 접근할 수 없다. 문제를 해결하는 한 가지 방법은 드라이브를 마운트하는 것이다.

해결책

파이토치 라이트닝은 자동으로 마지막 학습 에포크의 상태를 체크포인트에 저장한다. 기본으로 체크포인트는 현재의 작업 폴더에 저장된다. 클라우드 노트북에서 현재 작업 디렉토리는 체크포인트를 저장하기 위한 적합한 장소가 아니어서, 이런 환경에서 클라우드 제공자는 일반적으로 노트북에서 접근할 수 있는 영구 저장소를 제공한다.

다음으로 클라우드 노트북인 구글 코랩에서 어떻게 영구적인 저장소인 구글 드라이브를 사용할 수 있는지 살펴본다. 다음과 같이 진행한다.

1. 구글 드라이브를 노트북에서 임포트한다.

```
from google.colab import drive
drive.mount('/content/gdrive')
```

2. 구글 드라이브의 디렉토리를 /content/gdrive/MyDrive로 시작하는 경로를 통해 참조할 수 있다. drive.mount( )를 실행하면 그림 10.7과 같은 프롬프트가 나타나고 인증 절차를 시작한다.

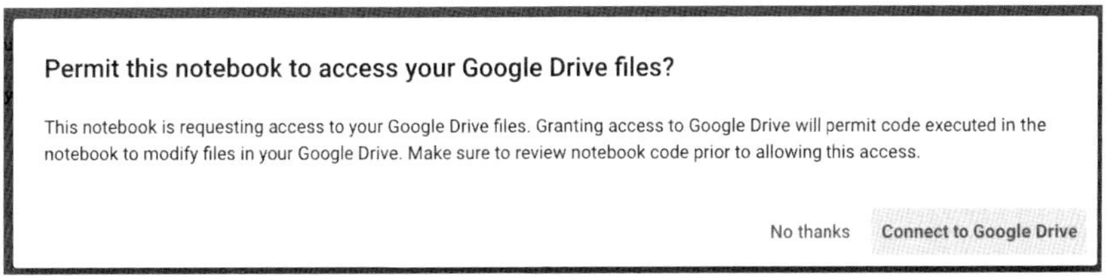

그림 10.7 승인 코드 입력

3. 〈Connect to Google Drive〉 버튼을 누른 후 연결할 계정을 선택한다. 그림 10.8에 서 〈Allow〉를 선택한다.

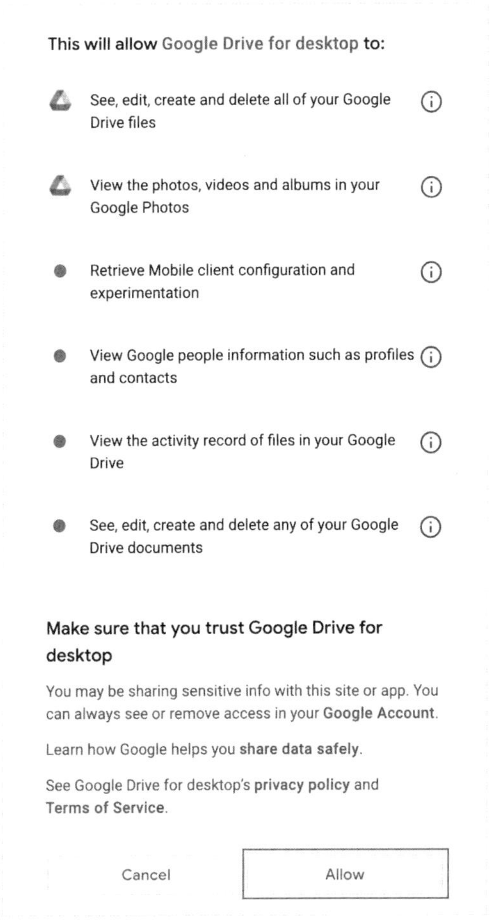

그림 10.8 구글 드라이브에 대한 액세스 허용

4. 파이토치 라이트닝의 Trainer 모듈에서 default_root_dir 인자를 사용해 체크
   포인트 저장 경로를 구글 드라이브로 변경한다. 다음 코드는 체크포인트를 Colab
   Notebooks/cnn 디렉토리에 저장한다. 전체 경로는 다음 코드에 나타난 대로
   /content/gdrive/MyDrive/Colab Notebooks/cnn이다.

```
import pytorch_lightning as pl
...
ckpt_dir = "/content/gdrive/MyDrive/Colab Notebooks/cnn"
trainer = pl.Trainer(default_root_dir=ckpt_dir, max_epochs=100)
```

해당 디렉토리 경로에 체크포인트는 lightning_logs/version_<number>/checkpoints
폴더 구조로 저장된다.

체크포인트 기능의 기본 동작 변경

파이토치 라이트닝 프레임워크의 체크포인트 기능 동작 방식을 바꾸려면 어떻게 해야
할까?

해결책

파이토치 라이트닝은 기본적으로 마지막 학습 에포크의 상태를 현재 작업 경로에 자동으
로 저장한다. 사용자가 이런 기본 동작 방식을 바꿀 수 있도록, 프레임워크는 pytorch_
lightning.callbacks에 ModelCheckpoint라는 이름의 클래스를 제공한다. 몇 가지 변경
예시를 살펴본다.

- 마지막 학습 에포크의 상태를 저장하는 대신에 N번째 에포크마다 상태를 저장하
  도록 선택할 수 있다.

```
import pytorch_lightning as pl
...
ckpt_callback = pl.callbacks.ModelCheckpoint(every_n_epochs=10)
trainer = pl.Trainer(callbacks=[ckpt_callback], max_epochs=100)
```

- every_n_epochs 인자를 ModelCheckpoint에 넘겨줘서 체크포인트를 저장하는 주기를 지정할 수 있다. 앞의 코드에서 every_n_epochs를 10으로 설정했다. ModelCheckpoint 클래스는 Trainer 모듈에 callbacks라는 배열 인자로 전달된다. 코드에서 체크포인트를 현재 작업 디렉토리에 저장하는데, 당연히 default_root_dir 인자를 활용해 저장 위치를 바꿀 수 있다.

```
import pytorch_lightning as pl
...
ckpt_dir = "/content/gdrive/MyDrive/Colab Notebooks/cnn"
ckpt_callback = pl.callbacks.ModelCheckpoint(every_n_epochs=10)
trainer = pl.Trainer(default_root_dir=ckpt_dir, callbacks=[ckpt_
callback], max_epochs=100)
```

- 이 방식에서는 10 에포크마다 마지막 체크포인트만 저장한다. 즉 10 에포크 후에 체크포인트를 저장하고, 20 에포크가 끝나면 그때의 체크포인트로 덮어쓰고, 30 에포크 이후에는 그때의 상태로 체크포인트를 덮어쓴다.

- 그러면 가장 최근의 체크포인트만 저장하는 것이 아니라 5개의 최근 체크포인트를 저장하거나 모든 체크포인트를 저장하려면 어떻게 해야 할까?

- 나중에 체크포인트끼리 비교 분석하려면 하나 이상의 체크포인트를 저장하고 싶을 수 있다. 이 작업은 ModelCheckpoint의 save_top_k 인자를 통해 수행할 수 있다. 프레임워크의 기본 save_top_k 값이 1이기 때문에 파이토치 라이트닝은 기본적으로 마지막 체크포인트만 저장한다.

- save_top_k를 -1로 설정하면 모든 체크포인트를 저장할 수 있다. 이 설정을

every_n_epochs=10과 함께 사용하면 모든 10의 배수인 에포크 상태가 저장된다.

```
import pytorch_lightning as pl

...

ckpt_dir = "/content/gdrive/MyDrive/Colab Notebooks/cnn"
ckpt_callback = pl.callbacks.ModelCheckpoint(every_n_epochs=10, save_top_k=-1)
trainer = pl.Trainer(default_root_dir=ckpt_dir, callbacks=[ckpt_callback], max_epochs=100)
```

그림 10.9에서 10의 배수인 에포크의 체크포인트가 모두 구글 드라이브에 저장된 모습을 볼 수 있다. 에포크는 0부터 세기 때문에 epoch=9는 10번째 에포크이고 epoch=19는 20번째 에포크의 체크포인트다.

Name ↑	Owner	Last modified	File size
≡ epoch=9-step=319.ckpt	me	12:27 PM me	73.4 MB
≡ epoch=19-step=639.ckpt	me	12:29 PM me	73.4 MB
≡ epoch=29-step=959.ckpt	me	12:30 PM me	73.4 MB
≡ epoch=39-step=1279.ckpt	me	12:32 PM me	73.4 MB
≡ epoch=49-step=1599.ckpt	me	12:34 PM me	73.4 MB
≡ epoch=59-step=1919.ckpt	me	12:36 PM me	73.4 MB
≡ epoch=69-step=2239.ckpt	me	12:38 PM me	73.4 MB
≡ epoch=79-step=2559.ckpt	me	12:40 PM me	73.4 MB
≡ epoch=89-step=2879.ckpt	me	12:41 PM me	73.4 MB
≡ epoch=99-step=3199.ckpt	me	12:43 PM me	73.4 MB

그림 10.9 10의 배수의 모든 체크포인트

ModelCheckpoint 객체의 best_model_path 및 best_model_score 속성을 사용해서 가장 높은 성능의 모델 체크포인트를 활용할 수도 있다.

저장한 체크포인트에서 교육 재개

딥러닝 모델은 학습을 완료하는 데 정말 오랜 시간(종종 며칠)이 걸리기 때문에 다루기 까다롭다. 기나긴 학습 시간 동안 중간 결과를 어떻게 볼 수 있을까? 또는 학습이 여러 에러로 중단됐을 때 저장한 체크포인트에서 학습을 재개할 수 있는 방법은 뭘까?

해결책

구글 코랩처럼 클라우드 환경에서 호스팅되는 노트북은 자원과 대기 시간 제한이 있다. 모델 개발에서 제한을 초과하면, 노트북은 비활성화되고 기본 파일시스템에 더 이상 접근할 수 없다. 그때 대비해서 체크포인트를 저장하기 위해 클라우드 제공자의 영구 저장소를 사용해야 한다. 구글 코랩을 예로 들면 구글 드라이브를 활용할 수 있다.

그런 경우에도 학습은 대기 시간 초과, 기본 인프라의 문제, 프로그램 로직 문제 등으로 중단될 수 있다. 파이토치 라이트닝은 Trainer의 ckpt_path 인자를 사용해 학습을 재개하는 기능이 있다.

딥러닝 모델은 학습이 오래 걸려서 모델을 처음부터 재학습하느라 시간을 낭비하지 않도록 도와주는 학습 재개 기능이 매우 중요하다.

다음은 저장한 체크포인트를 이용해 모델 학습을 재개시키는 코드다.

```
import pytorch_lightning as pl

...

ckpt_dir = "/content/gdrive/MyDrive/Colab Notebooks/cnn"

latest_ckpt = "/content/gdrive/MyDrive/Colab Notebooks/cnn/lightning_logs/
version_4/checkpoints/epoch=39-step=1279.ckpt"

ckpt_callback = pl.callbacks.ModelCheckpoint(every_n_epochs=10, save_top_k=-1)

trainer = pl.Trainer(default_root_dir=ckpt_dir, callbacks=[ckpt_callback],
ckpt_path=latest_ckpt, max_epochs=100)
```

default_root_dir 인자를 사용해 체크포인트를 구글 드라이브에 저장하도록 지정한다.

또한 ModelCheckpoint 클래스는 every_n_epochs와 save_top_k 인자를 받아서 10의 배수인 모든 에포크의 체크포인트를 저장한다. 마지막으로 앞의 코드는 epoch=39-step=1279.ckpt(40번째 에포크 체크포인트)를 ckpt_path의 값으로 Trainer에 지정해준다.

그림 10.10은 파이토치 라이트닝 프레임워크가 체크포인트 파일에서 모델의 상태를 복원(그림에서 강조된 부분)해서 40 에포크 이후의 학습을 재개하는 모습을 보여준다.

```
Restoring states from the checkpoint file at /content/gdrive/MyDrive/Colab Notebooks/cnn/lightning_logs/version_4/checkpoints/epoch=39-step=1279.ckp
LOCAL_RANK: 0 - CUDA_VISIBLE_DEVICES: [0]
Restored all states from the checkpoint file at /content/gdrive/MyDrive/Colab Notebooks/cnn/lightning_logs/version_4/checkpoints/epoch=39-step=1279.

  | Name              | Type             | Params
--------------------------------------------------
0 | conv_layer1       | Conv2d           | 84
1 | relu1             | ReLU             | 0
2 | pool              | MaxPool2d        | 0
3 | conv_layer2       | Conv2d           | 168
4 | relu2             | ReLU             | 0
5 | fully_connected_1 | Linear           | 6.1 M
6 | fully_connected_2 | Linear           | 250 K
7 | fully_connected_3 | Linear           | 15.1 K
8 | fully_connected_4 | Linear           | 122
9 | loss              | CrossEntropyLoss | 0
--------------------------------------------------
6.4 M     Trainable params
0         Non-trainable params
6.4 M     Total params
25.643    Total estimated model params size (MB)
/usr/local/lib/python3.7/dist-packages/pytorch_lightning/trainer/data_loading.py:327: UserWarning: The number of training samples (32) is smaller th
  f"The number of training samples ({self.num_training_batches}) is smaller than the logging interval"
Epoch 40: 62%                                          20/32 [00:09<00:05, 2.33it/s, loss=0.21, v_num=10, train_accuracy=0.9
```

그림 10.10 학습 재개

그림 10.10에서 마지막 줄에 표시된 대로 학습은 40 에포크에서 다시 시작한다(다시 말하지만, 에포크는 0부터 세기 때문에 41번째 에포크다).

학습을 다시 시작할 때 사용하는 체크포인트의 위치는 다음과 같다.

```
lightning_logs/version_4/checkpoints/epoch=39-step=1279.ckpt
```

버전 4인 체크포인트다. 결과적으로 그림 10.11에서 확인할 수 있듯이 이어지는 50~100 에포크는 version_5 디렉토리 아래에 저장된다.

Name ↑	Owner	Last modified	File size
≡ epoch=49-step=1599.ckpt	me	Sep 24, 2021 me	73.4 MB
≡ epoch=59-step=1919.ckpt	me	Sep 24, 2021 me	73.4 MB
≡ epoch=69-step=2239.ckpt	me	Sep 24, 2021 me	73.4 MB
≡ epoch=79-step=2559.ckpt	me	Sep 24, 2021 me	73.4 MB
≡ epoch=89-step=2879.ckpt	me	Sep 24, 2021 me	73.4 MB
≡ epoch=99-step=3199.ckpt	me	Sep 24, 2021 me	73.4 MB

그림 10.11 version_5 디렉토리에 저장된 체크포인트 50 ~ 100

학습 재개 기능을 통해 모든 저장된 체크포인트를 실패에 관계없이 안전하게 추적할 수 있고, 다양한 시간대의 모델을 사용해 학습 결과를 비교할 수 있다.

클라우드에서 다운로드 또는 병합한 데이터 저장

딥러닝 모델을 학습하기 위해 사용하는 데이터를 다운로드하고 전처리하는 것은 일반적으로 일회성 작업이다. 종종 이미 전처리한 데이터를 추가로 정제하거나 더 좋은 모델을 만들기 위해 더 많은 데이터를 수집해야 할 때도 있지만, 데이터가 일정 시점 이후로 변경되지 않으면 그 상태로 고정해야 한다.

반면에 모델 학습은 완료하는 데 며칠 또는 몇 주가 걸린다. 데이터를 수천 또는 수십만 번 반복하면서 하이퍼파라미터 튜닝을 하고 학습을 재개해서 지역 최솟값을 피해 수렴하도록 한다. 데이터 처리 단계가 불필요하게 다시 수행되지 않도록 하려면 어떻게 해야 할까? 학습 과정 전체에서 전처리한 데이터의 복사본을 활용하려면 어떻게 해야 할까?

해결책

처리한 데이터를 압축해서 저장하고 모델 학습 전반에서 압축을 해제해서 데이터를 사용할 수 있다. 인프라 문제로 인해 특히 클라우드 노트북 환경에서 중요한 기능이기도 하다.

7장에서 사용한 노트북을 어떻게 수정하면 되는지 살펴보자.

- 7장에서 3개의 다른 노트북(download_data.ipynb, filter_data.ipynb, process_data.ipynb)을 데이터 처리에 사용했다. 두 번째와 세 번째 노트북은 이전 노트북이 끝나는 지점에서 실행된다. 그리고 이전 노트북에서 처리한 데이터가 현재 작업 디렉토리에 있다고 가정한다. 즉 현재 작업 디렉토리가 세 노트북의 공통 컨텍스트역할을 하는데, 노트북이 클라우드 환경에서 실행되는 경우는 이 가정이 맞지 않는다. 세 노트북이 모두 다른 컴퓨팅 및 스토리지 인프라에 할당된다. 그러면 문제를 어떻게 해결해야 할까?

- 3개의 노트북을 하나로 합치면 해결할 수 있다. download_data.ipynb 노트북의내용으로 시작해서 filter_data.ipynb 노트북의 셀을 추가하고 process_data.ipynb 노트북의 셀도 추가한다. 이렇게 합친 노트북을 data.ipynb라고 하자. 노트북 data.ipynb은 COCO 2017 데이터를 다운로드하고 데이터를 필터링하고이미지 크기를 조절하고 단어 사전을 만든다.

- 다음의 코드 셀을 data.ipynb 노트북에 추가해서 처리한 데이터를 압축하자.

```
!tar cvf coco_data_filtered.tar coco_data
!gzip coco_data_filtered.tar
```

coco_data_filtered.tar.gz라는 이름의 번들을 생성하고 현재 작업 디렉토리에 저장하고 있다.

- 다음 코드 셀을 data.ipynb 노트북에 추가해서 coco_data.filtered.tar.gz 번들을 data.ipynb 노트북이 돌고 있는 클라우드 인프라 밖의 영구 저장소에 저장한다. 코드는 마운트한 구글 드라이브를 사용해서 데이터 번들을 저장하는데, 클라우드 제공자가 지원하는 모든 영구 저장소를 대신 사용할 수 있다.

```
from google.colab import drive
drive.mount('/content/gdrive')
```

```
!cp ./coco_data_filtered.tar.gz /content/gdrive/MyDrive/Colab\
Notebooks/cnn-rnn
```

구글 드라이브를 /content/gdrive에 마운트하고 있다. 그런 다음 데이터 번들을 'Colab Notebooks' 폴더 아래의 cnn-rnn 폴더에 저장한다.

> **중요사항**
> drive.mount()를 실행하면 구글 인증을 위한 프롬프트가 표시되고 인증 코드를 입력해야 한다.

▌ 읽을거리

일반적인 문제를 해결할 때 도움이 되는 팁과 요령은 공식문서를 참조하라.

파이토치 라이트닝이 어떻게 텐서보드 로깅 프레임워크를 기본으로 지원하는지 살펴봤다. 다음은 텐서보드 웹사이트의 링크다.

- https://www.tensorflow.org/tensorboard

파이토치 라이트닝은 CometLogger, CSVLogger, MLflowLogger과 다른 로깅 프레임워크를 지원한다. 로깅 프레임워크에 대한 자세한 사항은 다음 문서를 참조하자.

- https://pytorch-lightning.readthedocs.io/en/stable/extensions/logging.html

▌ 요약

딥러닝과 파이토치 라이트닝이 무엇인지에 대한 호기심으로 1장을 시작했다. 딥러닝을 처음 접하는 사람이나 파이토치 라이트닝이 궁금한 초보자라면, 간단한 이미지 인식 모델을 시도해 보고 나서 **전이 학습**이나 사전 학습 아키텍처를 활용하는 방법을 익히면서 더 복잡한 문제를 다룰 수 있다. 이미지 인식 모델 개발에서뿐 아니라 **자연어 처리** 모델, 시계열 모델 및 전통적인 **머신러닝** 문제에서도 파이토치 라이트닝을 활용했다. 그 과정에서 RNN, LSTM, 트랜스포머를 배웠다.

GAN, 준지도 학습 및 머신러닝의 영역을 확장한 자기 지도 학습과 같은 독특한 모델을 알아봤다. 단순히 고급 모델을 넘어 예술 작품을 만들고 흥미로운 일을 해낼 수 있는 딥러닝 모델이다. 이 책의 마지막에서는 딥러닝 모델을 운영환경에 배포하는 방법과 더불어 큰 규모의 학습을 관리하고 확장할 때 일반적으로 발생하는 문제를 해결하는 기술을 배웠다.

이 책은 딥러닝을 시작하는 사람이 파이토치 라이트닝을 배우고 활용하고자 하는 데 목적이 있지만, 다른 프레임워크을 쓰던 사람도 파이토치 라이트닝으로 빠르고 쉽게 전환하는 방법을 찾을 수 있었기를 기대한다.

10장을 끝으로 이 책은 마무리됐지만 딥러닝으로의 여정은 이제 막 시작됐다. **인공지능** 분야에는 새로운 알고리듬을 개발하고 참신한 아키텍처를 설계해서 해결해야 하는 문제가 아직 많다. 앞으로 몇 년은 딥러닝에 집중하는 데이터 과학자에게 흥미로움으로 가득한 시간일 것이다. 파이토치 라이트닝과 같은 도구를 활용하면 새로운 방식을 연구하고 혁신적인 모델을 만드는 멋진 일에 집중할 수 있고 나머지는 프레임워크에 위임할 수 있다.

딥러닝과 관련된 지난 몇 년 간의 엄청난 유행과 연구에도 불구하고 머신러닝 커뮤니티는 아직 베이스캠프에 도착하지 못했다. **인공 일반 지능**^{AGI, Artificial General Intelligence}이라는 산의 초입에 있는 이때, AGI의 정상에서는 인간의 지능에 비견될 만한 기계를 볼 수 있으리라 생각한다. 딥러닝 커뮤니티에 참여하면 인류를 변화시키는 모험에 참여할 수 있다!

아직 탐험하지 못한 AI의 차원을 발견하고 인류에 큰 영향력을 끼치기를 기대하며 탑승을 환영한다.

찾아보기

파이토치 라이트닝으로 시작하는 딥러닝

파이썬으로 빠르게 고성능 AI 모델 만들기

발 행 | 2023년 9월 26일

옮긴이 | 허 정 준
지은이 | 쿠날 사와르카르 · 시밤 R 솔란키 · 아밋 조글카르

펴낸이 | 권 성 준
편집장 | 황 영 주
편 집 | 김 진 아
          임 지 원
디자인 | 윤 서 빈

에이콘출판주식회사
서울특별시 양천구 국회대로 287 (목동)
전화 02-2653-7600, 팩스 02-2653-0433
www.acornpub.co.kr / editor@acornpub.co.kr

한국어판 ⓒ 에이콘출판주식회사, 2023, Printed in Korea.
ISBN 979-11-6175-784-1
http://www.acornpub.co.kr/book/dl-pytorch-lightning

책값은 뒤표지에 있습니다.